El subdesarrollo social de España

Vicenç Navarro

El subdesarrollo social de España

Causas y consecuencias

EDITORIAL ANAGRAMA
BARCELONA

Diseño de la colección:
Julio Vivas
Ilustración: «Land Reform Meeting, Extremadura», mayo, 1936,
foto © David Seymour

Pedró de la Creu, 58
08034 Barcelona

ISBN: 84-339-6235-3
Depósito Legal: B. 8894-2006

Printed in Spain

Liberdúplex, S. L. U., ctra. BV 2249, km 7,4 - Polígono Torrentfondo
08791 Sant Llorenç d'Hortons

A la generación de mis padres, que luchó en defensa de la Segunda República, perdió la guerra y fue brutalmente represaliada.

A mi generación, que luchó en condiciones durísimas por la libertad y por la justicia social en los años cincuenta y sesenta.

A las futuras generaciones, con la esperanza de que continúen la lucha por el bienestar social y la calidad de vida de las clases populares.

ÍNDICE

Introducción: El porqué de este libro 15

Primera parte
LA SITUACIÓN SOCIAL DE ESPAÑA
1. Clases sociales y polarización social en España 27
1.1. ¿Existe la clase trabajadora en España? 27
1.2. La polarización social en España: las dos Españas 30
2. El bajo gasto público 33
2.1. ¿Excesivos Estados del bienestar? El gasto público social en España y en la UE 33
3. La desconvergencia de España con la Europa social 41
3.1. Los datos de la desconvergencia social 41
3.2. Otras interpretaciones del crecimiento del déficit social de España 44
3.3. La causa real de la desconvergencia social ... 46
3.4. Volver a converger 48
4. La sanidad en España 50
4.1. La sanidad en España 50
4.2. Los déficits sanitarios de España (y de Cataluña) 56

4.3. Reformas necesarias en el sistema sanitario español 59
4.4. El déficit sanitario y la Conferencia de Presidentes 62
5. La educación en España 66
5.1. La insuficiencia educativa 66
5.2. La polarización educativa de España 69
6. Los servicios de ayuda a la familia 73
6.1. La importancia de la familia 73
6.2. La tradición socialdemócrata: apoyo a las familias 74
6.3. La tradición demócrata cristiana: sobrecarga de las familias 77
6.4. Las tradiciones heredadas de la dictadura conservadora. España, Grecia y Portugal: la explotación de la mujer 79
6.5. La pobreza de las intervenciones del Estado del bienestar español que afectan más directamente a las familias 82
6.6. Soluciones a los problemas más graves de las familias. El cuarto pilar del Estado del bienestar 85
7. Las pensiones en España 93
7.1. Análisis de la situación actual 93
7.2. ¿Crisis de las pensiones? Argumentos aducidos 96
7.3. ¿Valora España la ancianidad? 103
8. El mercado de trabajo en España 106
8.1. La calidad del trabajo en España 106
8.2. Inmigración y multiculturalismo 108
9. La Renta Básica 112
9.1. El contexto español 112
9.2. Las propuestas de Renta Básica 115

Segunda parte

LAS CAUSAS HISTÓRICAS DEL SUBDESARROLLO SOCIAL DE ESPAÑA. EL DOMINIO CONSERVADOR EN LA HISTORIA DE ESPAÑA

1. El régimen de Franco 125
1.1. ¿Caudillismo, fascismo o algo distinto? 125
1.2. Epistemología del criterio: ¿qué es fascismo? . . 127
1.3. Análisis de los argumentos en contra de definir el franquismo como fascismo 133
1.4. El régimen dictatorial español fue totalitario, además de autoritario 140
1.5. Movilizaciones y pasividad. Dos caras de la misma moneda 145
2. La memoria del pasado y sus consecuencias en el presente 150
2.1. La tergiversación del pasado 150
2.2. Las interpretaciones del pasado 156
2.3. Causas y consecuencias de una transición inmodélica 158
2.3.1. La selectividad en la memoria histórica 164
2.3.2. La necesidad de recuperar la historia silenciada 166
2.3.3. La falta de reconocimiento y la falta de condena 169
2.3.4. La falta de cultura democrática . . 173
3. El conservadurismo imperante 179
3.1. La monarquía 179
3.2. La Iglesia 184
3.2.1. La incoherencia del Vaticano y de la Iglesia católica española . . 184
3.2.2. El papel de la Iglesia católica española en nuestro pasado y su posición en el presente 189

3.2.3. Las autoridades eclesiásticas y los silencios de los medios de información españoles 192
3.2.4. Lo que la tele no dijo del Papa . . 196
3.2.5. Lo que la tele no ha dicho del nuevo Papa 199
3.3. El nacionalismo conservador 202
3.3.1. Dos tipos de nacionalismo: su falso debate y su verdadera alianza 202
3.3.2. La supuesta cohesión nacional en Cataluña ocultó la creciente descohesión social 207
3.3.3. El prisma identitario y las clases sociales en Cataluña 211

Tercera parte
LA SITUACIÓN SOCIAL A NIVEL MUNDIAL.
LAS CAUSAS DEL CRECIMIENTO DE LA POBREZA
Y DE LAS DESIGUALDADES A NIVEL MUNDIAL:
EL NEOLIBERALISMO
1. El neoliberalismo en el panorama internacional . . . 221
2. Las consecuencias de *este* proceso de globalización: pobreza y desigualdades 228
2.1. La pobreza 228
2.2. Las desigualdades sociales 233
3. El neoliberalismo en Europa 235
3.1. Por qué la Unión Europea tiene mayor desempleo que EE.UU. 235
3.2. Una nueva amenaza para la Europa social . . 239
4. El modelo neoliberal 242
4.1. La situación doméstica en EE.UU. a principios de 2003 242
4.2. El porqué de la invasión de Irak 245

4.3. Balance de las políticas domésticas del primer mandato de Bush 250
4.4. ¿Existe democracia en EE.UU.? 253
4.5. Elecciones en EE.UU. 2004: la derrota del socioliberalismo 256

Cuarta parte
POSIBLES ALTERNATIVAS
1. Alternativas de las izquierdas 267
1.1. Las consecuencias electorales de la Tercera Vía y su relevancia para España 267
1.2. Socialdemocracia sin clase trabajadora 270
1.3. El debate sobre la estrategia socialista: el nuevo socialismo 276
1.4. El modelo del Partido Demócrata como propuesta para las izquierdas españolas. Debate con Miguel de Sebastián 283
2. El cambio y los problemas pendientes 288
2.1. El claro deseo de cambio y el compromiso de convergencia social 288
2.2. Recortar distancias 291
2.3. Otro problema pendiente: la falta de sensibilidad a los temas cotidianos y la poca representatividad en los medios de información 295
2.4. Las campañas de desestabilización política. El caso catalán 298

Epílogo: Un nuevo ruego al lector 305

INTRODUCCIÓN: EL PORQUÉ DE ESTE LIBRO

La vuelta de un exiliado a su país es muy compleja. Por una parte, uno siente una gran satisfacción al encontrarse de nuevo entre una población querida y a la que ha intentado ayudar a lo largo de su vida, tanto en su juventud como después fuera del país, en su lucha por la democracia, la solidaridad y su mejora. Hechos tan sencillos como sentarse por la mañana en el bar de la esquina y verse entre los de uno es enormemente gratificante. Ahora bien, hay también elementos muy difíciles, y, entre ellos, el más difícil en mi caso es el percibir la enorme complacencia de la estructura del poder político, económico y mediático –lo que la terminología anglosajona llama el *establishment*– sobre la situación en España, complacencia que quedaba muy bien sintetizada en aquel famoso eslogan, reproducido constantemente por el gobierno conservador español, de que «España *iba* bien», a lo cual en Cataluña el gobierno conservador añadía que Cataluña iba incluso mejor. Esta percepción de la realidad reproducida en los medios públicos de información (que son también de persuasión) del Estado español y de la Generalitat de Catalunya contrastaba con la dura realidad de los datos que mostraban que ni España iba bien (en realidad, en la mayoría de componentes del Estado del bienestar, España estaba a la cola de la Europa de los quince, el grupo de países con desarrollo económico semejante al nuestro), ni Cataluña iba mejor (en muchas dimensiones la Cataluña social estaba por detrás del promedio de España). Este enorme contraste entre la percepción promovida por el *establishment* español, por un lado, y la realidad social de España, por otro, motivó que escribiera el libro *Bienestar insuficiente, democracia incompleta,* que documentaba el enorme subdesarrollo social de nuestro país, rompiendo el silencio ensordecedor que existía sobre nuestro enorme retraso social, retraso que se ignoraba o silenciaba en los medios de información y persuasión, lo que explica que el subtítulo de mi libro fuera «*Sobre lo que no se habla en nuestro país*».

Fue una sorpresa agradable que el libro recibiera el Premio Anagrama de Ensayo 2002, lo que, sin duda, contribuyó en gran manera a su gran difusión. A ello contribuyó también el «boca a oreja» por parte de aquellos que consideraron el libro un instrumento útil para conocer nuestras realidades. El libro se ha continuado vendiendo, y ha alcanzado ya la tercera edición. Y ante la continua demanda cabían dos alternativas, como bien señaló Jorge Herralde, editor de Anagrama: publicar una cuarta edición o hacer un nuevo libro que continuara el primero, ampliando y profundizando los temas expuestos en el anterior. Escogí la segunda. Y de ahí esta nueva obra que, aun cuando desarrolla los asuntos ya tratados, también introduce nuevos elementos, y se centra en detallar el enorme retraso social de España y las causas y consecuencias de tal retraso.

Temas del libro

Entre las causas mayores del enorme retraso del Estado del bienestar español encontramos dos raramente visibles en los fórums políticos y mediáticos del país: el poder de clase y el de género. Como documento en la primera parte del libro, el enorme retraso del Estado del bienestar en España tiene su raíz en el enorme dominio que las fuerzas conservadoras han tenido y continúan teniendo en nuestro país. El 30-35 % de la población de renta mayor (lo que solía llamarse burguesía, pequeña burguesía y clases medias profesionales de renta superior) tiene un enorme poder económico, social, mediático y político, mucho mayor que el que tienen las clases populares, lo que explica el bajo gasto público social y la polarización de nuestro Estado del bienestar, donde los sectores pudientes utilizan los servicios privados (envían a sus hijos a las escuelas privadas y utilizan la medicina privada o reciben trato preferencial en la pública) y las clases populares utilizan los servicios públicos. A este poder de clase hay que añadir el poder de género, de tal forma que el gran retraso de los servicios de ayuda a las familias (como las escuelas de infancia y los servicios domiciliarios a las personas con discapacidades) se deriva del escaso poder que la mujer tiene en nuestro país.

La primera parte analiza las consecuencias de este poder de clase y de género en los distintos componentes del Estado del bienestar, tales como sanidad, educación, servicios de ayuda a las familias, pensiones y mercado de trabajo, así como en la desconvergencia social que España ha experimentado desde 1993 (con notable acentuación desde 1996) con el promedio de la UE-15 (desconvergencia social medida por el gasto público social diferencial por habitante entre España y el promedio de la UE-15). En esta parte se incluyen también unos comentarios, algunos críticos, de las propuestas que se han hecho de la Renta Básica.

La segunda parte del libro versa sobre las causas históricas del subdesarrollo social, y se centra en cómo se ha expresado el poder de clase a lo largo de la historia de nuestro país, analizando la dictadura del periodo 1939-1978, que, en contra del discurso dominante, no fue una dictadura personalista de un dictador –lo que explica que se la llame erróneamente dictadura franquista– sino una dictadura de clase de carácter fascista. La sección 1 de la segunda parte documenta la naturaleza fascista de aquella dictadura. Esta segunda parte incluye también una crítica a la tergiversación de la historia reciente de España, a la que ha contribuido un silencio sobre la memoria histórica que ha empobrecido enormemente la cultura democrática del país. Esta parte concluye con un análisis de algunas instituciones conservadoras que han tenido un blindaje mediático en los medios públicos de persuasión, tales como la Monarquía y la Iglesia, centros de reproducción del pensamiento conservador, con críticas a la cobertura mediática sesgada que tales grupos de presión tienen en los medios de persuasión. Esta última sección de la segunda parte incluye también un análisis crítico del nacionalismo conservador que ha gobernado España y Cataluña, y que, tras una supuesta hostilidad territorial, ocultó una alianza de clase que afectó negativamente al desarrollo social de España y de Cataluña. En muchos casos, el discurso nacionalista tenía un intento de movilización multiclasista detrás del cual había prácticas que –como documento en el libro– eran claramente clasistas y defendían los intereses de los grupos sociales dominantes.

La tercera parte del libro analiza el proyecto neoliberal, presentándolo como la ideología y práctica de los *establishments* financieros y de las entidades empresariales transnacionales que, a través de los Estados, están configurando un tipo de integración europea y un tipo de globalización que están deteriorando la calidad de vida de las clases populares, tanto de los países desarrollados (incluyendo Europa) como de los subdesarrollados. En esta parte se documentan las consecuencias sociales de este proceso, entre ellas un deterioro del bienestar social y de la calidad de vida de las clases trabajadoras, y otros elementos que explican, por ejemplo, el rechazo de las clases trabajadoras europeas de la forma en que se está realizando la construcción europea, y que se traduce en unos grandes beneficios para el capital (sobre todo financiero) a costa de una reducción de las rentas del trabajo. Esta sección critica también algunos de los supuestos del movimiento antiglobalización, que asume erróneamente la desaparición de los Estados, centrando el conflicto a nivel mundial entre los países ricos y los países pobres, sin percatarse de que tanto en los primeros como en los segundos hay clases sociales que se benefician o salen perjudicadas diferencialmente de este proceso. El orden (o desorden) internacional es resultado de una alianza de clases entre las clases dominantes del Norte y del Sur (una de cada cinco de las personalidades más ricas del mundo vive en el mundo del subdesarrollo) contra los intereses de las clases dominadas del Sur y del Norte. Esta sección termina con un análisis de la máxima expresión del modelo liberal, el modelo estadounidense (que el autor conoce bien por haber vivido y trabajado en ese país treinta y cinco años), máxima expresión de un capitalismo sin guante, resultado del escaso poder de sus clases populares, expresado en unas instituciones democráticas muy incompletas y que determinan su menguada participación electoral.

La cuarta parte del libro incluye una presentación crítica de algunas de las propuestas realizadas por distintas sensibilidades dentro de la socialdemocracia española y europea, y que creo erróneas o insuficientes para resolver el enorme déficit social de España. Entre ellas, considero particularmente preocupantes las propuestas neoliberales, iniciadas por el presidente Carter, llevadas a cabo por Blair, y que se han convertido en puntos de referencia en algunos sectores socioliberales españoles. Esta sección termina con una nota de optimismo como consecuencia de los cambios políticos recientes que han tenido lugar en España y en Cataluña. Nuevos gobiernos progresistas, con un mayor compromiso social que los gobiernos anteriores, dirigen hoy las políticas públicas del país. Esta esperanza viene salpicada, sin embargo, por algunas notas preocupantes, puesto que el claro deseo de cambio que existe en el país contrasta en ocasiones con una excesiva cautela que dificulta la puesta en marcha de los programas electorales que deberían continuar siendo (por su enorme valía) el punto de referencia.

Con esta parte, y con un ruego al lector de que me ayude a que el libro sea leído y conocido, termino el libro. He intentado escribirlo en un tono claro y fácilmente accesible, sin recurrir al lenguaje barroco que tiende a dominar la narrativa académica y universitaria. A este respecto, asumo plena responsabilidad por el estilo de la narrativa del libro, pues debo reconocer que en ocasiones la aportación de las necesarias argumentaciones puede conllevar la pérdida de fluidez en la lectura. En cierta manera este libro hace accesibles trabajos de investigación que se han publicado en fórums más académicos, entre los cuales sugiero leer Navarro, V. (dir.), *El estado de bienestar en España*. Tecnos, 2004, Navarro, V. (dir.), *La situación social en España*. Biblioteca Nueva, 2005, y Navarro, V. (coord.), *L'estat del benestar a Catalunya*. Diputació de Barcelona, 2003. El lector puede también encontrar parte de mis escritos en www.vnavarro.org, website donde están disponibles los artículos que publico en la prensa con la que colaboro.

Este libro no habría sido escrito sin la ayuda de muchos amigos y colaboradores. En primer lugar, debo señalar la labor extraordinaria de mi colaboradora Jillian Reynolds, que ha editado con gran precisión y puesto al día los datos presentados en el texto. Su labor paciente y detallada ha sido de gran valor para añadir coherencia entre las distintas secciones del libro, evitando repeticiones en el texto, aun cuando alguna persiste, como consecuencia de que ha sido mi deseo que cada parte del libro sea autosuficiente, de manera que un lector pueda leer la cuarta parte, por ejemplo, sin necesidad de leer las partes anteriores. La temática del libro es diversa (aunque no dispersa), y he intentado relacionarla para presentarla como parte de un todo. Como dice mi buen amigo Noam Chomsky, «la madurez política es la capacidad de relacionar hechos que en sí parecen no conectados». Ha sido mi intento mostrar, por ejemplo, que hay una conexión entre el olvido de nuestra historia, el poder de las derechas y el retraso social de España. Espero que lo hayamos conseguido. El lector dirá.

También agradezco la labor tan intensa realizada por los investigadores del Observatorio Social de la red de análisis de políticas públicas y sociales que tengo el honor de dirigir y coordinar, y que ha publicado recientemente el informe *La situación social en España* (Biblioteca Nueva, 2005). Ni que decir tiene que todas las observaciones y posturas aquí presentadas son única y exclusivamente mías y no las del colectivo.

Otras personas que merecen agradecimiento son Jordi Vilardell, que en su día preparó un documento de powerpoint (sin mi conocimiento) basado en mi libro anterior, que tuvo un gran impacto, y a quien, cuando decidió perder su anonimato (trabajaba entonces en la Televisió Catalana, donde mi nombre estaba prohibido), tuve la oportunidad de conocer, estableciéndose entre nosotros una amistad humana y profesional y enriqueciéndose mi trabajo con sus notas (frecuentemente críticas) y comentarios. También es un placer dar las gracias a mis colaboradores Águeda Quiroga, Marta Lahoz, Lluis Recuenco y Sílvia Rueda por su trabajo en la recopilación y el análisis de datos. Y naturalmente a mis colegas y estudiantes de la Universidad Pompeu Fabra y de la Johns Hopkins University, con los que comparto mi producción intelectual y que la enriquecen con sus críticas, comentarios y sugerencias. También quisiera agradecer a *El País, El Periódico, Temas para el debate, Sistema* y otros fórums por permitirme usar algunos de los materiales que he publicado en estos diarios y revistas.

Por último, quiero pagar tributo al enorme esfuerzo realizado por millones de españoles que lucharon por la libertad y la justicia social durante la Segunda República, defendiéndola después durante la mal llamada Guerra Civil, esfuerzo expresado en una de las fotografías más conocidas internacionalmente (y presentada en la cubierta de este libro): la de una madre campesina escuchando en la Extremadura del año 1936 la llamada por otro campesino a la reforma agraria. Esta fotografía, de David «Chim» Seymour *(Land Reform Meeting, Extremadura,* mayo, 1936), es conocida fuera de España (aunque no dentro de ella) como emblemática de las esperanzas generadas por la Segunda República, brutalmente interrumpidas por un golpe de Estado fascista militar. A esta campesina, y a millones de personas como ella, dedico este libro.

A nivel personal me resta sólo hacer el último voto de gracias a mi esposa Anneli Hölttä Navarro, a quien conocí en Suecia, en su país, cuando iba yo en busca de dinero para la resistencia antifascista española en los años cincuenta, y que durante más de cuarenta años ha sido un enorme apoyo en mi trabajo. A ella y a nuestro hijo Pablo, que me ha brindado algunas de las experiencias más notables de mi vida, también les dedico el libro.

Primera parte

La situación social de España

España tiene un problema grave. Su Estado del bienestar está muy poco desarrollado. Este libro lo documenta extensamente en su primera parte. La pregunta que el lector se hará es: ¿por qué este subdesarrollo? El libro examina extensamente las causas de esta situación. Pero todas ellas se pueden reducir a una: el escaso poder que las clases populares han tenido en la historia de nuestro país. Una tesis esencial de este libro es que, en contra de lo que dice la sabiduría convencional del país, España ha tenido y continúa teniendo clases sociales cuyo poder diferencial (una clase tiene mucho más poder que otras) explica en gran medida el escaso desarrollo social del Estado. Las clases dominantes han tenido un enorme poder y la práctica desaparición del análisis y el discurso de clases sociales es un síntoma de ello. Tal análisis, sin embargo, es esencial para entender realidades como el bajo gasto público social y el escaso desarrollo de la España social.

Pero para entender el escaso desarrollo de la España social hay que entender también (además del poder de clase) el poder de género. Así, el escasísimo desarrollo de los servicios de ayuda a las familias (que incluyen escuelas de infancia, servicios domiciliarios para las personas con discapacidades y residencias de ancianos, entre otros) se explica por el escaso poder que las mujeres tienen en España. El poder de clase y el poder de género son las causas de este subdesarrollo social y, como explicaré, de la polarización social de nuestro país.

CLASES SOCIALES Y POLARIZACIÓN SOCIAL EN ESPAÑA

1.1. ¿EXISTE LA CLASE TRABAJADORA EN ESPAÑA?

Tras mi vuelta a Cataluña (después de muchos años de vivir fuera de España, en Suecia, Gran Bretaña y EE.UU.), me sorprendió la percepción generalizada en las culturas políticas y mediáticas de nuestro país de que la mayoría de la ciudadanía española pertenece a o se define como de clase media. Se asume que la clase trabajadora ha ido disminuyendo, al punto de desaparecer del discurso político y mediático del país. A veces, aun admitiendo que la clase trabajadora continúa existiendo, se asume que los trabajadores se consideran en su mayoría miembros de las clases medias. De ahí que sea muy infrecuente oír en los discursos políticos, incluso de dirigentes de izquierda, referencias a la clase trabajadora. Es más, si tales términos fueran utilizados por esos políticos es muy probable que los medios de información y persuasión los criticaran, acusándoles de «anticuados», calificativo que a los políticos, y sobre todo a los de izquierda, les causa pánico. Por lo visto, modernizarse significa olvidarse de que en España continúa habiendo clases sociales.

El lector me permitirá que cuente una anécdota que refleja esta realidad. En las elecciones legislativas del año 2000, cuando estaba asesorando al mayor partido de la oposición en temas de política social, sugerí que propusiera ampliar la cobertura sanitaria pública de manera que cubriera los servicios dentales todavía no incluidos en el Sistema Nacional de Salud, lo cual explica que el número de caries y dientes ausentes en España entre niños de familias de clase trabajadora no cualificada sea siete veces superior, por ejemplo, al número de caries y dientes ausentes de niños de familias burguesas o pequeñoburguesas. De ahí que propusiera la extensión de tales servicios a todos los ciudadanos, comenzando por los niños, tal y como lo había propuesto antes el candidato Schröder, del Partido Socialdemócrata alemán. Éste, a fin de ilustrar el mensaje de tal propuesta, utilizó un póster en el que se veía a un niño de clase trabajadora de 12 años al que le faltaban dos dientes frontales. En tal póster se leía un reclamo político: «No permitamos que se pueda reconocer la clase social de los niños alemanes mirándoles su sonrisa». Siguiendo mi sugerencia, el Partido Socialista adoptó la propuesta, el eslogan e incluso el póster alemán. En la conferencia de prensa que se llevó a cabo en Madrid, el periodista del periódico de mayor venta en España criticó tanto el eslogan como el póster, preguntando al candidato socialista si pensaban utilizar un discurso «anticuado» de clases sociales en España. Como asesor del candidato tuve que responderle al periodista y recordarle que en España hay clases sociales, y que basta analizar la evidencia empírica para desmentir la supuesta desaparición de la clase trabajadora. Es más, hice hincapié en que no debía confundir dos conceptos distintos: un concepto científico puede ser muy antiguo y no por ello anticuado. Le expliqué que la ley de la gravedad era muy antigua, pero que no era anticuada, como podría comprobar fácilmente si saltaba de un tercer piso. El concepto de clases sociales es antiguo, pero no anticuado. Antes al contrario, es de una enorme importancia para entender nuestras realidades.

Es importante observar, en este sentido, que muchos de los trabajos realizados en España que concluyen que la mayoría de la ciudadanía es o se identifica como clase media se basan en encuestas –encargadas por el Estado central o por gobiernos autonómicos o regiones metropolitanas– en las que se pregunta a los encuestados si son miembros de clase alta, media o baja, pregunta altamente sesgada que condiciona la respuesta; la gran mayoría de ciudadanos sujetos a este tipo de pregunta responde que son de clase media, como es predecible dadas las connotaciones peyorativas del término «baja». Cuando a la ciudadanía, sin embargo, se le pide que se autodefina utilizando la terminología de clase social (burguesía, pequeña burguesía, clases medias y clases trabajadoras) la respuesta es muy distinta. Según la última encuesta metropolitana de Barcelona, por ejemplo, el 72% de la población de la región metropolitana de Barcelona se considera clase trabajadora.

En realidad, la clase trabajadora no ha desaparecido y aun cuando su composición ha cambiado (pasando de ser predominantemente industrial a ser de servicios, realizados muchos de ellos por mujeres), continúa siendo un sector muy amplio, cuando no mayoritario, de la población. En este aspecto es erróneo asumir que el aumento del nivel de renta de la clase trabajadora la convierta en clase media, puesto que lo que define la posición social de la ciudadanía no es tanto su nivel absoluto de renta o estándar de vida sino la distancia social existente entre los colectivos que la constituyen. Y esta distancia social no ha disminuido. Antes al contrario, en numerosos países, incluyendo España, esta distancia social –medida por las desigualdades sociales– ha aumentado y la movilidad social ha disminuido durante los años noventa. La forma en que la gente vive, se enferma y muere depende mucho de cómo se ubica en la estructura social. Así, en España, los miembros de la burguesía viven dos años más que los miembros de la pequeña burguesía, los cuales viven dos años más que los miembros de las clases medias, los cuales viven dos años más que los miembros de la clase trabajadora cualificada, los cuales viven dos años más que los miembros de la clase trabajadora no cualificada, los cuales viven dos años más que los que han permanecido en paro largos periodos durante su vida. Diez años de vida es la diferencia entre los dos polos sociales, una de las mortalidades diferenciales por clase social más elevadas de la UE-15, cuyo promedio es de siete.

1.2. LA POLARIZACIÓN SOCIAL EN ESPAÑA: LAS DOS ESPAÑAS

Como acabamos de ver, la propia población española considera que las clases sociales continúan existiendo, y la mayoría se identifica como clase trabajadora. No obstante, en los últimos años la percepción de nuestra estructura social que se ha extendido en los medios de información y en las instituciones políticas asumía que la mayoría de la población pertenecía a la clase media. Paralelamente, y en cierta medida justificado por esta asunción, los temas de clase han ido apareciendo cada vez con menor frecuencia en el lenguaje políticamente correcto del país, a pesar de ser de vital importancia para entender realidades como nuestra polarización social. Me explicaré.

Existen, grosso modo, al menos dos Españas. Una, constituida por el 30-35% de la población, con las rentas superiores (la burguesía, la pequeña burguesía y las clases medias profesionales de renta alta) y una enorme influencia a la hora de configurar la cultura mediática y política del país, así como su sabiduría convencional, de tendencias conservadoras y liberales en su mayoría. Los grandes temas que se debaten en los medios son, por lo general, los que interesan más a esta España, que es también la que utiliza los servicios privados, es decir, envía a sus hijos a las escuelas privadas (de donde la gran mayoría procede) y es atendida por la sanidad privada cuando cae enferma o va a la pública y recibe trato preferencial.

La otra España es la España popular, que incluye aproximadamente el otro 60-65% de la población (y que está constituida principalmente por la clase trabajadora y las clases medias de renta media y baja). Su influencia en el Estado ha sido históricamente menor, lo que explica el escaso desarrollo del Estado del bienestar en España. Ésta, la *otra España,* es la que utiliza preferentemente los servicios públicos. Sus hijos van a las escuelas públicas y ellos y sus familias utilizan la sanidad pública cuando necesitan atención médica. Ni que decir tiene que no hay una división clara entre estas dos Españas y hay áreas de gran permeabilidad. Pero ello no niega su existencia.

La diferencia de influencia que estas dos Españas tienen en los medios de información explica que ciertos temas tengan gran visibilidad mediática y política y otros tengan muy poca. Así, vimos que esos medios (prensa, radio y televisión) dieron gran cobertura a las propuestas, hechas durante la pasada campaña electoral de 2004 por varios partidos políticos, de reducir los impuestos. En algunos momentos, pareció como si la competitividad política se centrara en quién rebajaba más los impuestos, tema que es de gran interés principalmente para la España de renta superior, puesto que es la que se beneficiaría más de tales reducciones fiscales.

Tal reducción de impuestos, sin embargo, no es el asunto de mayor relevancia para las clases populares. En realidad, todas las encuestas realizadas tanto en España como en otros países (incluyendo EE.UU.) muestran que éstas valoran mucho más la expansión de los servicios del Estado del bienestar (como la educación, la sanidad y los servicios de ayuda a las familias) y las pensiones que la reducción de impuestos.

Pese a esta valoración positiva de la expansión del Estado del bienestar por parte de las clases populares, desde 1993, como veremos en la sección 3 de esta primera parte del libro, se ha producido una desconvergencia social de España con Europa que ha perpetuado el bajo gasto social que caracteriza el Estado del bienestar español e impedido el desarrollo de servicios públicos universales de alta calidad. En realidad, el modelo de los servicios y prestaciones públicos en Europa es resultado de la alianza de la clase trabajadora con las clases medias, alianza que no se ha establecido todavía en España, como consecuencia de la gran influencia de las fuerzas conservadoras en la cultura política y mediática del país, que han favorecido a los servicios privados sobre los públicos manteniendo un gasto público bajo, polarizando así a la sociedad española.

Las políticas presupuestarias que, como explicaré más adelante, primaron la reducción del déficit del presupuesto del Estado español a costa del aumento del déficit social de España con la UE-15 han aumentado todavía más la distancia social entre las dos Españas. La escasa visibilidad mediática de semejantes hechos, junto con el hecho de que no haya un clamor y protesta ante las deficiencias del Estado del bienestar español extendido entre la población, se deben a la polarización de la sociedad, dividida en una clara estructura de clases. Esta estructura poco cohesionada y el bajo gasto público en España están relacionados y se refuerzan mutuamente: la pobreza de gasto público contribuye a la polarización social y conduce a una situación de escasa cohesión social, que impide la alianza de clases que permitiría la expansión del gasto. De esta manera se perpetúa la dicotomía entre servicios públicos y servicios privados que caracteriza las diferentes áreas del Estado del bienestar español. Así, como veremos ampliamente en las respectivas secciones de este libro, tanto el sistema educativo como el sistema sanitario, por citar los ejemplos más evidentes, reproducen la polarización social que no beneficia a ninguna clase social aun cuando el 30-35% de la población con rentas superiores crea erróneamente que tiene sus necesidades satisfechas.

2. EL BAJO GASTO PÚBLICO

2.1. ¿EXCESIVOS ESTADOS DEL BIENESTAR? EL GASTO PÚBLICO SOCIAL EN ESPAÑA Y EN LA UE

El escaso crecimiento económico y el elevado desempleo en gran número de países miembros de la UE se atribuye con frecuencia en la mayoría de los medios de información de España a sus supuestamente excesivos Estados del bienestar y a la rigidez de sus mercados de trabajo. Se contrasta, una vez más, el dinamismo de la economía estadounidense con la consabida «euroesclerosis» de la UE, atribuyendo el éxito de EE.UU. (alto crecimiento económico y bajo desempleo) a su mayor austeridad social (con un gasto social como porcentaje de su PIB muy reducido) y a su gran desregulación de los mercados laborales. Las medidas que Alemania y Francia han tomado durante los dos últimos años, consistentes en disminuir sus prestaciones sociales y en desregular sus mercados laborales, fueron consideradas medidas buenas para acelerar el crecimiento económico y disminuir el desempleo. En esta línea, el editorial de *El País* publicado el 4 de junio de 2003 aplaudía las medidas de austeridad social propuestas por el gobierno alemán, que incluían «la reducción del déficit público, el recorte de prestaciones sanitarias y de desempleo, el abaratar el despido, el elevar la edad de jubilación y el revisar el sistema público de pensiones», y las juzgaba necesarias para disminuir el paro, al aligerar un Estado excesivamente cargado de «subsidios públicos de todo tipo». Esta interpretación apareció también en varios otros artículos de *El País,* que daban por agotado el modelo del Estado del bienestar. En uno de ellos, significativamente titulado «El agotamiento de la socialdemocracia» *(El País,* 8 de junio de 2003), se subrayaba, una vez más, tal agotamiento del Estado del bienestar, ligado al de la socialdemocracia, argumentando que incluso «en Suecia la socialdemocracia y con ella el Estado del bienestar está colapsada», y concluyendo que «el modelo socialdemócrata se desploma en Suecia, como en el resto de Europa en el momento que no logra mantener pleno empleo, con lo que no le queda otro remedio que renunciar al Estado del bienestar». Cabe apuntar aquí que renunciar al Estado del bienestar significaría aceptar que el Estado abandonara su responsabilidad de intervenir con el fin de mejorar el bienestar social de la población, dejando de proveer escuelas, servicios sanitarios y servicios de atención a la familia, incluyendo escuelas de infancia para niños de 0 a 3 años, servicios domiciliarios a personas con discapacidades y personas mayores, viviendas asistidas y residencias de ancianos, entre otros como viviendas para jóvenes, formación profesional o universitaria que les ayude a integrarse en el mercado de trabajo, pensiones de vejez, viudedad e incapacidad, prestaciones para las personas en paro, ayudas económicas a las familias y prestaciones para prevenir la exclusión social.

Pese a las graves repercusiones que puede tener el renunciar a estas intervenciones, en paralelo a esta interpretación de nuestra situación en la UE apareció otro discurso, derivado del anterior pero con identidad propia, que aconsejaba a las autoridades españolas seguir el ejemplo alemán y francés y atreverse a hacer reformas profundas del Estado del bienestar, aplicando la etiqueta de «reformas» a lo que en realidad son recortes en los beneficios sociales provistos por el Estado. A partir de esta interpretación de la realidad española en los primeros años del nuevo milenio, conviene analizar los datos correspondientes a este período y ver si sostiene este diagnóstico.

El Estado del bienestar español de los primeros años del siglo XXI se caracteriza por su escaso desarrollo, siendo uno de los más retrasados en la UE. Si consideramos, por ejemplo, el porcentaje de la población adulta que trabaja en los servicios del Estado del bienestar (sanidad, educación y servicios de ayuda a las familias como escuelas de infancia, servicios domiciliarios, residencias de ancianos y centros de día, entre otros), vemos que en España se sitúa en un 6%, comparado con el 11% de promedio en la UE-15 y el 17% de Suecia, el país europeo que tiene los servicios públicos más desarrollados de Europa. Hay, por lo tanto, poca gente trabajando en el Estado del bienestar español, como consecuencia de su escaso desarrollo.

Igual retraso aparece cuando utilizamos como indicador del desarrollo del Estado del bienestar el gasto público en protección social (que incluye las pensiones y otras transferencias públicas sociales además de los servicios del Estado del bienestar referidos en el párrafo anterior) como porcentaje del PIB. En 2002 (el último año en el que tenemos cifras comparables con el resto de la UE-15) el gasto público en protección social en España fue sólo el 19,7% del PIB, comparado con el 26,9% del promedio de la UE-15 y con el 31,3% de Suecia. España fue aquel año el país con el gasto público en protección social (como porcentaje del PIB) más bajo de la UE, después de Irlanda. Este déficit social (si el promedio de la UE-15 en 2002 es 100, para España es 73,2%) resulta aún más dramático cuando se analiza el gasto en protección social por habitante, 4.089 unidades de poder de compra (upc, es decir euros modificados para poder comparar el valor adquisitivo de la moneda en varios países) comparado con el promedio en la UE, de 6.472 upc. Como tendremos ocasión de ver en las secciones siguientes del libro, el enorme déficit aparece en la gran mayoría de los capítulos del Estado del bienestar español. Estas deficiencias suponen una enorme sobrecarga para las familias y muy en particular para las mujeres, que son las que cubren las enormes insuficiencias del Estado del bienestar de nuestro país.

Si buscamos las causas de este retraso social debemos tener en cuenta que el caso español pertenece a la tradición conservadora (de raíces cristianas), caracterizada por el subdesarrollo social basado en la limitada participación de la mujer en el mercado de trabajo. La Iglesia católica históricamente no ha favorecido la integración de la mujer al mercado de trabajo, considerando que su misión es la de estar en casa cuidando de la familia. Como un documento del Vaticano ha indicado, «no hay que confundir igualdad con la negación de las diferencias entre sexos deseadas por el mismo Dios, negando el rol tan especial de la mujer en el centro de la familia y de la sociedad» («The Family in the XX Century», 1984). Esta tradición alcanzó su máxima expresión bajo la dictadura nacional-católica franquista, que se caracterizó, además de por ser una de las más represivas que han existido en Europa durante el siglo XX, por ser una dictadura de clase en contra sobre todo de los intereses de las clases populares. Así, la democracia española heredó de la dictadura un gran retraso económico, social, político y cultural, que dañó enormemente el bienestar de la gran mayoría de la ciudadanía española, como lo demuestra que, cuando el dictador murió, el Estado del bienestar español era el más subdesarrollado de Europa, gastándose sólo un 14% del PIB en protección social, cuando el promedio de los países que constituyeron más tarde la UE-15 era ya de un 22%. En 1975 los indicadores de bienestar económico y social de España (tales como mortalidad infantil, nivel educativo, capacidad adquisitiva de las familias, integración laboral de las mujeres, entre otros) eran los peores de Europa occidental, junto con los de Grecia y Portugal, que habían sufrido dictaduras semejantes. Y aunque mucho se ha hecho desde la muerte del dictador y desde el establecimiento de la democracia, España continúa teniendo un déficit importante con la UE-15, acentuado por una etapa de divergencia social iniciada en 1993, que se debió, como veremos con más detalle en la tercera sección de esta primera parte del libro, a que el incremento de los ingresos del Estado español, resultado de un mayor crecimiento económico y de un aumento de la carga fiscal, no se invirtió en reducir el déficit social, sino en eliminar el déficit presupuestario del Estado, convirtiéndose España en uno de los países que tienen el déficit presupuestario más bajo de la UE-15 y el déficit social más alto, conseguido el primero a costa del segundo.

Vistos los elementos característicos del Estado del bienestar español, se puede responder a las voces que han pedido una disminución del gasto social en España siguiendo el ejemplo de Alemania y Francia desde 2003. En este sentido, valdría la pena recordarles que estos países (junto con Suecia) son los países que tienen el gasto en protección social más elevado de la UE-15 (29,4%, 29% y 31,3% respectivamente), mientras que España tiene uno de los más bajos. Pedir a una persona delgada que pierda más peso es poco aconsejable. Se mire como se mire, España necesita más, no menos Estado del bienestar.

Pero ¿podría asumirse que Alemania y Francia eran demasiado gordas, motivo por el cual no podían competir mejor en la carrera económica? Si así fuera, ¿cómo se explicaría que países como Suecia y Holanda, que tenían en 2002 un gasto en protección social incluso mayor (31,3% en el caso sueco) o semejante (26,7% en el caso holandés), tengan a la vez un desempleo mucho menor que Alemania y Francia? Esos países, Suecia y Holanda, son, por cierto, dos de los países más globalizados de Europa (la suma de sus importaciones y exportaciones como porcentaje de su PIB es de las más altas de la UE-15), con lo que se demuestra que la globalización tampoco es la causa de que los países tengan que disminuir sus Estados del bienestar. En realidad (y en contra de lo que constantemente se asume) los Estados continúan jugando un papel clave en la configuración de las políticas económicas y sociales de cada país, las cuales dependen primordialmente de las fuerzas políticas (y de los intereses a los que representan) que gobiernan esos Estados. Los datos muestran que –en contra de las tesis que anuncian su muerte, colapso o agotamiento– durante la década de los años noventa el gasto público social (medido como gasto en protección social por habitante) continuó creciendo en la UE-15 siendo de los más altos en los países de tradición socialdemócrata, alcanzando en 2002 en Suecia el mayor gasto en protección social por habitante de la UE-15 (casi el doble, por cierto, del gasto en protección social por habitante en España), y tuvo a su vez una de las menores tasas de desempleo de la OCDE (más baja, por cierto, que el supuestamente exitoso EE.UU.). Como diría Cervantes «con estos muertos, batallas vencería».

Sí es cierto, sin embargo, que hay gobiernos socialdemócratas europeos que han incorporado elementos muy sustanciales de las tradiciones liberales que les están distanciando claramente de la socialdemocracia, como es el caso de la Tercera Vía neolaborista, con unos costes económicos y sociales elevados. Varios trabajos empíricos han mostrado que su experiencia no ha sido particularmente afortunada. Según Christopher Huhne, comentarista de temas económicos del *Guardian,* Gran Bretaña, además de ser uno de los países de la UE con menor tasa de creación de empleo, tiene uno de los Estados del bienestar menos desarrollados, con uno de los gastos públicos en sanidad y en educación más bajos de la UE, siendo también uno de los países con menor movilidad social (lo cual entra en contradicción con su discurso de ofrecer igualdad de oportunidades a todos los jóvenes, independientemente de su clase social), y mayor pobreza entre niños y pensionistas. Tiene, también, una de las políticas públicas menos redistributivas y es el país de la UE con mayores desigualdades de renta; la decila inferior de la población es la que tiene menor renta disponible mientras que la decila superior es la que tiene mayor renta, después de Portugal (*New Statesman,* 3 de marzo de 2003). Tales datos deberían diluir el entusiasmo por la Tercera Vía manifestado en algunos sectores de la socialdemocracia y de la prensa española.

La causa del bajo crecimiento económico de la UE en estos primeros años del siglo XXI no es su elevado gasto social, sino la escasa demanda a nivel internacional provocada por las grandes incertidumbres creadas por las políticas belicistas del gobierno estadounidense y por las políticas públicas iniciadas por las instituciones europeas y gran número de gobiernos de la UE a finales de los años noventa, que fue precisamente cuando se ralentizó su crecimiento económico y creció su desempleo. Estas políticas incluyen los elevados tipos de interés impuestos por el Banco Central Europeo y el recorte del déficit público instruido por el Pacto de Estabilidad, que obstaculiza el desarrollo de las políticas expansivas del gasto público necesarias para estimular el crecimiento económico. Erróneamente, se intenta estimular el crecimiento mediante recortes de impuestos, política que también fue celebrada en otro editorial de *El País* (3 de julio de 2003) en el que se aplaudían «los recortes de impuestos para impulsar el consumo [por parte del gobierno Schröder] compensando la reducción de ingresos del Estado con los recortes en el gasto público». Tales políticas olvidan que esas reducciones de impuestos, al favorecer preferentemente a las clases más adineradas, que consumen un porcentaje menor de sus ingresos, tienen un impacto estimulador del crecimiento económico menor que el gasto público, como reconoció incluso el semanario liberal *The Economist,* que afirmaba en un editorial que «una primera lección que los gobiernos deberían aprender es que el gasto público tiene un impacto estimulador mucho mayor que la reducción de impuestos. El Banco Federal Estadounidense (Federal Reserve Board) ha calculado que un incremento del gasto público de un dólar para producir bienes y servicios estimula tres veces más el PIB al cabo de un año que un dólar obtenido mediante un recorte de impuestos» (27 de octubre de 2001). En la UE, sin embargo, se están siguiendo políticas opuestas, y en España el *establishment* político y mediático aplaudió estas medidas, pese al déficit social creciente respecto al promedio de la UE-15, sobre el que profundizaremos en el siguiente apartado. Éstos son los problemas para el desarrollo social en los países europeos y en España.

3. LA DESCONVERGENCIA DE ESPAÑA CON LA EUROPA SOCIAL

3.1. LOS DATOS DE LA DESCONVERGENCIA SOCIAL

Durante los primeros años del siglo XXI existió en España un discurso excesivamente acrítico de nuestras realidades, que se reproducía en poderosos círculos económicos y financieros, así como en los círculos gubernamentales de ese momento, que asumían que el nivel de desarrollo económico español estaba convergiendo con Europa, de manera que España se habría convertido en una de las potencias económicas más importantes de la UE, y ello como resultado de las supuestamente exitosas políticas económicas y fiscales del gobierno, entonces dirigido por el PP. Se señalaba con orgullo el haber alcanzado el déficit presupuestario menor de la UE, condición indispensable para alcanzar tal éxito económico. Así, vimos al anterior presidente del gobierno, el señor Aznar, referirse en una reunión de varios jefes de Estado de la UE al «modelo español», aconsejando a los países de la UE emular las políticas económicas y fiscales desarrolladas por su gobierno que habían permitido equilibrar el presupuesto del Estado.

En tal discurso se olvidó, sin embargo, de que la evaluación del desarrollo económico debe realizarse primordialmente midiendo su impacto en el bienestar social y la calidad de vida de la ciudadanía. No es suficiente, por lo tanto, mostrar como pruebas del éxito del desarrollo económico indicadores (como el número de puestos de trabajo creados) que, siendo importantes, no incluyen otras variables como la calidad de las transferencias y servicios públicos a la ciudadanía, que tienen un papel incluso mayor en la configuración del bienestar de la población. No se puede hablar de éxito económico asumiendo una convergencia con la UE si a la vez estamos desconvergiendo con la Europa social, que es lo que en realidad ha ocurrido. Los datos muestran que en todos los capítulos del Estado del bienestar (excepto en el del desempleo) nuestro déficit social con la UE ha aumentado en lugar de disminuir. Veamos.

En 1975 España había heredado de la dictadura fascista de Franco el gasto público social más bajo de la UE. La democracia permitió la expresión de los deseos populares, entre los que ocupaba un lugar prioritario el de aumentar el gasto público social. De esta manera, a partir de la democracia, y muy en particular durante los años de gobierno socialdemócrata en los ochenta y principios de los noventa, el gasto público social se incrementó sustancialmente; partiendo de un 15% del PIB en 1982, alcanzó su máxima cuota en 1993, cuando el gasto en protección social llegó a alcanzar el 23,4% del PIB, sólo unos 4 puntos por debajo del promedio de la UE, 27,4%.

A partir de aquel año, sin embargo, el déficit social (la distancia en dinero gastado en protección social entre España y el promedio de la UE) aumentó de nuevo de una manera significativa, subiendo la diferencia a 7,2 puntos en el año 2002, casi el doble que en 1993 (el último año en el que tenemos datos de gasto público comparable para toda la UE). En realidad, el gasto en protección social descendió mucho más rápidamente en España, del 23,4% del PIB en 1993 al 19,7% en 2002 (descenso de 3,7 puntos), que en el promedio de la UE, donde el gasto descendió sólo de un 27,4% a un 26,9% (0,5 puntos) durante el mismo periodo. Si en vez de utilizar este indicador analizamos el gasto público social por habitante, vemos que en el año 1993 el déficit del gasto social por habitante en España con respecto al promedio de la UE era de 1.508 unidades de poder de compra (upc, el valor monetario estandarizado que permite homologar el poder de compra de la moneda en países de distinta capacidad adquisitiva), valor que resulta de sustraer ese gasto en España en 1993 del valor del promedio de la UE-15 en el mismo año. Esta diferencia aumentó a 2.383,4 upc (nada menos que un 58% de incremento del déficit por habitante) en el año 2002, cuando los valores para España y para el promedio de la UE fueron 4.088,9 upc y 6.472,3 upc respectivamente. Visto de otra manera, mientras que España gastó en protección social 1.123,2 upc más por habitante (4.088,9 – 2.965,7 en el año 2002 que en el año 1993), el promedio de la UE aumentó su gasto durante el mismo periodo en 1.998,6 upc (6.472,3 – 4.473,7), casi el doble que en España.

Así pues, desde 1993 la situación social, ya en sí grave, se ha ido deteriorando, es decir, la distancia de gasto social entre nosotros y Europa ha aumentado en lugar de disminuir, y ello como consecuencia de que el crecimiento del gasto en protección social per cápita en la UE ha crecido mucho más rápidamente que en España. Está claro que el mayor crecimiento de la economía (en comparación con el promedio de la UE) no se ha utilizado para corregir un déficit social con Europa gastándose menos por habitante (en nuestro Estado del bienestar) y creciendo este gasto menos que el promedio de la UE. En resumidas cuentas, el gasto público social, que había aumentado considerablemente durante los gobiernos socialdemócratas, reduciendo el déficit social con Europa, ha crecido mucho más lentamente a partir de 1993-1994, los últimos años del gobierno del PSOE, bajo la dirección del ministro Pedro Solbes (que hoy vuelve a liderar el Ministerio de Economía y Hacienda), y el ritmo de crecimiento ha continuado descendiendo durante los gobiernos de Aznar.

El aumento del déficit social se ha dado en prácticamente todos los capítulos sociales. En las secciones siguientes se analizarán los efectos del mantenimiento de los niveles más bajos de la UE-15 de gasto público en sanidad, educación, servicios a las familias, entre otros, que ponen de manifiesto la desconvergencia social de España con la Unión Europea de los quince, causante de que en el año 2002 la distancia (en términos de puntos del PIB, 7,2, como decía anteriormente) sea idéntica a la que había en 1975, año en que murió el dictador.

Por poner un ejemplo, miremos los datos para la vivienda social, un capítulo de gran relevancia para la población española (y muy en particular para la juventud), que lo señala –a través de las encuestas– como uno de los temas que más le preocupan. El gasto público en vivienda social por habitantes es uno de los más bajos de la UE (después de Austria, Italia y Portugal). En el año 2002 fue de 33 upc, 101,6 unidades menos que el promedio de la UE-15, 134,6 upc. Este déficit del año 2002 fue superior al existente en el año 1993, 76,3 upc (89,7 upc en la UE menos 13,4 upc en España). Vemos pues, aquí, que el gasto público es muy bajo y está creciendo más lentamente que el promedio de la UE-15, con lo que el déficit de gasto público en vivienda social es cada vez mayor. Si ese gasto lo consideramos como porcentaje del PIB (0,2%), representa la tercera parte del promedio de gasto público en vivienda social (como porcentaje del PIB) del promedio de la UE (0,6%). De nuevo, España es el país que junto con Austria, Italia y Portugal dedicó menos recursos a la vivienda social.

3.2. OTRAS INTERPRETACIONES DEL CRECIMIENTO DEL DÉFICIT SOCIAL DE ESPAÑA

Portavoces del anterior gobierno español relativizaron en diversas ocasiones el descenso tan marcado del gasto público en protección social en España con respecto a la UE, negando que tal descenso fuera un indicador de empeoramiento del Estado del bienestar. Así, el entonces ministro de Economía y Hacienda Rodrigo Rato se pronunció en respuesta a la publicación de los resultados del informe «La protección social en España y su desconvergencia con la Unión Europea»[1] en septiembre de 2003. El señor Rato presentó el descenso del gasto social como indicador del éxito de las políticas de creación de empleo del gobierno, atribuyendo este descenso a la reducción del paro y por lo tanto de las prestaciones por desempleo, un capítulo del gasto público en protección social. Este argumento ignoraba, sin embargo, dos hechos de gran importancia: uno es que el descenso durante el periodo 1993-2002 del gasto público en protección social fue mayor (3,7 puntos) que el descenso de gasto público atribuible al descenso del gasto en prestaciones por desempleo (2,4 puntos). El otro hecho es que el descenso del gasto público (medido como porcentaje del PIB) se produjo en todos los capítulos de la protección social y no sólo en el capítulo de desempleo. Así, en realidad, el gasto público en sanidad pasó de representar el 6,6% del PIB en 1993 al 5,9% del PIB en el año 2002; en pensiones de vejez descendió del 8,4% del PIB en 1993 al 8,3% del PIB en el año 2002; en pensiones de invalidez descendió del 1,7% del PIB en 1993 al 1,5% del PIB en el año 2002; y así, un largo etcétera. El descenso del gasto en prestaciones de desempleo no puede, por tanto, considerarse responsable del gran descenso del gasto público en protección social (como porcentaje del PIB).

Por otro lado, el señor Zaplana, entonces ministro de Trabajo y portavoz del gobierno, respondió indicando que el descenso del gasto público en protección social como porcentaje del PIB era resultado de las políticas económicas del gobierno

1. V. Navarro y Á. Quiroga: *La protección social de España y su desconvergencia con la Unión Europea, 2003.*

español, que habían estimulado un gran crecimiento económico (mayor que el promedio de la UE), con lo cual, aun habiendo crecido el gasto en protección social (tanto en términos globales como por habitante) durante el periodo 1996-2000, periodo de gobierno conservador, el porcentaje de este último sobre el primero había descendido, al crecer el PIB más rápidamente que el gasto social. Ahora bien, lo que el señor Zaplana no citaba era que, como hemos visto en el apartado anterior, el gasto público en protección social per cápita del promedio de la UE-15, mucho más alto que el español, había crecido más rápidamente que el español, aumentando el déficit en gasto público en protección social por habitante (que no tiene en cuenta el crecimiento del PIB) que España tenía respecto al promedio de la UE-15 durante todo el periodo 1993-2002 incluido el de 1996-2000, en el que hubo un aumento del déficit de gasto social per cápita del 16,8%: la distancia pasó de 1.895,7 upc en 1996 a 2.214,3 upc en 2000. Lo que el anterior gobierno español ignoraba en su actitud excesivamente complaciente era que la España social, además de estar poco desarrollada, con un gasto público social bajo, estaba creciendo más lentamente que el resto del promedio de la UE.

3.3. LA CAUSA REAL DE LA DESCONVERGENCIA SOCIAL

Hemos argumentado que el crecimiento del déficit social de España con la UE iniciado en 1993 no se debe ni al descenso de gasto en prestaciones de desempleo debido a las políticas económicas exitosas en creación de empleo, ni tampoco al mayor crecimiento económico de España. Por otro lado, es importante señalar que mientras el gasto público en protección social descendió como porcentaje del PIB durante aquel periodo 1993-2002 (y ha continuado descendiendo), los ingresos del Estado procedentes de la recaudación de impuestos fueron aumentando (y ello como resultado sobre todo del aumento de los impuestos indirectos), pasando de representar un 33,4% del PIB en 1995 a un 36,2% en el año 2002 (el promedio de la UE-15 para el periodo 1995-2002 fue de 41,1%; para España el 34,8%). Este aumento de los ingresos del Estado vía impuestos no fue sin embargo destinado a corregir el gran déficit social con la Europa social (que continuó aumentando).

La desconvergencia social de España tiene su origen en 1993, cuando se iniciaron políticas públicas durante el gobierno socialista que incluyeron una reducción muy notable del gasto público en protección social per cápita, que desde 1996 fue creciendo a un ritmo mucho más lento que el europeo. Todo ello en el contexto de una política económica y fiscal de austeridad de gasto público (alabada por los *establishments* financieros, mediáticos y políticos) que tuvo como objetivo alcanzar el equilibrio presupuestario. El gobierno del PP desde 1996 continuó estas políticas de austeridad del gasto público social, responsable del crecimiento del déficit social, utilizando el incremento de los ingresos del Estado (consecuencia de un mayor crecimiento económico y del aumento de la carga impositiva) para alcanzar el déficit presupuestario público cero. El deseado equilibrio presupuestario se alcanzó al inicio de los años 2000 a costa de aumentar considerablemente el déficit social de España con la UE.

Lo que estos datos quieren decir es que el gasto público en nuestros centros de atención primaria, en nuestros hospitales, en nuestras escuelas, en nuestras universidades, en nuestros servicios domiciliarios, en nuestras viviendas asistidas, en nuestras residencias de ancianos, en nuestras pensiones, en nuestras ayudas públicas a las familias y en nuestra vivienda social es cada vez menor en comparación con el gasto público para sus homólogos en el promedio de la UE-15. El equilibrio presupuestario del Estado español se ha conseguido a costa de aumentar de una manera muy notable el déficit de gasto público social con la

UE-15, lo cual ha afectado negativamente a la calidad de los servicios públicos (en relación con los servicios públicos de la UE-15) y al tamaño de las prestaciones a la ciudadanía, y muy en particular a las clases populares.

3.4. VOLVER A CONVERGER

El descenso de nuestro gasto público social ha ido acompañado de un descenso del gasto público (como porcentaje del PIB) en infraestructuras del país tales como puertos, carreteras, ferrocarriles, comunicaciones, y otros capítulos importantes para el desarrollo humano y económico, lo que ha dado lugar al deterioro de los servicios públicos. Para mejorar la calidad de vida de la ciudadanía y alcanzar los niveles de bienestar de la UE es necesario reducir el déficit social de España mediante un incremento del gasto público social por habitante más veloz que el del promedio de la UE. La convergencia social con la Europa de los 15, deseo de la gran mayoría de la ciudadanía española (para la cual la Europa occidental ha sido siempre sinónimo de democracia y Estado del bienestar), requiere un aumento real del gasto público social mucho mayor que el considerado en todos los presupuestos del Estado aprobados desde 1993. De lo contrario, se condena a España a estar a la cola de la Europa social, con dos opciones de gobierno que se diferencian en competir sobre quién aumenta el déficit social más lentamente.

En este sentido, para alcanzar el compromiso de converger con la Europa social de los quince es necesario (además de corregir el delito fiscal, escandalosamente alto) aumentar los impuestos tanto directos como indirectos, estrategia que choca con la percepción generalizada en los *establishments* mediático, político y financiero de que España ha alcanzado su límite tributario máximo, resultado de un supuesto «agotamiento fiscal», percepción que no está avalada por los datos. Los impuestos en

España (como porcentaje del PIB) siguen por debajo del promedio europeo. El promedio para los años 1995-2002 fue del 34,8%, comparado con el 41,1% de la UE-15, comentado anteriormente. Además, en España los impuestos directos sobre los ingresos personales incluso se han reducido, pasando de representar un 7,9% del PIB en 1995 a un 7,1% en el año 2002 (en el promedio de la UE-15, por el contrario, pasaron de ser un 9,5% a un 9,9% del PIB). En realidad, y en contra de lo que se nos dice constantemente, la bajada de impuestos directos sobre los ingresos personales en España no sigue una tendencia internacional; al revés, va en contra de esta tendencia. Para que se revierta el proceso de desconvergencia es necesario un cambio en la cultura económica dominante, que se reproduce en algunos influyentes diseñadores de políticas públicas de los dos partidos mayoritarios, que favorecen una política de mantenimiento del gasto público a los niveles actuales.

4. LA SANIDAD EN ESPAÑA

4.1. LA SANIDAD EN ESPAÑA

Las últimas cifras de Eurostat, la agencia de recolección de datos de la UE, confirman que el gasto público sanitario (como porcentaje del PIB) en España en 2002 fue del 5,9%, uno de los más bajos de la UE-15, cuyo promedio era 7,5%. Si en lugar de tomar este indicador tomamos la cifra de gasto sanitario público por habitante vemos que fue de 1.227,1 upc en el año 2002 (último año del cual tenemos información comparable con la UE-15), el más bajo de la UE-15 después de Grecia y Portugal. El promedio de la UE-15 era mucho mayor, 1.814,2 upc.

La escasez del gasto público sanitario es todavía más preocupante si tenemos en cuenta que, según el último informe de la OCDE, el 22,2% de ese gasto se realiza en farmacia (uno de los porcentajes más altos de la UE, cuyo promedio está en torno al 14%), con lo que el gasto público sanitario no farmacéutico en 2002 se estima en el 4,59% del PIB. Ello se debe al enorme poder de la industria farmacéutica (una de las industrias con mayores tasas de beneficios), que se opone a la introducción de productos genéricos (productos más baratos y de igual potencia biológica), siendo éstos sólo el 5% de todo el gasto farmacéutico (uno de los porcentajes más bajos de la UE). Si el porcentaje fuera mayor, alcanzando la mayoría del gasto farmacéutico público, podríamos liberar los fondos necesarios para proveer servicios domiciliarios a las familias en España.

Si miramos la evolución del gasto público sanitario, vemos una clara disminución, pasando de representar un 6,6% del PIB en 1993 a un 5,9% en el año 2002, un descenso mayor que el promedio de la UE, que se mantuvo en 1993 y 2002 en el 7,5%. En Suecia, por cierto, se mantuvo en el 8,6%. Este descenso se refleja en la evolución del gasto sanitario público por habitante: en el año 1993 España se gastó 838,4 upc y la UE 1.221,9 upc (Suecia, por cierto, se gastó aquel año 1.460,1 upc); en el año 2002 España se gastó 1.227,1 upc, 388,7 upc más que en el año 1993, mientras que la UE se gastó 1.814,2 upc, 592,3 upc más que en el año 1993 (Suecia se gastó 2.160,2 upc, 700,1 upc más que en 1993). Así, en relación con el promedio de la UE, vemos cómo el déficit de gasto sanitario público por habitante de España con el promedio de la UE ha aumentado durante el periodo 1993-2002 (último período en el que tenemos datos comparativos en la UE), pasando de ser 383,5 upc a 587,1 upc, un aumento del déficit de gasto sanitario público por habitante del 53%. Por tanto, España no sólo es el país que tiene el gasto sanitario público por habitante más bajo (después de Grecia y Portugal), sino que es de los países que tienen un crecimiento menor de ese gasto en la UE. Todo ello a pesar de que el gasto público sanitario español es menor que el que correspondería por el nivel de desarrollo económico del país (medido por el PIB per cápita). España, cuyo nivel de desarrollo económico es ya del 86,5% del promedio de la UE-15, tiene un gasto sanitario público per cápita que es, según Eurostat, sólo el 67,6% del promedio de la UE-15, y gasta alrededor de 21.723 millones de euros menos en sanidad de lo que le correspondería por su nivel de riqueza. El déficit es incluso mayor debido a la estructura demográfica de nuestro país, que tiene un porcentaje de personas de 65 y más años (que necesitan y consumen más servicios sanitarios) mayor que el promedio de la UE-15 (en 2005, 17,3% para España y 17,2% para la UE-15). Este déficit afecta a la calidad de los servicios públicos, y sobre todo a los niveles de confort del usuario y de los profesionales, que están entre los peor pagados de la UE-15.

Esta situación se reproduce a pesar de que todas las encuestas señalan que la gran mayoría de la ciudadanía española opina que los gobiernos deberían gastar más fondos públicos en sanidad, deseo que responde a la percepción generalizada de que detrás de los grandes problemas que tiene la sanidad española hay un déficit considerable de gasto público. Si analizamos las causas del bajo gasto público sanitario, tal como vimos en la primera sección de la primera parte del libro, se puede atribuir parte del retraso a la situación heredada de la dictadura de Franco, caracterizada por su escasa sensibilidad social. Así, el gasto público sanitario español era, cuando el dictador murió, el más bajo de Europa, junto con Grecia y Portugal, que sufrieron regímenes semejantes. Tal gasto creció notablemente durante la época democrática como consecuencia de las presiones populares; a partir de la ley general de sanidad, el acceso a la sanidad prácticamente se universalizó (aunque tal universalización, por cierto, no esté todavía formalizada en una ley; es decir, el acceso a la sanidad pública en España no es todavía un derecho ciudadano, como lo es en la mayoría de países de la UE-15). Pero a partir de 1993, como se ha señalado anteriormente, el objetivo prioritario de alcanzar el equilibrio presupuestario, adoptado tanto por el gobierno socialista como más tarde por el gobierno conservador, conllevó un proceso de desconvergencia social, que se dio con creces en el capítulo de sanidad. El déficit del gasto público sanitario per cápita de España con la UE-15 creció un 17% durante el gobierno socialista del periodo 1993-1996, un 17,6% durante el primer periodo conservador (PP con apoyo de CiU, 1996 a 2000) y un 13,9% en los dos primeros años del gobierno de mayoría absoluta del PP. Si calculamos el promedio anual de aumento para estos tres periodos, en los tres años del gobierno socialista el déficit aumentó cada año aproximadamente un 4,7%; de 1996 a 2000 creció anualmente un promedio de 4,4%, y en dos años de mayoría absoluta del PP aumentó cada año un 6,95%.

El déficit sanitario que tiene España con la UE-15, tal y como percibe la población española, está detrás de los grandes problemas de la sanidad pública española que se muestran en todas las comunidades autónomas. Por ejemplo, un 76% de los usuarios consideran que el tiempo de visita al médico de atención primaria (el nivel de atención sanitaria más utilizado por la población) es insuficiente (en comparación con el promedio de la UE, 47%). Y ello como resultado del elevado número de ciudadanos asignados al médico de atención primaria. Por otro lado, encontramos problemas graves como las enormes listas de espera para operaciones quirúrgicas (incluyendo algunas de vida o muerte), los largos periodos de espera para visitar al especialista y para obtener las pruebas terapéuticas, la falta de confort del sistema hospitalario –más de cuatro y seis camas por habitación en un elevado porcentaje de hospitales públicos–, o la gran frustración del personal sanitario. Han contribuido a agravar estas insuficiencias unas prioridades sanitarias erróneas, que han enfatizado excesivamente el componente hospitalario y biológico médico, a costa de los aspectos de salud, prevención, rehabilitación y de atención médico-social. Una muestra de estas prioridades erróneas es el subdesarrollo en España de la salud pública –que incluye también la salud laboral y ambiental así como la protección del consumidor–, una de las más retrasadas de la UE y que afecta a todos los sectores de la sociedad y muy en particular a las familias más humildes y populares. Según datos del Instituto de Información Sanitaria del Ministerio de Sanidad y Consumo, el porcentaje del gasto público sanitario destinado a salud pública en 2001 fue sólo del 1,2%. España, así, tiene una de las tasas de incidencia mayores de la UE de tuberculosis, sífilis, intoxicaciones alimentarias, accidentes laborales y de tráfico, entre otras condiciones fácilmente prevenibles, siendo a la vez uno de los países europeos con mayores problemas en legionela y que más dificultades encontró en la detección de «vacas locas». Contribuyen al subdesarrollo de la salud pública los bajos recursos asignados a los municipios y el escaso desarrollo del poder sancionador de los gobiernos municipales, que son las autoridades responsables de gran número de funciones salubristas.

El bajo gasto público sanitario también conlleva una gran extensión de la medicina privada, reproduciéndose una polarización social: la burguesía, pequeña burguesía y las clases medias de renta alta utilizan los servicios médicos privados, o reciben trato preferencial en la pública, mientras que las clases medias de renta media y baja y la clase trabajadora utilizan la sanidad pública. Esta polarización social hace que nuestro sistema sanitario sea más parecido a los sistemas sanitarios existentes en la mayoría de países de Latinoamérica que a los sistemas sanitarios de la UE, los cuales se caracterizan por ser sistemas sanitarios universales que sirven tanto a las clases medias como a las clases populares. Se ha requerido un elevado gasto público sanitario para diseñar y sostener un sistema sanitario público en donde las clases medias (que tienen expectativas mayores que la clase trabajadora) se encuentren cómodas. En España, las insuficiencias de la sanidad pública son menos visibles de lo que debieran ser, y más difíciles de resolver debido a que no afectan, en general, a las clases de renta media alta y alta, atendidas en el sector privado y sin necesidad, al menos directa, de exigir mejoras en el sistema sanitario público.

Tal polarización social basada en el binomio medicina privada-medicina pública no favorece, sin embargo, a ninguno de los polos sociales. Me explicaré. La medicina privada es, por lo general, mejor que la pública en elementos muy importantes como son la capacidad de elección, el trato personal y el confort (por ejemplo, una cama por habitación). En cambio, la medicina pública es mucho mejor que la privada en la calidad científica del personal y en la riqueza tecnológica, con lo cual, si el lector está enfermo de verdad le aconsejo acuda a la sanidad pública. Conocí a burgueses en Barcelona que estarían vivos si lo hubieran hecho. Y se asombrarían si les dijera los nombres. En realidad, la complejidad y el requerimiento tecnológico de la medicina hoy es tal que la medicina privada no puede sostener los costes de mantenimiento de la infraestructura de alta calidad que requiere la medicina moderna. Incluso en EE.UU., el supuesto «paraíso» de la sanidad privada, la mayoría de los mejores hospitales (independientemente de su carácter público o privado) están financiados públicamente. Lo que se necesita es un sistema único en el que todas las clases sociales se encuentren cómodas, con capacidad de elección, trato digno y confort (tanto para los usuarios como para los profesionales sanitarios), con la calidad científica y la riqueza tecnológica ya existentes. Ello exige, sin embargo, un mayor gasto público sanitario que corrija el déficit existente. Mantener el bajo nivel de gasto público es reproducir la polarización social basada en la dicotomía privada-pública, que daña a los servicios públicos perjudicando a todas las clases sociales.

Sería desaconsejable que el déficit de gasto público sanitario intentara resolverse con un crecimiento mayor del gasto privado sanitario, dado que el bajo gasto público sanitario español ha dado lugar a un elevado gasto sanitario privado, con lo que España se ha convertido en uno de los países en Europa con un porcentaje de gasto privado más alto. De ahí que el déficit del gasto público sanitario debería resolverse primordialmente a base de un crecimiento muy notable del gasto público sanitario, que –considerando las grandes necesidades que existen en otros servicios públicos y en la infraestructura del país– requiere un aumento muy significativo del gasto público, hasta hacer que converja el gasto público de España con el promedio de la UE-15 (en 2004 el 38,7% del PIB en España, comparado con el 48% del PIB de la UE-15, según Eurostat). Y éste es el problema mayor, acentuado en algunas comunidades autónomas como Cataluña por el problema del déficit fiscal, que veremos con más detalle en el siguiente apartado. Aunque se resolviera en estas comunidades autónomas el déficit fiscal, ello no bastaría por si sólo para corregir las deficiencias sanitarias. Por ejemplo, si Cataluña tuviera el sistema tributario del País Vasco (y mantuviera las prioridades de éste), el gasto sanitario aumentaría 92 euros por habitante, reduciendo, pero no eliminando, el déficit público sanitario de Cataluña con la UE, que es de 363 euros. De ahí que, además de intentar resolver el déficit fiscal, el gobierno español y los autonómicos deberían aumentar el gasto público sanitario subiendo los impuestos, tal como el gobierno tripartito catalán propuso en 2004. De lo contrario, el déficit sanitario no se resolverá.

4.2. LOS DÉFICITS SANITARIOS DE ESPAÑA (Y DE CATALUÑA)

A raíz del debate originado en la segunda mitad del año 2004 por la petición del gobierno tripartito de la Generalitat de Cataluña de que el Estado español contribuyera a resolver el enorme problema de su déficit sanitario, se inició una campaña por parte de los conservadores españoles para movilizar a sus bases, estimulando un enfrentamiento entre las distintas comunidades de España. Se presentó a los catalanes y a su gobierno como insolidarios que estaban ejerciendo una excesiva influencia en el gobierno socialista español, al cual estaban «chantajeando», como dijo por aquel entonces José María Michavila, portavoz del PP. Por el otro lado, en Cataluña los nacionalistas conservadores también intentaron movilizar a sus bases, acusando al gobierno catalán de ser demasiado acomodaticio a la voluntad del gobierno socialista español.

Es paradójico pero también predecible que estas fuerzas políticas nacionalistas conservadoras intenten movilizar el antagonismo entre España y Cataluña (que es parte de España) cuando, en realidad, ellas han contribuido en gran manera a incrementar el gran déficit sanitario público español (y catalán), que es el problema real que tiene España. La alianza de tales fuerzas políticas gobernó España (y Cataluña) durante el periodo 1996-2004, y contribuyó a empeorar algunos de los problemas sobre los cuales ahora intentan dividir a los españoles. Ello queda reflejado en el crecimiento del déficit sanitario durante ese periodo, comentado anteriormente.

El hecho de que tal crecimiento del déficit sanitario no haya tenido hasta ahora la visibilidad mediática y política que se merece se debe a muchos factores, siendo uno de ellos el que el 30-35% de la población de renta superior de España (un grupo social de enorme influencia en los medios de información y persuasión y en las instituciones representativas y del que la mayoría de creadores de opinión proceden) utiliza la sanidad privada o recibe trato preferencial en la pública y no es consciente de la enorme insuficiencia de recursos del sector sanitario público. Ni que decir tiene que la escasez del gasto público no es el único problema del sector sanitario; las prioridades otorgadas a nuevas altas tecnologías y centros de investigación biomédicos (que absorben enormes cantidades de recursos) a costa del subdesarrollo de la atención primaria y de la salud pública son un ejemplo de la mala utilización de los recursos públicos. Ahora bien, la escasez de recursos afecta en gran manera al bienestar social de nuestra población en todas las comunidades autónomas.

A esta gran escasez de recursos se añaden otros problemas específicos de cada comunidad autónoma. Así, en un estudio realizado en septiembre de 2004 se calculó que Cataluña tenía 299.614 personas extranjeras viviendo en su territorio que estaban registradas en el Servicio Catalán de Salud y en cambio no estaban contabilizadas en la preparación de los presupuestos del

Estado. La atención sanitaria de estas personas representa un déficit de 271 millones de euros al año que debería ser corregido, pues este déficit va acumulándose. Por otra parte, Cataluña, al tener un gran número de centros especializados, atiende también a gran número de personas procedentes de otras comunidades autónomas, lo que le representa unos costes de aproximadamente 40 millones de euros, de los cuales recibe como pago del Estado sólo unos 12 millones. Otro problema es la antigüedad de los edificios propiedad de la Seguridad Social (que dependen del Estado central), cuya modernización supone unos gastos de 820 millones de euros que, al menos, deberían compartirse entre el propietario (el Estado central) y el arrendatario (la comunidad autónoma). Ni que decir tiene que estos problemas no son exclusivos de Cataluña y de ahí que el gobierno tripartito de la Generalitat pidiera que el Estado central pagara los servicios que Cataluña y otras comunidades autónomas (lo cual no se citó en los medios de información conservadores, que son la mayoría en España) proveen y que no han sido pagados, y también que se redefiniera el criterio por el cual se asignan fondos a las comunidades autónomas para hacerlo más equitativo, proponiendo que las comunidades autónomas aporten según su renta y reciban según su población.

La corrección de tales déficits exige respuestas en los presupuestos de los próximos años. En este sentido, no puede considerarse inamovible el techo presupuestario, sino que se debería avanzar hacia la convergencia del gasto sanitario español con el promedio europeo. Como vimos en la tercera sección del libro, uno de los requisitos para poder aumentar el gasto social era el de expandir la carga impositiva, todavía bastante inferior al promedio europeo. Un impuesto obvio que puede incrementarse es el del tabaco, puesto que el tabaco español es uno de los más baratos de Europa, siendo el tabaquismo en España el más extendido en nuestro continente. Ese impuesto aumentaría los fondos del Estado en 567 millones de euros que deberían ir a sanidad.

Éstos son los temas que deberían centrar el debate nacional, y no los que intentan enfrentar a las comunidades autónomas entre sí como muchos creadores de opinión están hoy intentando hacer, ocultando el tema real que es el déficit social de España, que se manifiesta claramente en la sanidad pública. El gobierno tripartito catalán, que tiene una gran conciencia social, ha pedido al Estado central que tome medidas que permitan resolver el dramático déficit sanitario de Cataluña, haciéndolo de manera que resuelva también el problema de otras comunidades autónomas y de toda España. Con ello, este gobierno no se ha centrado en sí mismo, sino que ha hecho una propuesta para resolver sus problemas resolviendo a la vez los de España. El intento por parte de las fuerzas conservadoras de dividir a las fuerzas progresistas de España (inconscientemente apoyadas por algunas voces de izquierda) reproduciría –en caso de conseguirlo– el retraso social de España del cual históricamente ellas son responsables.

4.3. REFORMAS NECESARIAS EN EL SISTEMA SANITARIO ESPAÑOL

En respuesta a la percepción generalizada existente en Cataluña de que para mantener la calidad científica y técnica del sistema público sanitario, así como para mejorar el confort del usuario y su accesibilidad a ese sistema (aumentando también la satisfacción y condiciones de trabajo de sus profesionales y empleados), hay que aumentar considerablemente el gasto público en sanidad, el gobierno tripartito catalán se ha comprometido –tal como consta en el Pacte del Tinell– a que el gasto público sanitario en Cataluña alcance en dos legislaturas el mismo porcentaje del PIB que el que se gastan regiones o países de renta per cápita y características similares a las de Cataluña.

Como parte de este proceso, el gobierno catalán nombró un

grupo de trabajo para que propusiera medidas para resolver el déficit, haciendo recomendaciones de cómo mejorar la financiación y la eficiencia del gasto sanitario en Cataluña. Lo primero que hizo la comisión fue definir la naturaleza del problema de la financiación pública de la sanidad, que podía resumirse en falta de dinero y necesidad de mejorar la eficiencia en su uso. Lo primero era grave y se debía a que Cataluña gastaba y sigue gastando menos en sanidad pública de lo que le corresponde según su nivel de renta. En febrero de 2005 se calculó que Cataluña necesitaría alrededor de 2.500 millones de euros más al año para gastar en sanidad pública el mismo porcentaje del PIB que los países europeos de igual nivel de renta que Cataluña. Las intervenciones públicas más importantes para resolver el déficit incluyen la recuperación de un mayor porcentaje de los impuestos generados en Cataluña (el IRPF, el tabaco, el alcohol y el IVA, entre otros) y también el mencionado incremento de nuestra carga fiscal hasta converger con el promedio de países de la UE con el mismo nivel de renta que nosotros.

Lo primero –la recuperación de mayores porcentajes de los impuestos generales de Cataluña– se exige no sólo por la necesaria corrección del déficit fiscal de Cataluña, sino también por el cambio que España ha experimentado en los últimos años, al descentralizar enormemente su Estado del bienestar. No es lógico, por ejemplo, que Cataluña (u otras comunidades autónomas) recuperen sólo un 40% de los impuestos del tabaco, cuando los efectos insaludables y nocivos del tabaquismo los absorbe la sanidad que está ya totalmente descentralizada, y son las comunidades autónomas las responsables de gestionarla y financiarla. La descentralización de responsabilidades del Estado central a las comunidades autónomas no ha ido todavía acompañada de la descentralización de los fondos necesarios para pagarlas.

Esta descentralización de la responsabilidad fiscal, sin embargo, no es suficiente para resolver el déficit de fondos públicos que tenemos respecto al promedio de países de igual riqueza que nosotros, y ello es resultado de que la presión fiscal en España (incluyendo Cataluña) es menor que en estos países (en 2002, el último año con datos disponibles, los impuestos directos sobre los ingresos personales –en España, IRPF– representan el 7,1% del PIB en España, mientras que el promedio de la UE-15 es un 9,9%). Y es ahí donde la comisión se atrevió a tocar un tema tabú en nuestro país al afirmar que si en España y en Cataluña queremos tener una sanidad con el nivel de calidad, comodidad, confort y satisfacción de los países europeos (UE-15), tendremos también que converger en los niveles de presión fiscal, condicionando este aumento de la presión fiscal en el caso de Cataluña a la corrección de su déficit fiscal. Y éste es el punto clave con el cual la ciudadanía podría estar de acuerdo (si se le explica correctamente, lo cual no se hizo en la mayoría de reportajes sobre el informe, donde incluso se ignoró esta recomendación de converger con la presión fiscal de los países europeos), pues todas las encuestas confirman que la mayoría de la ciudadanía desea que la gente pague por la sanidad según su nivel de renta y no por la necesidad y utilización de los servicios. En realidad esta última alternativa (el pago por servicios, que siempre es el tema de mayor visibilidad mediática) no es ni será una medida recaudatoria importante –tal como reconoció la comisión–, aunque su introducción o incremento podría justificarse como medida correctora de los abusos en la utilización de los servicios o en el consumo de fármacos, si bien para ello debería documentarse que tal abuso (que existe) sea generalizado. No hay evidencia de ello, con lo cual las medidas penalizadoras deberían centrarse en aquellos individuos que abusan del sistema, no en todos los usuarios. Una observación semejante se aplica a los abusos de farmacia, donde es el médico, no el usuario, quien abusa del sistema cuando tal abuso existe. En el sistema sanitario español, el consumo farmacéutico público requiere una receta médica. En realidad, el abuso más marcado es el de los fabricantes y distribuidores de fármacos y su excesiva influencia sobre los médicos así como la excesiva relajación, hasta hace poco, de las autoridades públicas, que han permitido que el 24,3% del gasto público sanitario en Cataluña vaya a farmacia, un porcentaje a todas luces excesivo (el de la UE-15 está en torno al 14%), y cuya reducción a niveles más europeos podría suponer un ahorro de casi 500 millones de euros. En este aspecto es alentador que ya se hayan dado pasos por parte del gobierno tripartito, siendo Cataluña la comunidad autónoma que ha visto crecer más lentamente el gasto farmacéutico público en el último año. Aunque debería hacerse mucho más.

4.4. EL DÉFICIT SANITARIO Y LA CONFERENCIA DE PRESIDENTES

Durante los últimos años hemos visto a un número creciente de gobiernos autonómicos señalar que los fondos públicos destinados a la sanidad son insuficientes para satisfacer las necesidades de la población, como consecuencia de lo cual se sumergen en enormes déficits de gasto público sanitario que sobrepasan sus capacidades. De ahí la creciente demanda de tales gobiernos al gobierno central –máximo recaudador y distribuidor de fondos públicos– de que transfiera más fondos a las comunidades autónomas para que éstas puedan eliminar sus déficits. A esta demanda de más fondos, el Estado central había respondido que no los tenía, y, así, se iba creando una tensión entre el Estado central y muchas comunidades autónomas que llevó a que el presidente del gobierno español José Luis Rodríguez Zapatero convocara a todos los presidentes de las comunidades autónomas a una reunión el 6 de septiembre de 2005 en Madrid.

A fin de preparar tal reunión, y con el objetivo de recabar información sobre la situación financiera de la sanidad pública española, se nombró un grupo de análisis del gasto sanitario público dirigido por el interventor general del Estado, que incluyó a representantes del Ministerio de Economía y Hacienda, del Ministerio de Sanidad y de las diecisiete comunidades autónomas, la mayoría de los cuales pertenecían a sus consejerías de Hacienda. La información sobre la situación financiera sanitaria procedió de las propias comunidades autónomas, que son las que gestionan prácticamente el 90% del gasto público sanitario español. Este grupo de análisis emitió su informe en julio de 2005, pero el impacto mediático fue sorprendentemente reducido, teniendo en cuenta que muy probablemente iba a tener una gran influencia en la configuración del debate sobre la financiación de la sanidad en España.

El informe contiene información muy valiosa, que no se había recogido antes en un documento único y que debería ponerse al día periódicamente dentro de un sistema de información sanitaria español todavía inexistente. Algunas conclusiones, sin embargo, son altamente cuestionables y, en caso de aceptarse, obstaculizarían enormemente la resolución del problema que motivó su establecimiento. Una de ellas, reproducida en la sabiduría convencional de los *establishments* financieros y económicos del país, consiste en asumir que España ya se gasta en sanidad pública prácticamente lo que debería gastarse según el nivel de desarrollo económico que tiene. De esta conclusión se derivaría que el Estado español no debería incrementar significativamente el gasto público en sanidad. Esta conclusión va acompañada de otra, igualmente acrítica con la sabiduría convencional presente en los *establishments* políticos, mediáticos y financieros del país, que asume que la sanidad pública en España es de gran calidad, y cita como fuente de autoridad el informe de la Organización Mundial de la Salud *(Health Systems Performance 2000),* que consideró el sistema sanitario español como uno de los mejores del mundo (el número 7).

Ninguna de las dos conclusiones del informe, sin embargo,

estaba avalada por los datos, como he puesto de manifiesto anteriormente. Los datos aportados indicaban que España gastaba alrededor de 21.723 millones de euros menos en sanidad de lo que le correspondería por su nivel de riqueza. Puesto que el gasto público sanitario en España es de 42.626 millones de euros, tal déficit representa que en España deberíamos gastarnos nada menos que un 50% más de lo que nos gastamos en sanidad pública a fin de alcanzar el nivel de gasto sanitario público por habitante que nos corresponde por el nivel de riqueza que tenemos (medido por el PIB por habitante).

Algunos economistas favorables al aumento del gasto privado en lugar del aumento del gasto público en sanidad, han intentado trivializar este enorme déficit de gasto público sanitario (causa mayor de los déficits sanitarios autonómicos) indicando que, según lo que ellos llaman «las leyes del desarrollo económico», a cada país le corresponde un determinado gasto público sanitario según su desarrollo económico, argumento que asume que a mayor riqueza, mayor gasto público sanitario. Según estas tesis, el déficit de gasto público sanitario de las comunidades autónomas se debería primordialmente a una mala gestión, o a que la sociedad española desea mayores servicios de los que le corresponden por su nivel de desarrollo económico. Los datos, sin embargo, cuestionan tal determinismo económico. El que unos países europeos tengan gastos públicos sanitarios mayores que otros se debe primordialmente a factores políticos. Aquellos países gobernados por la socialdemocracia durante periodos más largos de tiempo desde la Segunda Guerra Mundial (como es el caso de Suecia) tienen un gasto público sanitario por habitante mucho mayor que aquellos países, como España, Grecia y Portugal, donde las fuerzas conservadoras (gobiernos dictatoriales y totalitarios o autoritarios) han gobernado durante más tiempo en ese periodo. Nuestro enorme déficit de gasto público social (incluyendo el sanitario) se debe al enorme dominio de las derechas en la historia de nuestro país.

Pese a que el déficit de gasto público sanitario se fue corrigiendo durante los primeros años de la democracia, como hemos visto, la prioridad de conseguir el equilibrio presupuestario revirtió el proceso de convergencia social y sanitario con la UE-15, aumentando la distancia entre sus respectivos gastos públicos sociales y sanitarios. Así, es lógico que las quejas de los gobiernos autonómicos empezaran a dejarse oír pronto. El informe del grupo de trabajo atribuye el déficit al crecimiento del número de personas con tarjeta sanitaria que no estaban contabilizadas, lo cual es cierto, pero sólo hasta cierto punto, puesto que la causa mayor es que el gasto público sanitario en España es excesivamente bajo. Es más, el tamaño del déficit es tal que no puede resolverse, como el informe asume, con una mayor racionalización del gasto público sanitario.

En lo que respecta a la supuesta excelencia del sistema sanitario español, esta percepción está basada en el informe de la OMS citado anteriormente, que ha sido desacreditado por los numerosos análisis que han documentado su falta de rigor y manipulación de los datos, lo que incluso llevó al director del informe, el profesor Philip Musgrove, a dimitir como protesta por las interferencias políticas que configuraron tal informe (Musgrove, P., «Judging Health Systems: Reflections on WHO methods», *The Lancet,* vol. 361, 2003). Como se ha señalado anteriormente, estudios más rigurosos han demostrado que mientras la competencia del personal del sistema sanitario español y su calidad tecnológica son elevadas, la satisfacción del usuario con el confort, la disponibilidad y la accesibilidad al servicio es baja, como lo es también la de los profesionales del sector con las condiciones de trabajo, resultado, todo ello, de la enorme escasez de recursos.

5. LA EDUCACIÓN EN ESPAÑA

5.1. LA INSUFICIENCIA EDUCATIVA

Uno de los indicadores más importantes de calidad de vida de un país es su nivel de educación, el cual, además de permitir a la ciudadanía desarrollar el gran potencial que cada ser humano tiene, facilita su articulación con la sociedad, incluyendo el mercado de trabajo, elemento clave en el desarrollo económico del país. Un análisis del nivel de la educación en España nos muestra que éste es preocupante, y ello se debe en parte a nuestra historia, y también a la distribución de poder en nuestra sociedad, que determina unas prioridades en el gasto público que no siempre responden a las necesidades humanas y económicas del país.

Como resultado de los cuarenta años de una dictadura que además de ser enormemente represiva tuvo una gran insensibilidad social, España tiene uno de los niveles educativos más bajos de la UE; el 60% de la población tiene un nivel educativo equivalente o menor a la educación primaria. Cuando el dictador murió, nada menos que el 82% de la población tenía una educación menor a seis años, dato que desmiente el argumento utilizado por las fuerzas conservadoras de que la dictadura modernizó a España. En realidad, sólo Grecia y Portugal tenían unos niveles de educación semejantes a España, y ello como resultado de haber sufrido regímenes totalitarios semejantes, caracterizados por su escaso desarrollo social, como pone de relieve que en 1975 el gasto público educativo, por ejemplo, era un mísero 1,7% del PIB.

Naturalmente, mucho se ha hecho desde el establecimiento de la democracia. Si tomamos la población que hoy tiene entre 25 y 34 años, que se ha educado durante el periodo democrático, según el informe de la OCDE *Education at a Glance, 2003,* el 57% de estos jóvenes tienen más de diez años de escolarización, lo cual significa una mejora muy notable, aunque continúa siendo insuficiente. El promedio de la OCDE para este grupo de edad es de un 74%. Como nota comparativa, en los países de tradición socialdemócrata del norte de Europa, como Suecia, el porcentaje es del 91%. Si tomamos la población entre 25 y 64 años, a pesar de que los porcentajes de población con escasa educación (primaria o menor) descendieron rápidamente, todavía hoy la distancia existente entre España (60%) y el promedio de la UE (40%) es muy notable, distancia que persiste en el porcentaje de población con educación secundaria, el 18% en España, muy por debajo del promedio de la UE, 38%.

Este déficit aparece también cuando analizamos el gasto público en educación. El retraso era tan grande cuando el dictador murió que todavía tenemos un gasto público en educación como porcentaje del PIB por debajo del promedio de la UE-15 e incluso de la mayoría de los países entrantes en la UE, los países de la Europa del Este (España 4,4% del PIB, Polonia 5,6%, Letonia 5,8%, Estonia 5,7%, Lituania 5,9% y UE-15 5,2%). El gasto por estudiante de primaria, de secundaria y de educación superior (incluido el gasto universitario) continúa estando por debajo del gasto promedio de la UE, déficit que alcanza mayores niveles en la educación universitaria. Así, encontramos en España cifras de gasto público de educación por alumno en primaria de 3.889 dólares USA corregidos mediante upc, en secundaria de 5.077, y en educación superior de 4.493, frente a los promedios de la OCDE por cada tipo de educación de 4.481, 6.015 y 5.632, respectivamente.

Algunas voces conservadoras han intentado relativizar estos déficits, indicando que el menor gasto por estudiante se debe a la masificación de la enseñanza, observación que parece insinuar que hay demasiada gente educándose. Las cifras, sin embargo, no confirman este supuesto. El porcentaje de niños y jóvenes que se educan en España es inferior, no superior, al del resto de la UE. La causa real de este déficit es el bajo gasto público en educación primaria y secundaria (2,9% del PIB), menor que el promedio de la UE-15 (3,6% del PIB). Un déficit aún mayor en la educación universitaria (1% del PIB en España versus 1,15% en la UE-15).

Las consecuencias del bajo gasto público en educación son múltiples, pero una de ellas es que, según los estudios realizados por el profesor Francesc Pedró (catedrático de Educación de la Universidad Pompeu Fabra y una de las máximas autoridades académicas en educación en España: Pedró estandariza horas de clase por alumno por varias variables que incluyen el número de profesores por hora lectiva, para así poder afinar el análisis), las horas lectivas por año y alumno en España en la escuela secundaria, por ejemplo, son 559, menos que el promedio de la UE, 678 horas. Sumando este déficit horario, resulta que el estudiante español de secundaria, al terminar sus estudios, ha tenido un año menos de educación que el estudiante promedio de secundaria de la UE (y dos años menos que el de Alemania, Bélgica, Escocia y Holanda). No es de extrañar, por lo tanto, que, según las encuestas de conocimiento académico entre estudiantes de la UE, el conocimiento de matemáticas, lenguas y comprensión de lectura de los jóvenes en España sea equivalente a los que tiene un estudiante promedio de un año menos en la UE (Pedró, F., *La qualitat de l'ensenyament. Una perspectiva comparada).*

5.2. LA POLARIZACIÓN EDUCATIVA DE ESPAÑA

Otra consecuencia del bajo gasto público educativo es la gran extensión de la escuela privada; ningún otro país de la UE-15 tiene un porcentaje tan elevado de estudiantes en dicho sector, el cual sirve, por lo general, a los niños y jóvenes procedentes de familias burguesas, pequeña burguesía y clases profesionales de renta media alta (que representan el 30-35% de la población), mientras que la pública sirve a los niños y jóvenes de las clases medias de renta media y media baja y a la clase trabajadora (que representan el 65-70% de la población). Las primeras tienen más recursos que las segundas, pues suman los subsidios públicos a las aportaciones privadas. A pesar de que en teoría estas escuelas privadas, llamadas concertadas, son también parte del sistema público –y reciben subsidios públicos–, en la práctica no lo son, pues no son gratuitas, seleccionan a los alumnos, discriminando a los hijos de los inmigrantes, que se concentran en las escuelas públicas, y no están integradas por tanto en el sistema público. Las escuelas privadas tienen también, como ha mostrado el profesor Pedró, una hora diaria más por alumno como promedio que la pública, con lo que el tiempo de horas lectivas en la privada se acerca más a la media de la UE-15, distanciándose así de la pública.

El bajo gasto público conlleva, pues, la polarización de la educación primaria y secundaria que se refleja claramente en los datos. España, que, como hemos visto, tiene uno de los gastos públicos en educación más bajos de la UE-15, tiene en cambio uno de los gastos privados en educación más altos: 0,60% del PIB, comparado con el 0,36% del PIB en la UE. Las clases altas y media altas en España se desligan de la escuela pública por creer que tienen su problema resuelto y no ejercen su considerable influencia política –que se realiza a través de los medios de información y de los partidos políticos– para que la situación cambie. En realidad, durante el gobierno conservador, afín a sus intereses, el gasto público en educación bajó de un 4,7% del PIB en 1996 al 4,4% del PIB en 2002, aumentando así la polarización debido a la prioridad de dicho gobierno de promocionar la escuela privada a costa de la pública. El último informe de la OCDE –PISA– a este respecto señala que España es uno de los países donde la clase social de los padres determina en mayor medida las posibilidades educativas de los jóvenes, siendo la escuela en España una institución clave para la reproducción de la polarización social.

Se equivocan, sin embargo, las familias pudientes que, enviando a sus hijos a la escuela privada, creen tener su educación de sus hijos resuelta. En realidad, como bien señaló el informe PISA, la calidad del nivel educativo de un país depende primordialmente de la escuela pública, puesto que si el gasto en la pública es bajo, no se requiere que el gasto para estar por encima de la pública sea muy alto. De ahí que el gasto total en educación sea bajo y con ello la calidad. Así, en el informe PISA de 2000 ya se había comparado la calidad de las escuelas de los países desarrollados observando, en general, una relación clara entre el gasto total (público y privado) por estudiante y la calidad de la educación (medida por la comprensión de lectura literaria y científica, y el conocimiento matemático). En España, en todas estas áreas, claves para la competitividad económica, el conocimiento académico tanto de los estudiantes de la escuela pública como de la privada estaba muy por debajo del promedio de la UE e incluso por debajo de algunos de los países de la Europa del Este, herederos de regímenes que dieron prioridad al sistema educativo.

Por otro lado, estudios llevados a cabo recientemente en EE.UU. muestran que la falta de diversidad social en las aulas empobrece a los estudiantes, que, aislados de la diversidad social de su entorno, adquieren un conocimiento poco representativo del conjunto de la sociedad, favoreciendo un excesivo proteccionismo que obstaculiza el desarrollo emotivo y psicológico del alumno. En este sentido, la experiencia europea muestra que el mejor sistema educativo es el que se basa en la escuela pública para todas las clases sociales. Finlandia, por ejemplo, tiene una de las mejores escuelas de Europa, una escuela multiclasista que contribuye a diluir las rigideces sociales, con el porcentaje de estudiantes que asisten a la privada de sólo un 3%. De ahí la gran importancia de establecer una escuela pública única para todas las clases sociales, en la tradición laica republicana, que considere la escuela pública como la institución básica de integración social. Éste fue el modelo que la República española intentó establecer en España (topando con una enorme resistencia por parte de la Iglesia católica española que controlaba el sistema educativo) y que no se ha respetado en la democracia española actual, donde incluso la Constitución reproduce esta polarización educativa haciendo referencia a los dos tipos de escuelas –pública y privada–, a diferencia, por ejemplo, de la Constitución francesa (siendo este dato, por cierto, un indicador más de lo incompleta que es nuestra democracia).

Las reformas educativas del gobierno conservador español, junto con el mantenimiento del bajo gasto educativo, acentuaron la polarización educativa en España, todo ello pese a que existe una clara evidencia de que la descohesión social dificulta el desarrollo económico y equilibrado del país. En contra de lo que asume el pensamiento liberal de que la equidad y la eficiencia están en conflicto, la realidad muestra que la primera es condición de la segunda.

El déficit de gasto público alcanza dimensiones dramáticas en la educación universitaria y muy en especial en el tercer ciclo que forma a los especialistas e investigadores (másters y doctorados), que está muy poco desarrollado en la universidad española. La gran inversión que se ha realizado en este nivel de educación ha sido para su expansión: el porcentaje de población estudiante universitaria (14%) es incluso mayor que el promedio de la UE (10%), pero ello se ha alcanzado con un gasto público menor que en la mayoría de los países europeos, con lo que el gasto público por alumno universitario es de los más bajos de la OCDE, como apuntamos arriba. El gobierno español anterior intentó suplir estas enormes deficiencias con gasto privado, mediante aportaciones empresariales, imitando lo que erróneamente se define como el modelo de universidad estadounidense, ignorando que la mayoría de la investigación académica en EE.UU. procede precisamente de fondos gubernamentales. Es incoherente que, al mismo tiempo que se ensalza la sociedad del conocimiento, las autoridades públicas disminuyan el esfuerzo público para alcanzarlo.

Además de por esta característica del bajo gasto público, el sistema de educación superior español se caracteriza por tener el gasto público en ayudas al estudiante más bajo de la UE, lo cual explica, entre otros factores, el porcentaje tan bajo de hijos de la clase trabajadora no cualificada que realiza estudios superiores (un 8%, uno de los más bajos de la UE, concentrado en las diplomaturas en lugar de en las licenciaturas). La política educativa del gobierno conservador anterior, que incluyó una reducción muy considerable de ayudas a los estudiantes, dificultó, todavía más, el acceso de hijos de familias trabajadoras a la universidad española, como muy bien ha señalado Jorge Calero, catedrático de Economía de la Educación de la Universidad de Barcelona (véase Calero, J., «La educación superior en España. Financiación y acceso, *Revista de Educación*, n.º 330, 2003).

6. LOS SERVICIOS DE AYUDA A LAS FAMILIAS

6.1. LA IMPORTANCIA DE LA FAMILIA

La institución que los ciudadanos de cualquier país de la UE valoran más positivamente es la familia, a la que consideran el punto de referencia más importante. El promedio de ciudadanos de los países de la UE que valoraron la familia como la institución más importante de la sociedad fue del 78% (en España es un 74%). En EE.UU., por cierto, el porcentaje es incluso mayor, un 82%. En nuestro país, la familia ocupa también una centralidad en el discurso que ha sido hegemónico de las culturas mediáticas y políticas, y que contrasta, sin embargo, con la realidad de una gran pobreza en las políticas públicas de apoyo a las familias. En realidad, dichas políticas son de las más insuficientes de Europa occidental.

En general, han sido las derechas y muy en especial las tradiciones políticas de raíces cristianas las que se han presentado como las grandes defensoras y valedoras de la familia y de los valores familiares. Las izquierdas, por lo general, no habían cuestionado esta identificación de la defensa de la familia con las derechas, considerando el tema familia como un tema conservador, situación que contrasta con la experiencia de la UE, donde ha sido precisamente la tradición socialdemócrata (y muy en especial la escandinava) la que, a través de sus políticas públicas, ha seguido políticas más pro familiares. Este comportamiento comenzó a cambiar durante el gobierno socialista español, cuando se tomaron medidas que ayudaban a corregir el silencio legislativo en temas familiares que había caracterizado al Estado español. En las elecciones generales españolas del año 2000 el PSOE hizo una propuesta de universalizar el derecho de acceso a los servicios de ayuda a las familias tales como las escuelas de infancia de 0 a 3 años y los servicios de atención domiciliaria a personas con discapacidades y personas de la tercera edad. Estos antecedentes estimularon un debate sobre la necesidad y bondad de las políticas públicas de ayuda a la familia, claramente insuficientes en España. El gobierno conservador salido de aquellas elecciones hizo sus propias propuestas, situando de nuevo a la familia en el centro de atención de las culturas mediáticas y políticas de este país.

Veamos ahora cómo han tratado a la familia las distintas tradiciones políticas existentes en los países de la UE durante la segunda mitad del siglo XX (la socialdemócrata, la demócrata cristiana o conservadora de raíces cristianas, la liberal y la ex dictatorial del sur de Europa).

6.2. LA TRADICIÓN SOCIALDEMÓCRATA: APOYO A LAS FAMILIAS

La tradición socialdemócrata, que ha conseguido su máximo desarrollo en los países nórdicos de Europa (donde ha gobernado más tiempo desde la Segunda Guerra Mundial, con un promedio de cuarenta y seis años, bien en solitario o en alianza con otros partidos por lo general también de izquierdas), ha sido la que mayor apoyo ha ofrecido a la familia. Estas políticas pro familiares han estado basadas en un principio ético de igualdad de géneros que exigía una integración de la mujer al mercado de trabajo, una redefinición de responsabilidades en la familia y un cambio de valores de manera que se eliminara la discriminación cultural, social, económica y política de la mujer. Como consecuencia de este principio de igualdad de géneros y del compromiso político que se deriva de tal principio, vemos que las políticas públicas de la socialdemocracia del norte de Europa se han caracterizado, en primer lugar, por la provisión de servicios de ayuda a la familia (tales como escuelas de infancia de 0 a 3 años, servicios domiciliarios a personas con discapacidades y personas de la tercera edad, viviendas asistidas para tales personas y residencias para ancianos) como un derecho de ciudadanía. Es decir que todos los ciudadanos que necesitan estos servicios tienen derecho acceder a ellos, previo pago según su nivel de renta. Este acceso facilita la integración de la mujer al mercado de trabajo, permitiéndole compaginar sus responsabilidades familiares con las responsabilidades profesionales. Tal derecho existe para todos los miembros de la familia, sean mujeres u hombres.

Otro pilar del modelo socialdemócrata es una regulación del mercado de trabajo que facilita la integración de la mujer en él a través de ofertas laborales flexibles tales como tiempo parcial, teletrabajo y trabajo flexible, reguladas y protegidas a fin de evitar la explotación del trabajador o trabajadora que ocupa estos puestos. Paralelamente, se desarrollan políticas de pleno empleo encaminadas a reducir el desempleo y a aumentar las tasas de actividad de la población adulta, tanto de los hombres como de las mujeres, lo cual explica que el porcentaje de la población adulta (16-64 años) que trabaja en el mercado de trabajo en estos países sea la más alta de los países de la UE (la tasa de actividad promedio de Suecia, Finlandia y Dinamarca en 2003 fue del 80,6%; el promedio de la UE-15 del 68,9%; y en España la tasa de actividad fue del 64,7%). También es característico de la tradición socialdemócrata el desarrollo de políticas redistributivas y antidiscriminatorias, que se realizan con medidas públicas intervencionistas, tanto a través de políticas fiscales altamente progresivas como de políticas de gasto público con efectos redistributivos. En esta tradición, la financiación de los servicios del Estado del bienestar es pública, incluyendo los servicios de apoyo a las familias, realizada predominantemente por los distintos niveles de gobierno, central, autonómico y municipal (con gran protagonismo por parte de los municipios en la gestión de los servicios de ayuda a la familia, escuelas primarias y secundarias y la atención sanitaria primaria), complementada con el pago directo en los servicios de ayuda a la familia por parte de los usuarios, bien sean personas dependientes o pensionistas, bien sean padres de los niños. Completan esta tradición los programas e intervenciones que promueven cambios de valores en los jóvenes, estimulando su autonomía, facilitados por una extensa política de becas que les permite vivir independientemente de sus padres a partir de los 18 años.

Como consecuencia de estas políticas públicas socialdemócratas, nos encontramos en estos países con una tasa de participación de la mujer muy elevada (la tasa de actividad de la mujer promedio de los países del modelo socialdemócrata de la UE-15 es del 79,4%), que determina la alta participación de la población adulta en el mercado de trabajo. Los servicios del Estado del bienestar están muy desarrollados, con un gasto en protección social como porcentaje del PIB muy alto (en torno al 30%) y con un porcentaje de la población adulta ocupada en los servicios del Estado del bienestar también muy alto (en Suecia es del 17%), como vimos en la segunda sección de esta parte del libro. Ello explica que el nivel de pobreza de estos países sea muy bajo entre los grupos más vulnerables, como son los niños, los jóvenes con escasa educación y las madres solteras. También es decisivo para la alta fecundidad (el promedio para Suecia, Finlandia y Dinamarca en 2002 fue de 1,7), así como para la alta calidad de vida familiar, con una pluralidad de modelos familiares.

Hay que tener en cuenta que, en el centro del continente europeo, la socialdemocracia no ha sido la fuerza política dominante durante el periodo de formación del Estado del bienestar (1948-1980), excepto en Austria. En estos países, la democracia cristiana o la tradición conservadora de raíz cristiana ha sido la opción política que ha gobernado durante un mayor periodo de tiempo, lo que explica que cuando los partidos socialdemócratas han gobernado, el desarrollo de tales políticas pro familiares ha sido limitado debido al contexto político y a la cultura cristiana dominante. Incluso en Austria, el porcentaje de mujeres en el mercado de trabajo es relativamente bajo (la tasa de actividad de las mujeres austriacas en 2003 fue del 71,5%).

En el sur de Europa, la socialdemocracia no se ha caracterizado, hasta hace poco, por su compromiso pro familiar. En parte como resultado del gran dominio de la cultura cristiana en estos países, y en parte por no tener como objetivo político el facilitar la integración en el mercado de trabajo. De ahí que la tasa de participación de la mujer en el mercado de trabajo sea particularmente baja.

6.3. LA TRADICIÓN DEMÓCRATA CRISTIANA: SOBRECARGA DE LAS FAMILIAS

La tradición demócrata cristiana se ha desarrollado con mayor intensidad en países del centro de Europa tales como Alemania, Bélgica, Holanda e Italia. En esta cultura política predomina la visión tradicional de la familia, en la que el hombre trabaja y su esposa está en casa cuidando de los niños, jóvenes, ancianos y personas dependientes. Así, el trabajo del hombre en el mercado laboral ha sido el elemento clave del bienestar de la familia, a través de las cotizaciones sociales (del empresario y del trabajador) a las cajas de la Seguridad Social que financia la sanidad de él y de su familia, y de las pensiones de él y de su viuda cuando él muere. En este modelo, los hombres comenzaban las aportaciones a los 18 años (edad en la que se incorporaban al mercado de trabajo) y trabajaban hasta los 65. Durante 47 años aportaban los fondos necesarios para financiar la sanidad de su familia, más su jubilación y la pensión de su viuda cuando él muriese. Este sistema ha hecho que la financiación del Estado del bienestar, y sobre todo de transferencias sociales como pensiones y sanidad, dependa en gran manera de los impuestos sobre el mercado de trabajo, es decir, de las cotizaciones sociales a la Seguridad Social.

Como consecuencia de estas características del modelo demócrata cristiano, nos encontramos con un mercado de trabajo muy orientado hacia el trabajo del hombre, con muy poco desarrollo de formas de trabajo flexible que permitan y faciliten la integración de las mujeres. A su vez, se da una polarización de este mercado de trabajo, con un desempleo juvenil y una precariedad elevados, y un porcentaje de inmigración alto. Otra consecuencia es el escaso desarrollo de los servicios de ayuda a la familia por considerarlos innecesarios, ya que se considera que la mujer casada –ama de casa– es la primera responsable del cuidado de los miembros de la familia: los niños, los jóvenes que viven en casa hasta los 30 años y los ancianos. Este tipo de Estado del bienestar, financiado predominantemente a base de cotizaciones sociales, es el que se ha definido como potencialmente en crisis debido a la incorporación cada vez más tardía de los jóvenes al mercado de trabajo (que se incorporan ahora a los 20-22 años debido a la extensión de la educación), y a la jubilación temprana de los trabajadores, con lo que el periodo de cotización se reduce de 47 años a 38-40, mientras que el periodo de jubilación aumenta en unos 8 o 10 años (resultado de una jubilación precoz a los 60-62 años y un incremento de la esperanza de vida de 6 o 7 años).

Así pues, como resultado de esta situación, nos encontramos con que las familias, y sobre todo las mujeres, están sobrecargadas puesto que carecen de una infraestructura de apoyo que las ayude a compaginar el trabajo familiar con el profesional, con la existencia de un mercado laboral altamente discriminatorio y escaso en la oferta de trabajo flexible y a tiempo parcial. La calidad de vida es baja, sobre todo para la mujer joven, que retrasa el proceso de formación familiar, lo cual tiene como consecuencia una tasa de fecundidad baja (en el año 2002, encontramos valores como el 1,3 de Alemania, el 1,4 de Austria o el 1,16 de Italia). El mercado de trabajo está polarizado, con gran dependencia del trabajador inmigrante, mientras que el sistema de Seguridad Social se enfrenta a una posible crisis debida al acortamiento del tiempo de contribución de los trabajadores. Veremos este tema con más detenimiento en la sección 7 de esta primera parte del libro, que trata de las pensiones.

6.4. LAS TRADICIONES HEREDADAS DE LAS DICTADURAS CONSERVADORAS. ESPAÑA, GRECIA Y PORTUGAL: LA EXPLOTACIÓN DE LA MUJER

Estos países tienen en común el haber padecido regímenes fascistas o fascistoides que se han caracterizado por una gran represión, una gran insensibilidad social y una cultura social profundamente conservadora de orientación cristiana. Esta tradición política tiene una visión de la familia sumamente conservadora que reproduce con creces los elementos de la tradición conservadora, junto con elementos específicos de sus Estados del bienestar, algunos de los cuales ya vimos en la segunda sección al analizar el caso español. En resumen serían el escaso desarrollo de su Estado del bienestar, tanto en transferencias sociales como en servicios, con un gasto social muy bajo y un porcentaje de la población adulta trabajando en los servicios del Estado del bienestar muy por debajo del promedio europeo; una polarización social con escasa cohesión social, con servicios de bienestar privados (tanto en sanidad como en educación) que atienden a los grupos más pudientes de la población y unos servicios públicos que atienden a los grupos populares; unos servicios de ayuda a la familia muy poco desarrollados, tema que será tratado en la subsección 6.5 al analizar el caso español, y un mercado de trabajo altamente polarizado, muy precarizado y con escasas ofertas de trabajo flexible y a tiempo parcial.

La insensibilidad de esta tradición hacia las familias (y muy en particular hacia las mujeres) tiene graves consecuencias humanas, sociales y también económicas. La más importante con creces es una gran sobrecarga familiar y sobre todo de la mujer. Este coste humano queda reflejado en que, poniendo como ejemplo el caso español, que nos es más cercano, según una comisión gubernamental española (que tuve el privilegio de presidir) del año 1994, que estudió la salud y la calidad de vida de los españoles, la persona que tiene más enfermedades debidas al estrés es la mujer de 35 a 55 años (la incidencia de ese tipo de enfermedades en la mujer de este grupo etario es tres veces mayor que el promedio de España), y ello como consecuencia de que es la familia, y muy en particular la mujer, la que cubre las grandes insuficiencias del Estado del bienestar. La mujer española promedio cuida a los niños, a los adolescentes y los jóvenes que viven en casa hasta que tienen 30 años como promedio, a los ancianos y personas con discapacidades y, además, un 46,8% está ocupada también en el mercado de trabajo. Tal como destaca el *Libro blanco de atención a las personas en situación de dependencia en España,* publicado en diciembre de 2004 por el Ministerio de Trabajo y Asuntos Sociales, un 84% de los cuidadores principales de las personas dependientes en España son mujeres. Otros datos aportados por el mismo libro blanco confirman los costes de este tipo de apoyo informal: el 51,2% de las personas cuidadoras manifiestan estar a menudo cansadas, el 32% están deprimidas, el 48% dicen no poder ir de vacaciones, el 64,1% declara que se han visto obligadas a reducir su tiempo de ocio, el 56% aduce tener problemas de salud, y así un largo etcétera de sufrimiento y dolor humano que, como vemos, está muy feminizado. Hay pocos países en la UE en los que las mujeres se encuentren en semejante situación.

Los países que pertenecen a esta tradición tienen (junto con Italia) la fecundidad más baja del mundo (1,25 para España en 2002), y ello como consecuencia de las enormes dificultades que las jóvenes tienen para conseguir la autonomía que les permita formar una familia. En España, el elevado índice de empleo precario entre las mujeres de 16 a 30 años, el alto desempleo (el 15,9% de la fuerza laboral femenina en España se encontraba desempleada en 2003), la enorme escasez de viviendas de alquiler y sociales, que, a la vez, explica la gran dependencia de los jóvenes hacia sus padres (la edad en que los jóvenes dejan la casa de sus padres es de 30 años), y la falta de una red de escuelas de infancia y de servicios domiciliarios (con escasa ayuda por parte de los hombres) que permitan a las mujeres compaginar sus responsabilidades familiares con su proyecto personal, explica que retrasen formar una familia, y que cuando por fin la forman tengan menos niños. Esta situación de la mujer ha determinado un problema gravísimo en España, donde ha explotado un volcán sin que la estructura de poder (predominantemente masculino) lo haya detectado. España tiene la fecundidad más baja de la Unión Europea de los quince y a ello contribuye la ausencia de los servicios de ayuda a las familias.

Esta carencia tiene también un coste económico muy elevado. En parte, la pobreza relativa de España (frente al promedio de la UE) se debe a que tenemos en nuestro país un porcentaje (la tasa de empleo total de España en 2003 fue del 60,7%) menor de adultos que trabajan que en la UE (donde el mismo año fue del 64,5%), y ello como consecuencia del bajo porcentaje de mujeres integradas en el mercado de trabajo, 46,8% en España en 2003 versus 56,1% en la UE. Con el porcentaje de Suecia (72,8%), España tendría 6 millones más de trabajadoras, pagando impuestos y cotizaciones sociales que, además de enriquecer al país y mejorar su calidad de vida, incrementaría los fondos del Estado, permitiendo mejorar sustancialmente el Estado del bienestar español. En su lugar, el escaso desarrollo de los servicios de apoyo a las familias obstaculiza la incorporación de la mujer al mercado laboral, de modo que el porcentaje de mujeres con niños que trabajan (40%) es menor que el de mujeres en general (46,8%), que es, a su vez, mucho menor que los porcentajes promedio de la UE, 56,1% (para las mujeres con hijos) y 59% (para todas las mujeres en edad laboral). Según encuestas recientes, el 32% de las mujeres que no trabajan desearían hacerlo, pero no pueden por falta de ayudas en sus responsabilidades familiares, otro 12% trabajaban, pero tuvieron que dejar de hacerlo como consecuencia de la falta de ayuda, y otro 12% ha tenido que reducir las horas de trabajo por la misma causa.

La cultura mediática y educativa de los países que pertenecen a esta tradición tampoco juega a favor de la posibilidad de avanzar hacia un Estado del bienestar que haga efectiva la igualdad de géneros. Por lo general, reproduce una división de roles sociales según el género que perpetúa una discriminación en contra de la mujer. Como indicador de esta realidad, en el 72% del tiempo de exposición televisiva en que aparece la mujer, ésta reproduce una visión estereotipada de lo femenino.

6.5. LA POBREZA DE LAS INTERVENCIONES DEL ESTADO DEL BIENESTAR ESPAÑOL QUE AFECTAN MÁS DIRECTAMENTE A LAS FAMILIAS

Los servicios públicos del Estado del bienestar que están menos desarrollados en España son los servicios de ayuda a las familias. En esta categoría se incluyen, como mencionaba en la subsección 6.2, las escuelas de infancia de 0 a 3 años, los servicios domiciliarios a las personas mayores y con discapacidades, las viviendas asistidas, los centros de día, las residencias de ancianos y la vivienda social, entre otros servicios. Este subdesarrollo persiste a pesar de la retórica del que ha sido el discurso oficial del país, que coloca a la familia en el centro de la sociedad. Los datos, sin embargo, muestran que el Estado español es el más insensible a las familias de la UE-15. El contraste entre el discurso retórico oficial y la realidad, reflejada en las políticas públicas de apoyo a la familia, no puede ser mayor. Veamos algunos ejemplos.

Sólo un 8% de los niños españoles de 0 a 3 años asisten a escuelas públicas de infancia, comparado con el 40% de Suecia (donde, por cierto, tales escuelas están abiertas como promedio de 8 de la mañana a 8 de la noche) y el 44% de Dinamarca, ambos países de tradición socialdemócrata comprometidos con la igualdad de género, lo cual requiere la integración de la mujer en el mercado de trabajo, facilitada por la existencia de una extensa red de escuelas de infancia de alta calidad. También países de tradición conservadora y demócrata cristiana como Francia y Bélgica tienen unos porcentajes de niños en escuelas públicas de infancia muy superiores (23% y 30% respectivamente). Incluso en Portugal, un país de escaso desarrollo social, este porcentaje (12%) es mayor que el de España, el más bajo de la UE-15, situación que persiste cuando se analiza el grado de cobertura de dichas escuelas por grupos etarios. Así, tienen acceso a las escuelas públicas de infancia sólo un 2,2% de niños de menos de 1 año (según normativas internacionales debería ser un 20%), sólo un 9,2% de niños entre 1 y 2 años (debería ser un 50%) y sólo un 20,7% de niños entre 2 y 3 años (debería ser un 80%).

También analizando los servicios domiciliarios de España encontramos un enorme retraso. Sólo un 3% de la población mayor de 65 años recibe algún tipo de atención domiciliaria (con un promedio de unas cuatro horas semanales), una de las más bajas de la UE-15. De nuevo, son los países de tradición socialdemócrata los que tienen una cobertura mayor de este tipo de servicios (Suecia 30%, Dinamarca 20%, Finlandia 28%, con un tiempo de visita promedio semanal de 8-10 horas), y ello como resultado del compromiso citado anteriormente de facilitar la integración de la mujer en el mercado de trabajo (además del de facilitar la calidad de vida de las personas con discapacidades y el de ayudar a las familias). Pero incluso países de tradición conservadora, demócrata cristiana o liberal tienen porcentajes mayores de cobertura que España (Francia 7%, Holanda 8%, Reino Unido 9%, etc.).

La misma insensibilidad que muestra el Estado español hacia las familias españolas con el escaso desarrollo de los servicios de ayuda a la familia, aparece también en las transferencias pro familiares –transferencias de fondos a las familias–, también las más bajas de la UE. El gasto en estas ayudas es de 104,9 upc por habitante (en el año 2002), una cantidad cinco veces menor que el promedio de la UE, 518,2 upc. Pero además de ser el gasto público pro familiar más bajo, vemos también que es el que está creciendo más lentamente desde 1993, con lo que el déficit de gasto público pro familiar de España con la UE está creciendo, pasando de ser 290,1 unidades (346 en la UE menos 55,9 en España) en el año 1993 a 413,3 (518,2 en la UE menos 104,9 en España) en el año 2002.

Al hablar de las tradiciones heredadas de regímenes dictatoriales en el sur de Europa, mencionábamos que una de sus características era la excesiva dependencia de los jóvenes respecto de sus padres. Un capítulo que permitiría la autonomía de los jóvenes, independizándose de sus padres a edades más tempranas que el promedio actual de 30 años, es el del servicio de ayuda a los jóvenes, concretado en becas y viviendas. En España está prácticamente por desarrollar. Las becas son muy insuficientes y no permiten a los jóvenes independizarse de sus padres, reproduciendo una situación discriminatoria hacia los jóvenes de las clases populares. En este aspecto, han sido los países de tradición socialdemócrata (junto con varios países de tradición conservadora y demócrata cristiana) los que han hecho mayor hincapié en considerar a los estudiantes trabajadores intelectuales, pagándoles un salario que les ha permitido independizarse. Otras alternativas –como las existentes en EE.UU.– han consistido en que el Estado garantice unos intereses muy bajos en préstamos que permitan independizarse a los estudiantes, pagándolos en plazos de 10 o 15 años una vez consigan trabajo. Sea la alternativa que sea, la peor situación es la existente en el sur de Europa (y muy en especial en España e Italia), donde la excesiva dependencia de los jóvenes de las familias inhibe su desarrollo y necesaria autonomía, además de sobrecargar a las familias. Contribuyendo a esta dependencia, ha existido una ausencia de política activa de viviendas (las políticas de alquileres están poco desarrolladas en España) para jóvenes que les permita formar sus propias familias a edad más temprana que la actual.

6.6. SOLUCIONES A LOS PROBLEMAS MÁS GRAVES DE LAS FAMILIAS. EL CUARTO PILAR DEL ESTADO DEL BIENESTAR

Una de las claves fundamentales para invertir la situación actual de insensibilidad hacia las familias existente en España es el desarrollo de un nuevo derecho de ciudadanía (tal como los existentes en la sanidad y la educación) que garantice el acceso a los servicios de ayuda a las familias, lo que implica su universalización. En un estudio publicado en 2003 (véase Navarro, V., y Quiroga, A., «Políticas públicas para el bienestar de las familias en España», *Temas para el Debate,* n.º 99, 2003) se calculó que había un déficit en las escuelas de infancia en España de 438.194 plazas, lo que nos convierte en el último país del promedio europeo. Se estimó que el número de plazas en escuelas de infancia requerido era 503.820 (cubriendo el 20% de los niños menores de 1 año, el 50% de los de 1 a 2 años y el 80% de los de 2 a 3 años), pero, según datos del Instituto Nacional de Estadística y del Ministerio de Educación, Cultura y Deporte (MEC), al realizarse el estudio sólo asistían a escuelas de infancias (públicas y privadas) 65.626 niños de entre 0 y 3 años. El establecimiento de esas plazas crearía alrededor de 101.732 puestos de trabajo para profesionales docentes, que deberían estar especializados en este tipo de atención. Es sorprendente que se requiera en España una formación profesional para los trabajadores que cuidan animales en el zoo y no se requiera, sin embargo, una formación especial para los profesionales que cuidan y educan a los infantes de 0 a 3 años, una labor mucho más compleja, útil y necesaria que la anterior (sin desmerecer la gran importancia que tal trabajo tiene también). En este aspecto es importante señalar que el valor de esas escuelas debería ser predominantemente educativo y no meramente de guardería. Existe una gran cantidad de evidencia de que los primeros años del niño son enormemente importantes en su desarrollo psicológico, emotivo y social. Y esta evidencia también señala la gran importancia de que el niño interactúe con otros niños y con profesionales que le ayuden y estimulen en su crecimiento intelectual y emotivo. De ahí que fuera un gran error la política pública del anterior gobierno conservador, que desreguló las escuelas de infancia facilitando su transformación en meras guarderías o aparcamientos para los niños cuando sus padres trabajan. Los niños de nuestro país se merecen mejor atención que un aparcamiento, sobre todo cuando las escuelas de infancia pueden contribuir no sólo al desarrollo infantil, sino también al aumento de la calidad de vida, la seguridad y la fecundidad, facilitando que las familias puedan tener el número de niños deseados y que se adelante la edad de la primera maternidad, que en el 17% de los casos ocurre a los 35-39 años, y en el 40% entre los 30 y los 34.

La universalización no podrá limitarse a las escuelas de infancia, sino que también deberá extenderse a los servicios de ayuda domiciliaria, hoy claramente insuficientes en cuanto a la cobertura y a la intensidad de la atención. En el mismo estudio de 2003 se calculó un déficit de 205.614 plazas de atención domiciliaria, que requería la formación de 188.989 profesionales de atención domiciliaria, de nuevo, uno de los déficits mayores en la UE. El cálculo del déficit de plazas obedecía a la propuesta elaborada por Gregorio Rodríguez Cabrero para el IMSERSO, que consideraba que el porcentaje de cobertura debería ser del 14,9% de la población mayor de 64 años, con un promedio de atención de 6 a 10 horas semanales, en función del nivel de dependencia.

En paralelo a la universalización de estos dos servicios fundamentales, debería flexibilizarse el mercado laboral (sin desregularlo, evitando la precariedad) para fomentar el trabajo a tiempo parcial, el teletrabajo y el trabajo a distancia, regulándolo para proteger al trabajador, y facilitar la integración de las mujeres y de los jóvenes. A su vez, debería promoverse el desarrollo de los servicios personales y sociales, así como de los servicios como transportes, comunicaciones, comerciales, financieros y apoyo a las empresas, puesto que es el sector que absorbe mayor número de trabajadoras.

Otro punto clave será el de evitar la exclusión social, ayudando también a las familias mediante transferencias monetarias a todas las familias que garanticen unos ingresos mínimos para sobrepasar el nivel de pobreza. Es importante subrayar, sin embargo, que estas prestaciones, al ser universales, significan un gasto elevado, a la vez que tienen un impacto estimulante de la fecundidad reducido y una incidencia en la prevención de la exclusión social limitada. De ahí que las intervenciones más efectivas para reducir la exclusión social entre los grupos más vulnerables –como las madres solteras– sean las encaminadas a facilitar la integración de las mujeres en el mercado de trabajo, mediante una pluralidad de intervenciones de las cuales merecen especial mención las dirigidas a proveer servicio de apoyo a las familias (como las escuelas de infancia y los servicios domiciliarios ya analizados). Por otro lado, debería extenderse el permiso de paternidad (que puede ahorrar costes públicos de subsidio a las escuelas de infancia). También son necesarias otras medidas encaminadas a prevenir la exclusión social, como la inversión en escuelas de primaria y secundaria para evitar por todos los medios la deserción escolar; la personalización de la formación profesional además de proveer servicios que ayuden específicamente a las mujeres solteras con hijos a integrarse en el mercado de trabajo; la creación de subsidios a los puestos de trabajo, y el aumento considerable del salario mínimo, uno de los más bajos de la UE. Aproximadamente el 87% de las madres solteras que trabajan perciben salarios que, aunque corresponden a jornadas completas, las mantienen en la pobreza.

El establecimiento de estas intervenciones de ayuda a la familia requiere una expansión considerable del gasto público. Y es ahí donde la gran moderación y conservadurismo de la cultura del país es el obstáculo mayor. En realidad, como dije al principio de esta sección dedicada a la familia, durante la campaña electoral de 2000 a sugerencia mía el candidato socialista Josep Borrell incluyó en su programa electoral el compromiso de establecer como derecho de ciudadanía el acceso a los servicios de ayuda a las familias, compromiso que habría requerido un cambio significativo en las prioridades y la cuantía del gasto público muy por debajo del promedio de la UE-15. Llamamos a este nuevo derecho civil el cuarto pilar del Estado del bienestar, que completaría el todavía incompleto Estado del bienestar español. Hablábamos de que el Estado del bienestar es como una silla que permite el descanso y da apoyo al ciudadano en momentos de su vida. Esa silla en España tenía tres patas (el derecho a la sanidad, el derecho a la educación y con las pensiones no contributivas, el derecho a las pensiones), pero le faltaba una cuarta pata (el derecho a los servicios de ayuda a las familias tales como las escuelas de infancia y los servicios de atención a los ancianos y personas con discapacidades). Cuando Borrell renunció y dimitió, Almunia (que consideraba a Borrell demasiado de izquierdas) me sorprendió agradablemente al hacer suya la propuesta del establecimiento de tal derecho, aunque más tarde, en la campaña electoral, al comprometerse a no revertir las reformas fiscales regresivas del gobierno conservador de 1996-2000, redujo enormemente las posibilidades de llevar a cabo tal derecho. El resultado de aquellas elecciones fue la victoria por mayoría absoluta del Partido Popular, que poco hizo para avanzar en el camino de la universalización de los servicios de ayuda a las familias.

En realidad, la gran escasez del gasto público y social estimuló hacia finales de 2001 un debate preocupante que proponía disminuir los recursos a los ancianos y pensionistas (recomendando incluso el retraso de la edad de jubilación a los 70 años) para canalizarlos hacia jóvenes y niños. Se asumía que nuestro Estado del bienestar era excesivamente generoso con los ancianos y demasiado austero con los niños y los jóvenes, ignorando que si bien es cierto lo segundo –el gasto público por niño y joven en España es de los más bajos de la UE–, no lo es lo primero: las pensiones eran y siguen siendo de las más bajas de la UE (como veremos en la siguiente sección del libro), y los servicios de apoyo a ancianos y a personas discapacitadas eran y continúan siendo los menos desarrollados de la UE. El debate no debería ser, por lo tanto, sobre si el país debería gastarse más en jóvenes y menos en ancianos, sino sobre si los fondos públicos debieran gastarse en el poco desarrollado Estado del bienestar o en la construcción de trenes de alta velocidad, por ejemplo.

Me alegra que el nuevo gobierno socialista se haya comprometido a desarrollar el cuarto pilar del Estado del bienestar. Es motivo de satisfacción personal que el término que yo acuñé, el cuarto pilar del Estado del bienestar, haya hecho fortuna y se estén poniendo en marcha políticas públicas para desarrollarlo. Me preocupa sin embargo que, en ocasiones, no se capta o describe bien el significado de este cuarto pilar del Estado del bienestar que, como derecho, debería garantizar la accesibilidad a esos servicios por parte de las familias españolas. Hay que entender que derecho quiere decir su universalización a toda la ciudadanía, con el consiguiente crecimiento del gasto público que ello implica (sin excluir, naturalmente, las aportaciones, como sistemas de copago y otros pagos privados que puedan establecerse como medidas complementarias). Y es ahí donde las cantidades que proponen algunas fuerzas políticas para desarrollar tal derecho me parecen a todas luces insuficientes. Tomando los servicios de dependencia como ejemplo, vemos que el gobierno español ha propuesto alcanzar la cifra (en dos legislaturas) de 8.500 millones de euros al año para el desarrollo de tales servicios, una cifra insuficiente para cubrir las enormes necesidades del país. Esta insuficiencia impulsaría que se cubrieran tales déficits por la vía del aseguramiento privado, lo cual contaría con el apoyo de algunas opciones políticas que favorecerían las clásicas desgravaciones fiscales que suponen en realidad un subsidio público al sector privado. Se reproducirá así lo que está ocurriendo ya en la sanidad española, donde las desgravaciones fiscales al aseguramiento privado (que hizo el gobierno conservador español con el apoyo del partido conservador gobernante en Cataluña) están reforzando una polarización social, como vimos en la sección sobre la sanidad en España. Sería un gran error expandir este sistema a los servicios de dependencia, error que significaría también una contradicción con el compromiso que las fuerzas progresistas deberían adquirir para crear sistemas públicos multiclasistas de elevada calidad y eficiencia.

Esta última alternativa requeriría un aumento mucho mayor del gasto público asignado a tales servicios que el que se propone, lo cual significaría también una subida de los impuestos. Y ahí es donde radica el punto clave del debate, y que se está soslayando en el país. No hay duda de que las familias españolas van a tener que pagar por estos servicios de dependencia, puesto que las mujeres jóvenes no harán lo que sus madres y abuelas hicieron. La muy necesaria igualdad de oportunidades para las mujeres exige la existencia de estos servicios de ayuda a las familias (incluyendo los servicios de dependencia) que permitan la realización de tal igualdad de oportunidades (además, naturalmente, de cambiar los valores culturales para corresponsabilizar al hombre de las tareas familiares). Por esta razón el debate político no debería centrarse en si las familias deben pagar más o no, sino en cuánto más y con qué forma de pago, es decir, si pagarán por estos servicios como pago directo o pólizas de aseguramiento privado o pagarán como impuestos. Y ahí la experiencia internacional muestra la vía a seguir. En un estudio que el grupo de estudios sociales de la Johns Hopkins University hicimos en los años noventa comparando el gasto de las familias en los servicios de ayuda a las familias en EE.UU. con el gasto de las familias en tales servicios en Suecia, se vio que el gasto era mayor, los servicios eran más limitados, la satisfacción de los usuarios menor y la calidad de los servicios peor en el primer país que en el segundo. La diferencia mayor entre los dos países era que en el primer caso se pagaba a compañías aseguradoras privadas y en el segundo caso se hacía a través de impuestos. Existe el riesgo en España de que, debido a la resistencia a aumentar los impuestos, se esté escogiendo más la primera vía que la segunda. Sería un error. Se me dirá que hay vías alternativas como la alemana, que se basa en un seguro mixto, pero los datos de ese país muestran claramente cómo las aseguradoras privadas seleccionan los casos menos necesitados, dejando para el sector público los de mayor necesidad, con lo que se reproduce una polarización social semejante a la que existe ya en la sanidad de nuestro país.

La otra alternativa sería revertir las políticas liberales que han caracterizado las políticas fiscales de los gobiernos conservadores y que han dificultado la convergencia del gasto público social de España con la UE-15. Desde este punto de vista hay una clara contradicción entre el discurso pro europeísta de la mayoría de las fuerzas políticas parlamentarias y las propuestas en favor de las reducciones de los impuestos. Converger con la UE-15 quiere decir converger con el promedio del gasto público social por habitante de la UE-15. Esta propuesta fue incluida en el programa electoral del PSOE de 2004 (a insistencia mía) y figura en su programa de gobierno, pero no podrá cumplirse a no ser que se converja con el nivel impositivo de la UE-15 de modo que, tras varias legislaturas, pase de representar el 36% actual del PIB al 41%, el promedio europeo de los últimos años.

Quisiera hacer una última puntualización. Otro cambio imprescindible para poder corregir la insensibilidad hacia las familias y las mujeres, y que transciende el ámbito de la política, pero puede y debe ser tratado desde ella, mediante la educación en valores de respeto e igualdad, es el cambio de la mentalidad masculina, para que el hombre sea copartícipe en las responsabilidades familiares, pasos que se están dando con cuentagotas en España, cuando otros países están cambiando mucho más rápidamente. De otra manera, será difícil superar la actual situación de explotación de la mujer en la sociedad española.

7. LAS PENSIONES EN ESPAÑA

7.1. ANÁLISIS DE LA SITUACIÓN ACTUAL

Una de las categorías utilizadas por Eurostat a la hora de analizar las diferentes intervenciones del Estado es la de protección social. Aquí se contabilizan 8 funciones diferentes: las prestaciones para la vejez (exceptuando la sanidad, que se incluye en la función enfermedad/asistencia sanitaria); las prestaciones por discapacidad; las prestaciones por supervivencia (viudedad y orfandad); las prestaciones de desempleo, y otras funciones que ya hemos examinado en mayor o menor detalle, como la función enfermedad/asistencia sanitaria, la función de ayuda a la familia y la infancia, la función de vivienda y la función de exclusión social. Aquí me centraré en las prestaciones para la vejez (que incluyen las pensiones de vejez junto con servicios como la atención domiciliaria), las prestaciones por discapacidad y las de supervivencia. Las pensiones que incluyen estas funciones son una parte fundamental de las intervenciones para reducir la pobreza (sin pensiones el 68% de la población anciana sería pobre), pero en España, como ahora veremos, encontramos unos niveles de desarrollo e intensidad por debajo de los europeos.

Las prestaciones para la vejez constituyen el capítulo más destacado del gasto público en protección social en cualquier país e incluyen como componente más importante las pensiones de vejez. En España ese gasto es el 8,3% del PIB (en el año 2002, el último año para el cual hay datos comparables al nivel de la UE-15), de nuevo el más bajo de la UE-15, después de Irlanda y Luxemburgo. El promedio de la UE-15 en 2002 fue del 11% del PIB. Este bajo gasto público en prestaciones para la vejez y en pensiones no puede justificarse en que España tuviera menos necesidad de tal gasto al tener un porcentaje menor de gente mayor. De hecho, el porcentaje de la población española por encima de los 65 años sobre el total de la población en 2005 es 17,3%, que es un porcentaje incluso algo superior al promedio de la UE (17,2%).

En realidad, el gasto en prestaciones por vejez como porcentaje del PIB (cuyo componente más importante son las pensiones de vejez) ha disminuido (del 8,4% del PIB en 1993 al 8,3% en 2002), mientras que el promedio de la UE ha subido (del 10,7% del PIB al 11% durante el mismo periodo). De esta manera, el déficit de ese gasto de España con el promedio de la UE ha subido de 2,3 puntos porcentuales a 2,7 durante el periodo 1993-2002.

Y ello no se debe, como algunos han intentado justificar, a que el PIB haya crecido más rápidamente en España que en el resto de la UE. La causa es que el gasto en pensiones ha crecido mucho menos en España que en el resto de la UE. Y los números hablan por sí solos. Si observamos la evolución del gasto público en prestaciones para la vejez por habitante durante el periodo 1993-2002, se puede constatar cómo este gasto ha crecido más rápidamente en el promedio de la UE (904,8 upc) que en España (638,8 upc), con lo cual el déficit de tal gasto de España con el promedio de la UE se ha incrementado en lugar de disminuir. En el año 1993, el gasto público en prestaciones para la vejez por habitante en España era 1.070,8 upc, 670,7 upc menos que el promedio de la UE, 1.741,5 upc. En el año 2002, el gasto público en prestaciones para la vejez en España fue de 1.709,6 upc, 936,7 upc menos que el promedio de la UE en ese año, 2.646,3 upc. El déficit social de España en tal gasto público por habitante creció entre 1993 y 2002 nada menos que un 39,6%, déficit todavía más acentuado si se considera que la población anciana está creciendo en España más rápidamente que en el promedio de la UE-15. Tal déficit, por cierto, creció incluso más rápidamente durante el periodo 1996-2000 (gobierno del PP) que durante el periodo 1993-1996 (gobierno del PSOE) (véase Navarro, V., y Quiroga, A., *La protección social en España)*. Todos estos datos muestran que en los últimos años España se ha gastado poco en prestaciones para la vejez, y en términos comparativos con la UE cada vez se ha gastado menos, mientras que la UE-15 ha gastado más. Y en lugar de que este déficit se haya ido corrigiendo, ha ido aumentando considerablemente.

Las prestaciones del capítulo de supervivencia, que incluyen las pensiones de viudedad y las pensiones de orfandad, son también de las más bajas de la UE-15. El gasto en estas prestaciones por habitante fue en el año 2002 de 121,3 upc comparado con 315,4 unidades en la UE-15. Este déficit con la UE-15 se ha agravado también durante la década de los noventa y ha subido de 107,3 unidades en 1993 (225,5 – 118,3) a 194,1 unidades en el año 2002 (315,4 – 121,3) –un aumento del déficit de más del 80%–, y ello a pesar de que el número de viudas ha aumentado en España.

Cuando medimos el gasto en este tipo de prestaciones como porcentaje del PIB, vemos que en España es muy bajo, 0,6% del PIB, comparado con un 1,3% del PIB en el promedio de la UE-15, y que ha descendido, pasando de representar un 0,9% del PIB en 1993 a un 0,6% en el año 2002, mientras que el promedio de la UE-15 se ha mantenido alrededor del 1,3% del PIB. Mírese como se mire, tales prestaciones son muy bajas en España y disminuyen en lugar de converger con el gasto de prestaciones por supervivencia promedio de la UE-15.

Las prestaciones por discapacidad igualmente son muy bajas en España. Representan el 1,5% del PIB, comparado con el

2,2% del PIB en la UE-15, habiendo también disminuido durante los años noventa (de 1,7% del PIB en 1993 a un 1,5% del PIB en el año 2002, mientras que el promedio de la UE se ha mantenido alrededor de un 2,2% del PIB). Tal déficit de gasto en protección por invalidez aparece incluso más acentuado cuando se analiza tal gasto por habitante, pasando de ser de 144,1 unidades (upc) en 1993 a 213,6 unidades en el año 2002.

7.2. ¿CRISIS DE LAS PENSIONES? ARGUMENTOS ADUCIDOS

De una manera cíclica aparece en nuestros medios de información la crisis de las pensiones. Se nos ha dicho constantemente que la transición demográfica, con cada vez más ancianos (que además viven muchos más años que antes) y menos jóvenes, nos está llevando a una situación insostenible para mantener nuestra Seguridad Social, que exige cambios significativos, que, en general, quieren decir disminuir las pensiones y/o retrasar la edad de jubilación. Acabo de presentar datos que confirman que el gasto en las prestaciones de vejez (que incluyen las pensiones de jubilación), tanto como porcentaje del PIB como en unidades per cápita, ha ido distanciándose del promedio europeo desde 1993, a pesar de estar ya bastante por debajo de ese nivel. Y, no obstante, esta grave situación apenas ha tenido visibilidad mediática y política.

Un segundo punto que también ha sido prácticamente invisible en el debate sobre la sostenibilidad del sistema de pensiones es que tanto las pensiones contributivas como las asistenciales son muy bajas en España. Se dice en contra de este argumento (en el caso de las contributivas) que las pensiones son altas, pues representan un porcentaje alto de los salarios recibidos antes de la jubilación. Pero tal argumento olvida que los salarios de España son muy bajos. El salario promedio del trabajador de la manufactura (el mejor pagado en España) es sólo un 63% del promedio de la UE, más bajo, por cierto, de lo que el nivel de desarrollo económico español permitiría. Los números no mienten: la pensión media contributiva de jubilación para el año 2003 se situaba en 625,28 euros al mes, sólo 174,08 euros por encima del salario mínimo interprofesional, que es a su vez de los más bajos de la UE (451,20 euros al mes, en 2003). Las pensiones de viudedad son incluso más bajas (en 2003 la pensión media contributiva de viudedad era de 397,96 euros al mes). Los bajos niveles de cobertura de las pensiones son otra consecuencia del bajo gasto en pensiones, que es innegable.

Tal como decía en la sección anterior al hablar de familias, es un error señalar que España gasta demasiado en pensiones, pues el bajo gasto pone de relieve que la situación dista de ser generosa. España gasta poco en ancianos, y también gasta poco en jóvenes y en niños. No hay un trasvase de fondos de un grupo etario a otro, como sostienen aquellos autores que hablan de la *lucha de generaciones.* Este concepto ha aparecido ahora que ya casi nadie habla de lucha de clases (consecuencia de asumir erróneamente que la mayoría de la población es o se considera de clase media). Los defensores de la supuesta *lucha de generaciones* asumen que aquella lucha de clases ha sido sustituida por una lucha entre los jóvenes por una parte y los ancianos por otra, siendo estos últimos los responsables de la pobreza de los primeros. En esta lectura de nuestras realidades se supone que los ancianos consumen la mayoría de los recursos del Estado del bienestar, a costa de reducir los fondos públicos destinados a prevenir la pobreza entre los niños y los adolescentes. En más de una ocasión se ha dicho que en España la mayoría de ancianos reciben unas pensiones excesivamente generosas, desviando fondos públicos que deberían ir dirigidos a niños y a adolescentes, entre los cuales los niveles de pobreza continúan siendo altos. La supuesta generosidad de las pensiones (y, según algunos, el egoísmo de los ancianos, excesivamente consumistas de los recursos públicos) está llevando al colapso de la Seguridad Social. Reflejando esta postura, un conocido sociólogo escribió a principios de los años noventa en la revista *Claves* que los pensionistas «adictos a las pensiones a través de las inyecciones mensuales del cheque de la Seguridad Social» estaban haciendo inviable este programa social, punto de vista que, por lo visto, agradó a La Caixa, pues le nombró presidente de una comisión que de una manera predecible concluyó que la Seguridad Social quebraría en el año 2000. Sin embargo, llegó ese año y la Seguridad Social estaba y continúa estando en superávit.

Si tales teorías de explotación de los jóvenes por parte de los ancianos fueran ciertas, veríamos que los países que tienen menor pobreza entre los ancianos tienen mayor pobreza entre los niños y adolescentes. Y viceversa. Pues bien, los datos no confirman esta lectura. En realidad, los países que tienen una elevada pobreza entre los niños (como es el caso de España, donde el 14% del grupo etario 0-15 son pobres, un porcentaje de los más altos de la UE), tienen también una elevada pobreza entre los ancianos (en España el 22% del grupo etario por encima de 65 años). En realidad, la pobreza entre los ancianos es más alta que la pobreza existente entre la población en general y mayor que la existente entre los niños.

En realidad, tal como ha señalado el profesor Sebastià Sarasa en un excelente estudio sobre la pobreza en España (en *La Situación Social de España 2004)*, la pobreza entre los ancianos ha crecido desde finales de los años ochenta en parte como consecuencia del cambio en el sistema de pensiones que se actualizan según el IPC y no la subida salarial. Ni que decir tiene que hay irregularidades en el sistema de pensiones que deben corregirse. Pero es erróneo definir las pensiones en España como generosas. Como consecuencia, también sería un error con graves repercusiones sociales bajar las pensiones, sobre todo cuando converger con Europa exige hacer precisamente lo contrario.

Otra propuesta que suele ser presentada como inevitable es el retraso de la edad de jubilación. Esta medida será, con razón, altamente impopular por ser regresiva y clasista. Para un catedrático que goza trabajando, retrasar su jubilación a 70 años es un beneficio. Para la mujer de limpieza de la universidad, que realiza un trabajo repetitivo, poco gratificante y con unas condiciones sobre las que tiene escaso control (el 42% de la fuerza laboral está en estas condiciones), este retraso de 65 a 67 o incluso 70 años es un gran sacrificio. Conscientes de la impopularidad de estas políticas, algunos de los autores que las han promovido han aconsejado que estas decisiones se tomen en la Comisión Europea, diluyendo así la responsabilidad estatal. Este cambio de responsabilidades, sin embargo, sólo consigue trasladar los costes de estas políticas del Estado nacional a las autoridades europeas, contribuyendo a la deslegitimación del proyecto de una Europa unida, proceso que está ocurriendo ya en varios países, donde la popularidad de la UE ha descendido.

Por otro lado, este retraso está basado en un supuesto erróneo: que los ancianos de hoy viven mucho más que antes. Esta percepción se basa en una confusión. Decir que la esperanza de vida ha aumentado cuatro años en los últimos veinte años no quiere decir que ahora los ancianos vivan cuatro años más. Me explicaré. Supongamos que España tuviera sólo dos ciudadanos, uno, María, que tiene 80 años, y otro, José, que muere al día siguiente de nacer, y por lo tanto tiene 0 años. El promedio de la esperanza de vida en España sería de 40 años (80+0/2). Ahora bien, supongamos que José muere a los 20 años. Entonces el promedio de esperanza de vida de España sería de 50 años (80+20/2), con lo cual el promedio de la esperanza de vida habría aumentado diez años, aunque María continuaría viviendo los mismos años que antes, 80. En realidad, el espectacular crecimiento de la esperanza de vida en España y en Europa se debe al marcado descenso de la mortalidad entre niños y jóvenes, con lo cual hay mucha más gente que llega a ser anciana, aunque, una vez ancianos, los años de vida de éstos ha aumentado muy poco. De ahí que aumentar la edad de jubilación significa también reducir los años de beneficio.

La adopción de tales políticas de retraso de la edad de jubilación no sólo se basa en supuestos erróneos, sino que dista de ser una solución acertada por varias otras razones de peso. En primer lugar, en España hoy no hay obligatoriedad de jubilarse a los 65 años. La ley que establece la Seguridad Social sólo indica que la persona puede jubilarse a los 65 años, pero no fuerza a que se jubile a esa edad. En realidad, hay muchos colectivos a los que se les permite jubilarse más tarde. El retraso voluntario de la edad de jubilación a fin de que aquellos profesionales que deseen trabajar más años puedan hacerlo, siempre y cuando las empresas deseen que así sea, es una posibilidad que ya existe en España. Así, es meritorio que intente facilitarse y estimularse el retener a los trabajadores que lo quieran voluntariamente, pero sería un gran error eliminar la edad de jubilación a los 65 años para aquellos que desean retirarse a esta edad o antes. Por un lado, porque la mayoría de la población española desea retirarse antes y no después de los 65 años. Todas las encuestas lo confirman. Hay que tener en cuenta que los grupos profesionales de alta cualificación (personas que disfrutan con su trabajo) son, como decía, una minoría hoy en el mercado de trabajo. La mayoría de trabajadores son personas que consideran como primer objetivo del trabajo el conseguir una renta que les permita vivir. Es muy improbable que dentro de 25 o 30 años esta situación cambie y que la mayoría de la ciudadanía ejerza tal tipo de trabajo que desee continuar en activo después de 38 o 40 años trabajando. Vale la pena añadir que estudios del Centro de Estudios de Salud e Higiene del Trabajo de Johns Hopkins University muestran que incluso entre profesionales cualificados hay un agotamiento *(burn out)* cuando trabajan durante un periodo superior a 40 años. Por otro lado, la edad promedio de jubilación en España es de 61,4 años, que no es de gran precocidad. En Alemania es de 61,6 y en Francia es de 59,6 años. Alemania, por cierto, ha decidido en sus últimas reformas del sistema de pensiones continuar manteniendo 65 años como edad de jubilación.

Una razón aún mayor para rechazar el retraso obligatorio de la edad de jubilación es que no hay problema de sostenibilidad en la Seguridad Social en España, si se analiza la capacidad recaudatoria versus las pensiones contributivas. La transición demográfica no es, así, una nota de preocupación. El punto clave para la sostenibilidad de aquellos sistemas que se financian a través de cotizaciones sociales no es el número de activos versus el número de pasivos, sino el potencial recaudatorio de un país, que depende del número de trabajadores pero sobre todo del tamaño de la cotización (que depende del salario y de la productividad). A más productividad, más salario y más cotizaciones. Y a más trabajadores, más cotizaciones. En España no faltan trabajadores: si España tuviera, como dije en la sección anterior, por ejemplo, la tasa de ocupación femenina de Suecia, habría casi 6 millones más de trabajadoras y cotizantes. Y si los salarios fueran los de ese país, las cotizaciones también aumentarían. Ello nos llevaría a una situación en la que el problema de las pensiones no se presentaría hasta llegado el año 2050. ¿Y entonces qué? Pues una solución es aumentar la financiación procedente de los fondos generales del Estado. Hay países que financian sus pensiones a través de este tipo de fondos. Y ahí sí que no puede argumentarse que España ha agotado su capacidad fiscal. Vimos al analizar la desconvergencia social de España con Europa que los impuestos en España son bajos (representando el 34,8% del PIB como promedio entre 1995 y 2002) comparados con el promedio de la UE (41,4% en ese mismo periodo). Todas las encuestas, por cierto, ponen de manifiesto la disposición de la ciudadanía a pagar más impuestos siempre y cuando sean para pensiones, sanidad y educación. ¿Dónde está pues la crisis?

El problema aparece cuando se exige a la Seguridad Social que abone los costes que, en realidad, deberían abonar el Estado o las propias empresas. La Seguridad Social, por ejemplo, ha pagado las pensiones no contributivas y también ha subvencionado a las empresas, contribuyendo a la reconversión industrial y facilitando la recuperación económica, a costa de pagar las jubilaciones anticipadas. Así, Telefónica por ejemplo, que en los últimos años ha aparecido en los titulares por sus impresionantes beneficios, recibió una subvención de la Seguridad Social de 240 millones de pesetas para pagar las pensiones de los trabajadores que habían sido forzados a jubilarse anticipadamente por la empresa. ¿Por qué esta magnanimidad de la Seguridad Social con las empresas o con el Estado? Magnanimidad que, por cierto, ha beneficiado a las empresas pero ha perjudicado a los trabajadores que se han jubilado anticipadamente, pues al cotizar menos años a la Seguridad Social reciben pensiones menores. Pensemos que el 22% de las pensiones del régimen general de la Seguridad Social son mínimas. Las empresas o el Estado debieran continuar pagando a la Seguridad Social hasta los 65 años para asegurarse de que los trabajadores jubilados prematuramente no resulten perjudicados.

Sería, por tanto, un gran error eliminar los 65 años como edad general de jubilación, aun cuando sea aconsejable que se flexibilice para aquellos grupos profesionales que lo deseen y las empresas que lo permitan. Por lo demás, eliminar la edad de jubilación o retrasarla como regla general sería retroceder en una gran conquista social. Es más, el mundo empresarial, que es de una gran dureza en España (basta recordar que España es el país de la UE con mayor siniestralidad laboral), utilizaría estas reglas en contra del trabajador maduro. En vez de ello, se deberían llevar a cabo esfuerzos para proteger nuestra Seguridad Social, que no debemos olvidar constituye uno de los programas más eficaces para evitar la pobreza. Proteger la Seguridad Social en España implica en primer lugar diferenciar mejor las funciones de la Seguridad Social de las del Estado. A su vez, eliminar el subsidio por parte de la Seguridad Social a las empresas; aumentar la población activa e incrementar su productividad, permitiendo mayores salarios; invertir en grupos vulnerables para prevenir su exclusión social, así como invertir en los jóvenes para garantizar una productividad alta. En este sentido, es un error no sólo social sino económico intentar competir con otros países a base de mantener los salarios bajos (la estrategia neoliberal que se ha reproducido incluso en sectores del pensamiento económico de sectores del centro y centro izquierda). La competitividad debiera basarse en una alta productividad laboral, facilitada por una presión sindical que exija salarios altos. Salarios altos exigen productividad alta. De ahí que la inversión en capital humano sea una necesidad tanto económica como social.

7.3. ¿VALORA ESPAÑA LA ANCIANIDAD?

Tal como apuntaba en la sección dedicada a las políticas de familia, ha existido en los últimos años en España un contraste muy acentuado entre el discurso retórico oficial, que ha puesto el énfasis en la centralidad de la familia en nuestra sociedad, por un lado, y en la pobreza de las intervenciones públicas en favor de las familias por el otro. Una dimensión de esta contradicción aparece en la atención a los ancianos. Aquí también el discurso oficial del país ha consistido en considerar a los ancianos personas muy valiosas que se merecen nuestro respeto, cariño y agradecimiento por su contribución a la sociedad durante su vida activa. En ese discurso oficial se consideraba a los ancianos un grupo social que recibía y se merecía recibir todas las atenciones de la sociedad. Es interesante señalar que en el verano de 2003, cuando miles de ancianos murieron en Francia como resultado de la ola de calor (hecho que creó un gran debate y autocrítica en el país vecino), el *establishment* político y mediático español respondió que semejante drama no habría ocurrido nunca en España gracias al apoyo social a los ancianos (tanto colectivo a través del Estado como familiar) que existe en nuestro país. Los mecanismos y aparatos ideológicos que sostenían la sabiduría convencional del país inmediatamente se movilizaron para reasegurar a la ciudadanía española que tal hecho no habría ocurrido nunca en España gracias al cariño, respeto y cuidado que se da a las personas ancianas.

No obstante, un estudio objetivo y detallado hecho por un grupo de epidemiólogos y expertos en salud pública que trabajan en el Centro de Epidemiología del Instituto Carlos III del Ministerio de Sanidad y Consumo de España (Ferrán Martínez Navarro, Fernando Simón-Soria, Gonzalo López-Abente, «Valoración del impacto de la ola de calor del verano de 2003 sobre la mortalidad», en *Gaceta Sanitaria),* documentó que el porcentaje de ancianos muertos ese verano debido a la ola de calor fue incluso proporcionalmente mayor en España que en Francia. En España, sin embargo, no hubo ningún debate, ni ninguna discusión, ni ninguna autocrítica, y ello a pesar de que el nivel de cobertura de los ancianos por servicios de atención domiciliaria a los ancianos (servicios que pueden prevenir tal tragedia humana), como vimos anteriormente, es el más bajo de la UE.

Antes al contrario, la imagen promovida por los medios de información y persuasión siguió siendo que «España *(iba)* bien», y sus ancianos también. Cuarenta años de una dictadura fascista enormemente conservadora y veinticinco años de democracia incompleta han configurado una sociedad profundamente conservadora y complaciente donde la autocrítica (tanto de su historia como de su presente) ha brillado por su ausencia. La realidad es que existe una cultura enormemente discriminatoria frente a los ancianos de la que no se habla pero que se reproduce sutil y no tan sutilmente en las políticas públicas, en el discurso retórico pro familiar e incluso en la cultura general. A los ancianos se los considera personas que se van acabando, disminuyendo y yéndose hacia otro mundo (y parece como si algunos incluso quisieran empujarlos para que se vayan antes). En la prensa diaria, así como en el que ha sido el discurso dominante del país, se ha hablado constantemente de que el problema mayor de la sociedad es que dentro de poco el 20% de nuestra población serán ancianos, creando –se nos ha dicho– un problema mayor, relacionado con la sostenibilidad del sistema de pensiones y con la necesidad de desarrollar la atención a estas personas. Por otra parte, hay un canto constante a la juventud, como lo refleja que la gran mayoría de presentadores de televisión sean personas jóvenes y «sexys» que llaman a los ancianos (supuestamente cariñosamente) «abuelos». Recuerdo siempre cómo mi padre, un hombre muy representativo de su generación (maestro que perdió una guerra, se opuso a la dictadura y fue represaliado con la expulsión del magisterio), a los 94 años respondía siempre con gran dignidad a las personas que le llamaban abuelo que él no era su abuelo ni deseaba serlo. Si no se llama a las personas que no lo son esposos, tíos, hermanos ni ningún otro apelativo de parentesco, no tiene por qué llamarse a las personas ancianas «abuelos» tampoco.

La ancianidad es una época de gran riqueza y creatividad y goce. En realidad, para muchas personas la mejor época de su vida empieza a partir de su jubilación. No hay ningún problema en que el 20% de la población sea anciana. El problema existe cuando la sociedad no está estructurada para responder a esta situación, como es el caso en España, donde los ancianos y las familias no tienen la infraestructura de apoyo que les permita conservar su autonomía, y tampoco unas pensiones que aseguren el mantenimiento de su capacidad adquisitiva. Una última observación. Estas notas son particularmente críticas con la estructura de poder que ha sido responsable de las prioridades públicas y del mantenimiento y reproducción de una sabiduría convencional que ha estado dañando a las familias y a los ancianos del país. La mayoría de familias en España (y muy en particular las mujeres) están ya haciendo esfuerzos enormes para cubrir las grandes insuficiencias del Estado del bienestar. Pero debería haber un movimiento de protesta sobre la discriminación tan real existente en nuestro país hacia las familias, hacia las mujeres y, sí, también hacia los ancianos.

8. EL MERCADO DE TRABAJO EN ESPAÑA

8.1. LA CALIDAD DEL TRABAJO EN ESPAÑA

Una de las percepciones más generalizadas en la cultura política y mediática del país durante la etapa de gobierno del PP que contribuyeron a reforzar la imagen de que «España iba bien» fue la de que España era muy exitosa en producir empleo. Así, por citar un ejemplo, durante el debate sobre el Estado de la Nación de 2002 vimos al entonces presidente del gobierno español, el señor Aznar, enfatizar la creación de empleo como el elemento más importante y exitoso de su política social. Los datos empíricos parecían confirmar esta percepción, ya que según el informe de la OCDE *Employment at a Glance,* de 2002, la tasa de producción de empleo en España durante el año 2001 fue de un 3,7%, la más alta de los países de la UE, cuyo promedio fue de un 1,3%.

Ahora bien, en aquella percepción se olvidaban varios hechos. Uno era que el porcentaje de la población que trabajaba entonces en España era, y sigue siendo, muy bajo. En 2002, sólo el 59,5% de los adultos en España estaban empleados, comparado con el 64,3% de promedio de la UE, y el último dato, de 2003, es del 60,7%. De ahí que el potencial de crecimiento de la población empleada era, y continúa siendo, mucho mayor que en países que ya tienen altas tasas de población empleada. Así, vemos cómo otro país de la OCDE cuyo empleo también ha crecido mucho últimamente, México (4,6% en el 2000), también tiene un porcentaje de población adulta empleada bajo. Por el contrario, en países como Suecia, donde el porcentaje de población adulta empleada es ya muy alto (74,9% en 2002), la tasa de crecimiento de empleo ha sido lógicamente menor (2,0%). De ahí que, sin desmerecer la gran importancia y urgencia de tener tasas de creación de empleo elevadas, este hecho era menos un indicador de nuestro adelanto que un indicador de nuestro retraso; nos señalaba lo mucho que todavía nos quedaba por hacer.

La otra realidad que también se ignoraba en esa euforia sobre la creación de empleo era la escasa calidad del empleo creado. Según el citado informe de la OCDE, España tenía uno de los mercados laborales más deteriorados de la UE, con la tasa de precariedad más elevada de la UE. El 34% de las mujeres y el 30% de los hombres que trabajan tenían en 2001 contratos precarios (comparado con el promedio de los países desarrollados de la OCDE, 12,2% y 10,5% respectivamente), y tal porcentaje entre la gente joven alcanzaba un extraordinario 67% (comparado con un 25% en la OCDE).

Estas elevadas tasas de precariedad en el mercado de trabajo español se conocían. Pero lo que no se conocía ni se comentaba en los medios de información era que las condiciones de los trabajos precarios en España eran y siguen siendo mucho peores que en el resto de países de la UE. Y lo mismo ocurría, por cierto, con las condiciones de los trabajadores con contratos fijos. Según el mismo informe, nada menos que el 55% de trabajadores en precario y el 50% de trabajadores con contrato fijo expresan trabajar en condiciones insatisfactorias, porcentajes muy por encima del promedio de la UE (el 40% y 37% respectivamente). Es más, un 60% de trabajadores tanto en trabajo precario como en trabajo fijo se quejan también de la rutina y monotonía de su trabajo; y un 57% de trabajadores fijos y un 68% de trabajadores en precario se quejan de falta de autonomía y capacidad de influir en su trabajo, cifras que contrastan con las del resto de la UE, donde los promedios son mucho más bajos (40%, 45% y 50% respectivamente).

Lo que estos datos mostraban era una dura realidad: las condiciones de trabajo que definen en gran manera la calidad de vida del trabajador eran y siguen siendo peores en España que en el promedio de la UE. Y otro dato desconocido hasta hace pocos años en España es que mientras la calidad del trabajo en precario es, en general, peor que la del fijo, la calidad de trabajo para la mitad de los trabajadores con contrato fijo tampoco es satisfactoria. Esta realidad debería ser tenida en cuenta en las políticas de empleo, pues una visión excesivamente optimista por parte de algunos promotores de la Nueva Economía y defensores de la Sociedad del Conocimiento asume erróneamente que el trabajo rutinario está siendo desplazado por un trabajo que ofrece grandes posibilidades de creatividad gracias a las nuevas tecnologías.

Ésta no es la realidad para la mayoría de la gente que expresa trabajar en situaciones insatisfactorias, en tareas rutinarias y monótonas, con escasa autonomía y escasa capacidad de influir en su propio trabajo. De ahí que el gran reto en el mercado de trabajo español no sea sólo incrementar las cualificaciones del trabajador, sino también cambiar la naturaleza del trabajo para hacerlo más placentero, menos monótono, con mayor capacidad creativa y más participación del trabajador en el diseño de su trabajo, medidas que, en general, reciben escasa atención entre nuestros gobernantes.

8.2. INMIGRACIÓN Y MULTICULTURALISMO

Hace veinte años, cuando yo todavía vivía en EE.UU., envié a mi hijo, entonces de 7 años, a vivir a Barcelona unos meses para que conociera España. Tras varios meses sin verlo, al encontrarme de nuevo con él le pregunté qué le había parecido mi país. Me respondió que le encantaba, pero que le había sorprendido que «aquí todos parecíamos iguales». Es más, por el tono en que me lo decía, estaba claro que veía esta característica nuestra como algo mejorable. Mi hijo, que siempre estudió en escuelas públicas, tenía en EE.UU. amigos blancos, negros, amarillos, y de todos los colores, razas y etnias, en consonancia con la realidad de ese país, que es un país de inmigrantes. Aquí en España, sin embargo, todos sus amigos y toda la sociedad era blanca. Y con la sencillez y profundidad con que sólo los niños pueden hacerlo se lamentaba de una falta de variedad que él creía empobrecedora.

Es interesante subrayar, sin embargo, que tanto mi hijo como todos sus amigos de distintas procedencias y orígenes raciales y étnicos se sentían (independientemente de su raza u origen cultural y/o étnico) estadounidenses. Su identificación principal era con el país, EE.UU., identificación que era subrayada no sólo en la escuela, sino en la sociedad en general. En realidad, una de las sorpresas de muchos europeos cuando visitan EE.UU. es ver la gran cantidad de banderas nacionales que aparecen en los barrios de las ciudades estadounidenses, y muy en particular en los barrios populares y trabajadores, hecho que se atribuye erróneamente a un patriotismo facilón, cuando no a un chauvinismo –aun cuando éste puede promoverse en ocasiones, como es el caso presente con la Administración Bush–. Pero tal despliegue de la identidad nacional es anterior a Bush: es un elemento fundamental en un proyecto multiétnico y multicultural que intenta conservar la unidad dentro de la diversidad. Se olvida con excesiva frecuencia en nuestro país que el multiculturalismo no debe ser la mera suma de varias culturas dentro de un país. Si ocurriera así, el país se desagregaría e incubaría grandes tensiones, como estamos viendo ya en nuestro entorno. El multiculturalismo debe darse dentro de un proyecto unitario

–que no debe ser uniformador–, en el que los valores identitarios del proyecto nacional tienen que ser prioritarios. En este sentido es de gran importancia que el inmigrante se integre en la sociedad que le recibe, adaptándose y reproduciendo sus signos identitarios, de la lengua, a la cultura y la historia. Desde este punto de vista, no debería favorecerse la existencia de guetos o barrios inmigrantes que mantienen su propia lengua y cultura, sin hablar español (y catalán, vasco o gallego en las respectivas comunidades autónomas) y sin conocer tampoco nuestra historia y sin reproducir nuestra cultura. La manera en que la cultura del inmigrante extranjero enriquece nuestra cultura es complementándola, no sustituyéndola. Es un error permitir en nuestras ciudades barrios enteros que sean, por ejemplo, de poblaciones marroquíes o paquistaníes. Estas poblaciones deben integrarse, mezclándose con el resto de la población. En contra de lo que se ha dicho, el mestizaje es un indicador de integración que hay que favorecer, no oponer. También es un error, en el otro polo social, entre gente acomodada, tener barrios e incluso pueblos, por ejemplo en Canarias o en Mallorca, que sean exclusivamente alemanes o de otras nacionalidades, habitados por comunidades compuestas por personas extranjeras con muchos medios que no intentan integrarse en el país, sino que reproducen su propio país en el nuestro.

Por otra parte, no debería defenderse la inmigración extranjera con argumentos que enfrenten a sectores de la clase trabajadora española. Uno de tales argumentos es indicar que la inmigración es necesaria para realizar los trabajos que los españoles no desean realizar. Los datos no confirman tal supuesto. En el fondo de la sociedad, en los sectores laborales con gran inseguridad e inestabilidad hay una competencia feroz y dura por los puestos de trabajo, los salarios, la vivienda, las escuelas y otros recursos. De ahí que la inmigración extranjera, en un mercado laboral tan desregulado y deteriorado como el español y un Estado del bienestar tan insuficiente, afecte a los escasos recursos al alcance de la clase trabajadora no cualificada. Es lógico, por lo tanto, que haya una respuesta por parte de tal clase trabajadora frente a la inmigración extranjera que no puede tacharse de automáticamente racista. No hay duda de que el racismo se desarrolla fácilmente en este ambiente de inseguridad, puesto que no es racista el más ignorante sino el más inseguro. Ahora bien, no toda resistencia a la inmigración es racista. Con gran frecuencia, los más resistentes a la nueva inmigración son los inmigrantes de una generación anterior, muchos de ellos de la misma raza y grupo étnico que los nuevos inmigrantes. La existencia de trabajadores inmigrantes extranjeros que por su situación irregular aceptan condiciones que los trabajadores españoles no aceptarían, está facilitando que el empresariado (sobre todo de la construcción, la agricultura y los servicios de hostelería) no invierta en estos puestos de trabajo aumentando los salarios y mejorando las condiciones laborales. Por ello la necesaria defensa de la inmigración no puede hacerse utilizando argumentos y políticas públicas que dividan a las clases populares, sino que debe realizarse garantizando que dicha inmigración no debilite la seguridad económica ni social de estas clases, ni sustituya su cultura.

9. LA RENTA BÁSICA

9.1. EL CONTEXTO ESPAÑOL

Existe hoy en España un movimiento social que pide que se establezca como derecho de ciudadanía el recibir del Estado una Renta Básica que permita a todos los ciudadanos vivir una vida digna, independientemente de su situación laboral o de cualquier otra circunstancia. Ser ciudadano o residente de España otorgaría el derecho a recibir esa Renta Básica. Antes de discutir la bondad o no de tal política pública, creo que es aconsejable que repasemos las áreas de acuerdo para luego poder analizar las posibles áreas de desacuerdo.

Comencemos con las áreas de acuerdo. Supongo que todas las fuerzas progresistas en España están de acuerdo en que el Estado (definiendo como Estado los distintos niveles de gobierno: el gobierno central, el autonómico y los locales) debería financiar las escuelas primarias y secundarias, la sanidad, las escuelas de infancia, la atención domiciliaria a los ancianos, las viviendas asistidas, la vivienda social, las residencias de ancianos, los servicios sociales, los programas de prevención de la exclusión social, los programas de integración de los inmigrantes, los programas de formación profesional y otros servicios que constituyen lo que se llaman los servicios públicos del Estado del bienestar. Estos servicios, como vimos en las primeras secciones del libro, se caracterizan en España por su escaso desarrollo. Asumo, por lo tanto, que hay un consenso entre las fuerzas progresistas de que el Estado español (repito, a todos los niveles de gobierno) debe expandir los servicios públicos del Estado del bienestar a fin de alcanzar los niveles de bienestar que el pueblo español se merece de acuerdo con el nivel de riqueza que tiene. Asumo también que no hay ninguna fuerza progresista que proponga que la manera de financiar estos servicios públicos sea dando un *cheque social* a cada ciudadano y residente para que éste se espabile por su cuenta y compre tales servicios privados en el mercado. No excluyo, naturalmente, la posibilidad de subsidios y desgravaciones fiscales como medidas complementarias en la provisión de tales servicios, pero creo que todas las fuerzas progresistas estaríamos de acuerdo en que la mayor parte de la financiación de estos servicios debería ser pública, financiándose con impuestos o tasas (que no tienen por qué excluir, por cierto, sistemas de copago para algunos servicios), proveyéndose a los ciudadanos (bien a través de servicios públicos o concertados) como derecho de ciudadanía, con lo que se convierten, por lo tanto, en *servicios universales* en lugar de asistenciales.

Tenemos que ser conscientes de que el muy necesario compromiso con la universalización de tales servicios implica un aumento muy considerable del gasto público social y acercarnos al promedio del gasto público social de la UE-15. Ello exigirá un aumento como mínimo de cinco a seis puntos del PIB en el gasto público social. Considero tal aumento del gasto público social urgente y necesario. La convergencia de gasto público social con la UE-15 debería ser el objetivo prioritario de un gobierno progresista español. Ni que decir tiene que las comunidades autónomas deberían también apuntar en sus prioridades presupuestarias hacia tal convergencia social. Pero no nos engañemos y seamos realistas. El punto clave para alcanzar esta convergencia es el gobierno central español, puesto que es el que controla en mayor medida el nivel del gasto público del Estado español. Hay que hacer hincapié en este punto a fin de cuestionar esta idea tan extendida hoy en España de que no hay un Estado del bienestar español sino diecisiete Estados del bienestar autonómicos. Esta idea es cierta sólo en parte. En realidad, el bajo gasto público limita mucho el potencial para desarrollar tal diversidad entre los Estados del bienestar autonómicos. Recordemos que pobreza quiere decir uniformidad, mientras que riqueza quiere decir diversidad. Hoy los gobiernos autonómicos están gestionando la pobreza, no la riqueza de nuestro Estado del bienestar. Sepamos también que la variable más importante para predecir el nivel de gasto público, incluyendo el gasto público social, es el comportamiento económico y fiscal del gobierno central. De ahí que sea muy importante que exista gran presión sobre este gobierno central (mediante la movilización de los gobiernos autonómicos y municipales, así como de los sindicatos y los movimientos sociales) para que el Estado español –y muy en particular el gobierno central– aumente el gasto público social tanto como porcentaje del PIB como per cápita, hasta converger con el promedio de la UE-15. Será, en definitiva, una lucha dura, pero que la mayoría de las clases populares apoyarán, pues son ellas las que se benefician más de la muy necesaria mejora de los servicios de nuestro Estado del bienestar. Hasta aquí asumo que todos estamos de acuerdo.

Veamos ahora el segundo capítulo del Estado del bienestar, es decir, las transferencias públicas, o sea, los cheques individuales que los ciudadanos o residentes reciben del Estado. Estas transferencias siguen una lógica que responde a las necesidades específicas de cada tipo de receptor, sea éste pensionista, anciano, viuda, persona con discapacidad, familia con hijos, persona con necesidades especiales, persona en paro u otros. Estos cheques responden, como digo, a necesidades concretas y tienen su razón de ser a la luz de las condiciones específicas que las generan. El gasto público en tales transferencias públicas es muy bajo en España, como hemos tenido ocasión de ver en varios momentos del libro hasta ahora, con las ayudas a las familias, a la vejez, a la discapacidad, etc. Creo que es obvio que tenemos que aumentar el gasto público en transferencias como mínimo un 4 o 5% del PIB para alcanzar el nivel de protección social de la UE.

9.2. LAS PROPUESTAS DE RENTA BÁSICA

Con esta información como contexto, analicemos ahora las propuestas de Renta Básica. Y aquí hay que aclarar que hay varias versiones de lo que es Renta Básica. Si por Renta Básica se entiende el salario ciudadano, entonces Renta Básica quiere decir que cada ciudadano reciba, como derecho de ciudadanía, un cheque del Estado que le permita vivir a un nivel fuera de la pobreza, independientemente de que trabaje o no. Tal propuesta tiene que evaluarse no sólo desde el punto de vista moral, sino también desde el punto de vista de su viabilidad. Comenzando por esta última, parece obvio que el gasto público para realizar tal derecho sería considerable. Multiplicando sólo el número de ciudadanos y residentes por el cheque de renta mínima básica se obtiene una cifra equivalente a un 12% del PIB. Pues bien, la pregunta que debemos hacernos es: ¿se trataría de este 12% del PIB *además* de las necesidades que he señalado antes –servicios y transferencias– o en *lugar de ellas?* Y si fuera este último el caso, ¿cuál de las necesidades que he indicado debería eliminarse? Si fuera «además» y no «en lugar de», entonces creo que la carga tributaria necesaria sería considerada excesiva por la población. Y si fuera «en lugar de» dudo que las personas afectadas por la reducción de sus servicios o transferencias aceptaran tal reducción o sustitución.

Pero, en ambos casos, la viabilidad política del programa sería cuestionada por gran parte de la población trabajadora, que protestaría por tener que pagar impuestos para que algunos no trabajen pudiendo hacerlo. Lo veo de difícil aceptación por parte de la población, y muy en especial por las bases sociales de la izquierda que están en situación de gran estrés económico. Recordemos que casi el 52% de nuestras familias dicen tener dificultades para llegar a fin de mes.

Soy consciente de que en España la recaudación de impuestos por parte del Estado es muy deficiente. Según el Instituto de Estudios Fiscales, el Estado español deja de ingresar una cantidad equivalente al 10% del PIB debido al delito fiscal. Tal déficit debe corregirse y las reformas fiscales altamente regresivas realizadas por el gobierno del PP tienen que revertirse. Ahora bien, seamos también conscientes de que la universalización de los servicios y la necesaria expansión de las transferencias conllevarán un aumento de la carga fiscal de la ciudadanía, lo cual, en contra de lo que sostienen los pensadores neoliberales, será aceptado siempre y cuando ello repercuta en el bienestar de la población. Si a esta cesta añadimos los beneficios de la Renta Básica, la carga fiscal final se verá muy resentida y no de fácil aceptación, sobre todo teniendo en cuenta que beneficiaría directamente a sólo un sector de la población.

De ahí que la Renta Básica no haya sido aplicada en ningún país, excepto en el estado de Alaska, en EE.UU., donde se distribuye parte de los ingresos procedentes de la explotación del petróleo entre sus ciudadanos, una medida que fue adoptada por el gobierno de ese estado para atraer personas a un lugar que se caracteriza por un clima duro y unas difíciles condiciones de trabajo. Ningún otro país ha aceptado la Renta Básica. Soy consciente de que el argumento de que ningún país lo ha establecido no es en sí un argumento, como mis amigos abogados de la Renta Básica en España continúan recordándome. Ahora bien, me preocupa que en España exista una cantidad excesiva de ingenieros sociales dispuestos a la experimentación (tal como ha ocurrido también con el tipo fiscal único, otra propuesta que ningún país ha aceptado), olvidando otras propuestas que han sido ya ampliamente experimentadas, que funcionan, y en las que estamos muy retrasados. En España estamos muy retrasados, como he puesto de relieve, en los servicios del Estado del bienestar y en las transferencias sociales universales. Corregir este déficit debería ser el objetivo prioritario de las fuerzas progresistas del país. Es desaconsejable que tales fuerzas progresistas intenten llevar a cabo dos propuestas muy ambiciosas (la necesaria corrección del déficit de servicios y transferencias del Estado del bienestar español con la UE-15 y el establecimiento de la Renta Básica) a la vez.

Dicho esto, creo que hay que distinguir entre la Renta Básica entendida como salario ciudadano y la existencia de programas de eliminación de la exclusión social y de la pobreza que garanticen a todo ciudadano el nivel de renta y los servicios necesarios para vivir una vida digna, sin necesidad de trabajar en caso de que no pueda. En este aspecto hay que constatar que los países que tienen menos pobreza son aquellos que, como Suecia, tienen un Estado del bienestar más desarrollado, y ello como consecuencia de una serie de intervenciones que van desde la provisión de servicios públicos a la provisión de una renta asegurada para colectivos e individuos que reúnan una serie de condiciones, en las que la gran mayoría de los ciudadanos pueden encontrarse en situaciones vulnerables, lo cual explica la gran popularidad de estos programas. La estrategia socialdemócrata, incorporada también más tarde por sectores de izquierda de la democracia cristiana como la alemana, defensora hasta hace poco de la economía social, ha consistido en desarrollar políticas de pleno empleo, que estimulan el aumento de la población adulta que trabaja (facilitando sobre todo la integración de la mujer en el mercado de trabajo mediante la universalización de los servicios de ayuda a las familias y sobre todo a la mujer), con buenos salarios y con políticas de formación profesional que aumenten la productividad y por lo tanto el salario, todo ello elementos clave de una estrategia urgente y necesaria, con la provisión de una renta más que básica para aquellas personas que por causas ajenas no pueden trabajar, es el camino a seguir. La sabiduría de tales intervenciones está probada. Suecia tiene el nivel de pobreza más bajo de la OCDE, junto con Dinamarca (la proporción de población con ingresos por debajo del 50% de los ingresos medios es del 5,3% en Suecia y del 4,3% en Dinamarca. El promedio de la OCDE es del 10,2%).

No niego que, una vez que el Estado del bienestar esté bien desarrollado, el concepto de salario ciudadano pueda resultar una propuesta atractiva, al distribuir la plusvalía social según aumente la riqueza del país. Pero establecer un salario ciudadano cuando nuestro Estado del bienestar está tan poco desarrollado es comenzar la casa por el tejado. Aquí les pido una dosis de realismo. Seamos menos experimentales y no queramos convertirnos en los primeros que lo experimenten en el mundo. Inspirémonos en la tradición socialdemócrata, que ya ha probado ser (en aquellos países en que ha tenido mayor tradición) una referencia importante y exitosa.

Quisiera terminar estas notas indicando que, en España, en el País Vasco y en Madrid, entre otras partes del país, se han desarrollado programas bajo este nombre, de Renta Básica, que en realidad no corresponden a lo que se ha llamado tradicionalmente programas de Renta Básica. Son en realidad propuestas que ofrecen un mínimo de renta que permita prevenir la pobreza absoluta, programas que me parecen necesarios y que apoyo. Pero, por favor, no se confundan los términos. En realidad, tales programas, a fin de tener aprobación popular, parten de un umbral de pobreza tan bajo que sólo consiguen prevenir la pobreza absoluta, lo cual ya en sí es un paso adelante, pero dramáticamente insuficiente para resolver el problema de la pobreza. Éste requiere una mayor inversión en pensiones y servicios públicos (en el caso de la pobreza entre ancianos) y en facilitar la integración de los jóvenes y sobre todo de la mujer en al mercado de trabajo mediante programas de formación y provisión de servicios públicos tales como los servicios de ayuda a la familia, medidas más ambiciosas y más eficaces que las ayudas en transferencias para los pobres, que tienen un impacto menor para eliminar la pobreza. Las políticas asistenciales siempre han sido mucho menos eficaces que las universales. En otras palabras, los programas antipobreza siempre son pobres porque están basados en la compasión más que en la solidaridad. A no ser que los programas sean universales, es decir, que toda la ciudadanía se beneficie de ellos, tales programas no son populares ni eficaces. Recordemos que el programa antipobreza más eficaz de cualquier país es la Seguridad Social. Sin ella, el 68% de nuestros ancianos serían pobres. Y tal programa es enormemente popular. De ahí que mi propuesta y mis prioridades pasen por la promoción de la expansión de los servicios públicos y las transferencias sociales, que están poco desarrollados en España y cuya eficacia se ha demostrado ya en otros países.

Segunda parte

Las causas históricas del subdesarrollo social de España. El dominio conservador en la historia de España

Esta segunda parte del libro analiza las causas políticas del subdesarrollo social de España, que se centran en el gran dominio que las fuerzas conservadoras han tenido en la historia de España. Incluye tres secciones: una muestra el carácter totalitario de la dictadura liderada por el general Franco, caracterizada por una enorme represión y una enorme insensibilidad social que ha definido el comportamiento de las clases dominantes en nuestro país. La segunda sección es una crítica a la transición inmodélica de la dictadura a la democracia, que conlleva una pérdida de la memoria histórica y una falta de cultura democrática en el país, mientras que la tercera sección analiza el conservadurismo imperante en España.

1. EL RÉGIMEN DE FRANCO

1.1. ¿CAUDILLISMO, FASCISMO O ALGO DISTINTO?

Uno de los aspectos de la cultura mediática y política de España que llama la atención a muchos observadores internacionales es el término que se utiliza en España para definir la dictadura que gobernó nuestro país durante el periodo 1939-1977. El término es *franquismo,* con lo cual se da gran protagonismo a la figura del general Franco como criterio definitorio de tal régimen. En esta definición se reproduce una visión caudillista de aquel sistema político parecida a la que se utiliza para definir los regímenes dictatoriales caudillistas que han existido en América Latina, distanciándose así de los dos regímenes dictatoriales que existieron en Europa occidental durante parte de ese periodo histórico, a saber, el nazismo en Alemania y el fascismo en Italia. Tales regímenes no son conocidos como *hitlerismo* o *mussolinismo.* Al régimen dictatorial español (a partir de ahora, RDE), que tiene muchos parecidos con estos regímenes dictatoriales, sí que se le conoce en España, en cambio, por el nombre del dictador, *franquismo.*

Hay que aclarar que esta manera de definir el régimen dictatorial español no es común fuera de España. En la cultura mediática y política, por ejemplo, de Suecia, Gran Bretaña y EE.UU., tres países en los cuales he vivido durante muchos años, el régimen dictatorial español se definía y continúa definiéndose como un régimen *fascista.* Permítanme que cite sólo dos ejemplos. El *New York Times* (24 de diciembre de 2000), en una reseña sobre el señor Fraga Iribarne lo definía como «*Minister of the Interior of the fascist regime of General Franco*». Y dos meses antes una de las cadenas televisivas más importantes de EE.UU., *ABC* (20 de octubre de 2000), se refirió al señor Samaranch como «*a leading figure of the Spanish fascist regime*». No niego que en círculos académicos limitados haya habido una discusión sobre si tal término era o no apropiado para definir el RDE, pero en las culturas mediáticas el término más frecuentemente utilizado en muchos países europeos y en Norteamérica era y continúa siendo el de *fascismo.* ¿Por qué esta diferencia de terminología?

Es de todos conocido que ha habido un proyecto político-intelectual exitoso en España que ha negado el carácter fascista del RDE, aun aceptando, por parte de algunos autores, que lo fuera en sus fases iniciales. Se asume así que, excepto en sus primeros años, el régimen dictatorial fue autoritario, regido con mano militar por un general, pero no totalitario, es decir, un régimen que intentara organizar la totalidad de la sociedad alrededor de una ideología totalizante. Ésta es la definición más generalizada en España de aquel régimen. Naturalmente, y por razones obvias, las derechas españolas han promovido esta interpretación de la dictadura franquista, reproduciéndola a través de los medios de información en los que son hegemónicos y que en España son muchos. Grandes sectores de las izquierdas, sin embargo, han aceptado también esta versión de nuestra historia reciente, negando el carácter fascista de aquel régimen (excepto en sus primeros años).

Soy consciente de que no puede evaluarse la validez de una teoría por su funcionalidad o utilidad. Es decir, que aun cuando la teoría que define el RDE como un régimen no fascista, autoritario y no totalitario ha sido y continúa siendo de gran utilidad y rentabilidad política para las derechas de España (como puede verse por la constante referencia a ese régimen en estos términos por figuras representativas de tales derechas como Aznar, Fraga, Samaranch, López Rodó y otros muchos), ello no tiene por qué invalidar la certeza de tal teoría. Ésta podría ser cierta y válida aun cuando fuera utilizada e instrumentalizada por las derechas de España. Es más, ha sido también sostenida por personas de gran talla y credibilidad intelectual que no pertenecen o simpatizan con las derechas españolas. Entre ellas cabe destacar al profesor Edward Malefakis, catedrático de Historia Contemporánea de Europa en la Columbia University, que comienza su capítulo en la colección dirigida por García Delgado *Franquismo. El juicio de la historia* con el interesante interrogante *¿Fue fascista el régimen franquista?* Malefakis inicia su capítulo subrayando:

> Si por fascismo no entendemos algo más específico que los movimientos autoritarios de derechas encabezadas por un solo individuo, que simpatizó con alguno de los ideales del fascismo y adoptó algunos de sus atavíos, el régimen de Franco fue, sin duda, fascista, especialmente en sus fases iniciales.

Ahora bien, después de establecer un criterio de definición de lo que es en realidad fascismo, Malefakis concluye que el régimen dictatorial español no fue fascista, al menos en su sentido estricto.

1.2. EPISTEMOLOGÍA DEL CRITERIO: ¿QUÉ ES FASCISMO?

El lector me permitirá que me centre en el criterio que Malefakis establece para definir el fascismo, criterio que elabora a partir de las características de los regímenes políticos que son ampliamente reconocidos como fascistas, a saber, el nazismo de

Alemania y el fascismo de Italia. Según él, tales regímenes dictatoriales se caracterizaron por los rasgos definitorios del fascismo que citaré *verbatim*, es decir, citando textualmente los criterios que Malefakis define como característicos de aquellos regímenes fascistas:

1. Buscaron no sólo tomar el poder sino también crear una nueva clase de hombre (y, añadiría yo, una nueva clase de mujer) y de sociedad, a través de una ideología que glorificaba la jerarquía, el nacionalismo y la guerra (y, añadiría, la fuerza física).

2. Tal voluntad de cambio se centraba en un solo líder con cualidades supuestamente sobrehumanas, al que no deberían imponerse restricciones de ningún tipo.

3. El líder nació de, y a su vez dio a luz a, un poderoso partido político que le ayudó a conseguir sus objetivos: (...) el partido fue creado antes, y no después, de la toma del poder por el fascismo y era un instrumento indispensable en esa lucha.

4. Con objeto de glorificar a su líder, su partido y sus objetivos, el fascismo puso un empeño extraordinario en la propaganda (...) [que tenía por misión] crear un lazo místico con el dictador. Las nuevas tecnologías, especialmente la radio pero también el cine y el periodismo gráfico, se utilizaron en una medida sin precedentes.

5. Inherente al fascismo, e incesantemente reiterada como un objetivo en su propaganda, existía una forma extrema de nacionalismo.

6. Otro objetivo político fundamental del fascismo era la consecución de una prosperidad material sin precedentes (...) Tal proceso tenía un carácter místico. Quizás el mejor ejemplo sea el sueño de Hitler de una red de autopistas entrecruzando el país por la que todos los alemanes pudieran conducir su Volkswagen (el coche del pueblo).

7. Para asegurarse el apoyo entusiasta del pueblo en la lucha por estos y otros objetivos, había que organizar la sociedad más concienzudamente que nunca. De ahí la necesidad de crear nuevas organizaciones. Se trataba de organizar toda la sociedad según una visión nueva que rompía con el sistema anterior, exigiendo una subordinación de todas las organizaciones sociales, económicas y políticas...

8. Además de la Iglesia, había otros grupos sociales subordinados al nuevo orden fascista, especialmente en Alemania, donde el poder de Hitler era mayor (...) Y se formó una alianza fáustica con grandes empresas que fue ventajosa para ambas partes, pero no había duda alguna sobre quién estaba al mando en última instancia, sobre todo después de que el fascismo se pusiera en pie de guerra. Las instituciones culturales fueron fascistizadas, igual que los clubes deportivos. El grupo que estuvo más cerca de mantener su antigua autonomía fue el militar, dado que era esencial para la consecución de los objetivos fascistas de política exterior. En Italia, había un obstáculo adicional: la monarquía, poseedora de una vaga legitimidad residual, que en 1943 propiciaría la caída de Mussolini.

Éstas son las ocho características que definieron aquellos regímenes y que Malefakis considera indispensables para calificar a un régimen de fascista; con ellas podemos identificar si el RDE fue o no fascista. Quisiera subrayar que aun cuando estoy de acuerdo en que estas características estuvieron en su mayor parte presentes en los regímenes fascista italiano y nazi alemán, creo que son insuficientes para calificar a un régimen de fascista. En otras palabras, un régimen político podría tener estas ocho características y no ser fascista. En este sentido, Malefakis da mucha importancia a aspectos formales del Estado sin hacer suficiente hincapié en los aspectos de la ideología fascista. Está en lo cierto al considerar el *nacionalismo extremo* y el *imperialis-*

mo como características de la ideología fascista. Ahora bien, otros aspectos de la ideología fascista que considero muy importantes, y que Malefakis no incluye en sus características, fueron el *racismo, la negación de la existencia de clases sociales portadoras de intereses estructuralmente antagónicos* y *un profundo anticomunismo*. Un análisis de los regímenes nazi alemán y fascista italiano (así como del RDE) muestra que tuvieron también estas características, a las que, un tanto inmodestamente, me referiré como *VN-9 racismo, VN-10 negación de la lucha de clases* y *VN-11 anticomunismo*.

No creo que pueda negarse que tanto el régimen nazi alemán como el régimen fascista italiano fueron racistas. Y lo mismo puede decirse del RDE, cuyo día nacional se llamó, hasta el último año de la dictadura, Día de la Raza. En todos estos regímenes, el concepto de patria, nación y pueblo estaba basado en un criterio de *raza*. El régimen fascista español no sólo adolecía de antisemitismo, sino también de un racismo imperialista que suponía a la raza española superior a otras, como la indígena de América Latina, cuya exterminación y genocidio eran presentados como motivos de orgullo nacional, parte de la conquista de aquel continente. Su imperialismo, basado en su nacionalismo exacerbado, tenía una base racista, la cual se reproducía en su discurso y en su cultura, intolerante hacia otras culturas, razas o pueblos. En realidad, nacionalismo y raza estaban íntimamente ligados, y su utilización discursiva era intercambiable en el discurso de la clase dirigente del RDE, incluyendo la del Dictador, que tituló la única película que realizó *Raza*.

El régimen nazi alemán y el régimen fascista italiano se caracterizaron también por su beligerante negación de la existencia de intereses antagónicos entre las clases sociales, y subsumieron tales categorías bajo el concepto de pueblo y patria. Integraron por lo tanto a los sindicatos y a los empresarios en las mismas instituciones, negándoles su personalidad propia diferencial. En realidad, el nazismo y el fascismo fueron una respuesta al discurso y la práctica del movimiento obrero, hegemonizado, tanto en la versión socialdemócrata como en la comunista, por el marxismo, que se basaba en la interpretación de clases como agentes sociales con intereses estructuralmente antagónicos. De ahí que no se pueda entender el fascismo sin entender el contexto político de la Europa en la que se originó: un contexto de gran agitación social donde, como ha señalado Eric Hobsbawn en su libro *The Age of Extrems: A History of the World. 1914-1991,* las clases dominantes de Europa Occidental se sentían amenazadas por la fortaleza creciente del movimiento obrero, hegemonizado por el pensamiento marxista. En realidad, el nazismo alemán surgió como una alternativa al notable crecimiento del movimiento socialdemócrata de inspiración marxista. Y lo mismo ocurrió en Italia, donde el miedo al bolchevismo hizo que los terratenientes y los empresarios apoyaran las bandas fascistas. Es interesante en este sentido subrayar el intento de intelectuales conservadores europeos como Indro Montanelli de justificar el fascismo como un mal necesario para evitar un mal mayor, el comunismo. Esos autores han utilizado la misma justificación para el RDE. Es importante aclarar sin embargo que el fascismo no fue un movimiento revolucionario; antes al contrario, fue un movimiento contrarrevolucionario que apoyó al sistema económico amenazado por el movimiento obrero. El hecho de que se autoproclamara revolucionario era en sí un tributo a la popularidad del proyecto revolucionario, captando un discurso vacío de una práctica revolucionaria. En realidad, incluso el término nacionalsocialismo con que el nazismo se definió fue, como también indica Eatwell, un intento de utilizar el término socialismo como mecanismo de atracción de la clase trabajadora. Lo mismo ocurrió en Italia, donde se utilizó el mismo término para atraer a la clase obrera. En España se instauró *nacionalsindicalismo* frente a nacionalsocialismo, puesto que el socialismo había sido el enemigo derrotado durante la guerra civil. Fue precisamente la intensidad de la derrota del socialismo, el comunismo y el anarquismo en nuestro país lo que explica que el desarrollo de un discurso atractivo para las clases trabajadoras fuera menos necesario.

Independientemente del discurso radical utilizado, el hecho es que tanto en Alemania como en Italia y España las relaciones de propiedad económica no cambiaron significativamente bajo el fascismo. En realidad, y tal como señala también Eric Hobsbawn, el apoyo de las clases empresariales al movimiento fascista era en muchos países mayor cuanto mayor era la amenaza de un proceso auténticamente revolucionario. Un autor tan poco sospechoso de simpatizar con las izquierdas como el mismo Roger Eatwell señala que la mayoría de los dirigentes de la banca y de la industria, incluyendo al propietario de Fiat, Giovanni Agnelli, apoyaron al fascismo italiano temerosos del peligro bolchevique. Y lo mismo ocurrió en la Alemania nazi, donde la gran mayoría del *establishment* empresarial –dirigido por Fritz Thyssen– apoyó a Hitler por la misma causa. No hay que olvidar que el Nuevo Orden fascista, tanto en Alemania como en Italia y en España, no era un nuevo sistema económico distinto del capitalismo, sino un nuevo sistema político que, basado en las famosas instrucciones de Mussolini –«creer», «obedecer», «aceptar la jerarquía», «el orden establecido» y «la autoridad»–, representaba una alternativa al odiado sistema democrático liberal, así como al bolchevismo revolucionario. Su radicalismo, por lo tanto, era contrarrevolucionario y no representaba una amenaza para el sistema económico imperante.

Analicemos, así, hasta qué punto el RDE reunió o no las once características (EM: 1 a 8 y VN: 9 a 11). Centrémonos antes en las ocho de Malefakis. Y ahí es de lamentar que éste no ofrezca muchas pruebas para llegar a su conclusión de que el RDE no fue en realidad fascista. De los ocho puntos, Malefakis se centra básicamente sólo en dos, EM-2 y EM-3. El primero analiza la personalidad del dictador y el otro, EM-3, la relación entre el dictador y el partido fascista, la Falange. En cuanto a las demás condiciones, Malefakis se limita a afirmar que la RDE no las cumplió. Permítanme que me refiera al texto:

> Carezco del espacio necesario para analizar con el mismo detalle por qué el régimen de Franco no respondía a los otros criterios que definían el fascismo en Italia y Alemania. No había nada mesiánico en la dictadura de Franco. No buscaba crear una nueva clase de hombre y de sociedad ni inaugurar una era histórica para toda la humanidad (...) no compartía los sueños de extraordinaria abundancia material (...) era demasiado realista como para creer que podía restaurar el imperio español de antaño (...) en lugar de movilizar a su población, Franco buscaba desmovilizarla (...) no había un arte franquista o una escultura de tipo fascista y el estilo arquitectónico adoptado no era moderno sino que se derivaba de modelos del siglo XVI (...) y no buscó la subordinación de los grupos sociales.

Antes Malefakis también había subrayado que el RDE no había sido ni corrupto ni monumentalista, indicando que:

> Durante la mayor parte de la época franquista, la corrupción oficial no parece haber sido un problema más grave de lo que lo es en la mayoría de los regímenes dictatoriales y democráticos (...) a diferencia de Ceausescu u Hoxha, Franco no apadrinó proyectos grotescos de grandes obras, a pesar de lo que puedan opinar algunos antifranquistas respecto al Valle de los Caídos.

1.3. ANÁLISIS DE LOS ARGUMENTOS EN CONTRA DE DEFINIR EL FRANQUISMO COMO FASCISMO

Comenzaré por analizar los dos puntos EM-2 y EM-3, para extenderme luego en los otros condicionantes. Malefakis contrasta las personalidades carismáticas de Hitler y Mussolini con la ausencia de carisma de Franco, al que define como poseedor de una personalidad mediocre e inexpresiva, carente de la exuberancia de Mussolini y de la apasionada intensidad de Hitler. Esta definición apareció también en una entrevista al fallecido Javier Tusell, en la que definió a Franco como «una persona más mediocre que dictador sangriento», *El Siglo* (20 de noviembre de 2000). Hay que aclarar inmediatamente que Malefakis, mientras que hace suya la definición del dictador como mediocre, no disminuye en cambio la característica de sangriento. Antes al contrario, señala el enorme carácter sangriento del RDE, subrayando que asesinó a muchas más personas desde 1939 a 1941 (en una proporción de incluso 10.000 a 1) que el régimen fascista italiano en tiempo de no guerra y encarceló en términos proporcionales a más personas que el régimen nazi en tiempo de paz. Como señaló el semanario liberal *The Economist,* Pinochet fue un moderado comparado con Franco. La peculiar forma de la transición española, con gran dominio de la derecha, explica el olvido histórico del enorme aspecto represivo del RDE, una de las dictaduras, como indica Malefakis, más sangrientas de Europa occidental en el siglo XX.

Que Franco lideró una dictadura sangrienta es un hecho incuestionable. El que él fuera personalmente mediocre, carente de carisma, es irrelevante, sin embargo, para definir como fascista o no el régimen que dirigió. La característica que Malefakis considera necesaria no es la personalidad y atributos del dictador en sí, sino la forma en que el régimen político proyectaba al dictador, y en este sentido es difícil argumentar que el RDE no proyectara a Franco como un ser sobrehumano, excepcional, único, nombrado jefe del Estado por la Gracia de Dios, la máxima forma de autoridad que existe en una cultura cristiana. La Iglesia católica española llegó a referirse al dictador como «el Dedo de Dios». El RDE presentó a su líder como un hombre con cualidades sobrehumanas (que le venían de Dios, consecuencia de su Gracia) al que no debían imponerse restricciones de ningún tipo (condición EM-2). El hecho de que la naturaleza no le hubiera dotado de mayores dotes no es parte de la condición en sí. A este respecto, sería difícil negar que el RDE no reuniera la condición EM-4, que señala la necesidad de la existencia de un aparato estatal propagandístico que glorificara al dictador. El régimen utilizó hasta el último día de su vida todos los medios de información y persuasión a su alcance (que eran la gran mayoría) para glorificar a su líder, a su partido y sus objetivos, intentando crear un lazo místico con el dictador. No hace falta recordar, entre otros muchos hechos, que el famoso NODO, que existió hasta el final del RDE, comenzaba siempre con la figura del dictador, seguido del emblema fascista.

Permítanme ahora que analice la condición 3 (EM-3), la que se refiere a la relación existente entre el dictador y la Falange. El hecho de que la Falange no fuera creada por el dictador y que éste meramente la utilizara para supuestamente deshacerse de ella más tarde es el argumento más utilizado para negar el carácter fascista del RDE. Ahora bien, es importante hacer algunas puntualizaciones. La primera es que el hecho de que ese partido fuera o no fundado por el dictador es irrelevante para la definición del RDE como fascista. Hitler, por cierto, tampoco fue el fundador del Partido Nazi. El punto clave no es quién fundó el partido fascista o cuándo, sino quién lo lideró e instrumentalizó (dirigiendo su transformación posterior en Movimiento Nacional), así como el papel que tal partido y/o movimiento tuvieron en el Estado español. Y aquí es donde aquellos que niegan el carácter fascista del RDE han interpretado erróneamente lo que ocurrió en Alemania e Italia. En realidad, y en contra de lo que se cree, tanto en la Alemania nazi como en la Italia fascista, los partidos nazi y fascista no fueron las únicas fuerzas presentes en sus Estados. En Italia, el Partido Fascista estuvo en ocasiones, como reconoce el propio Malefakis, marginado en el Estado italiano, compitiendo con otras fuerzas que incluyeron desde el empresariado al ejército, entre otros grupos, que entraban en conflicto, con asesinatos entre ellos. Y, tal como también señala Eatwell en su estudio sobre el fascismo italiano, Mussolini, una vez en el poder, desideologizó el Partido Fascista, con objeto de que no adquiriera poder dentro del Estado italiano. Favoreció así la sustitución de los fascistas de la vieja guardia y otros miembros ideologizados por meros oportunistas que debían su cargo a su lealtad personal a él, de una forma semejante a lo que hizo Franco con la Falange. Mussolini también –como Franco– transformó más tarde el Partido Fascista en un movimiento que unió los distintos sectores e intereses leales a él, convirtiéndolo en su vehículo personal para mantenerse en el poder. De esta manera, el movimiento «se convirtió más en una condición para acceder al poder (sobre todo en la administración pública) que en un proyecto ideológico». No es del todo correcto, por tanto, definir el nazismo alemán o el fascismo italiano como regímenes políticos donde el partido fascista, convertido en Estado, dirigiera la sociedad. En realidad, hubo incluso más diversidad en las cúpulas de poder de esos países de la que hubo en España, donde el partido fascista (Falange), más tarde convertido en movimiento fascista –Movimiento Nacional– (cuya ideología, instrumentos, símbolos e incluso uniformes eran iguales que los del partido fascista), junto con el Ejército y la Iglesia, constituyó un bloque de poder que, a pesar de sus tensiones, estuvo menos dividido que el bloque de poder nazi alemán o fascista italiano, y ello como consecuencia de sus orígenes históricos: el golpe fascista de 1936 (reconocido como tal en 1999 por las Cortes Españolas con la excepción del PP y Coalición Canaria). Hasta el final del RDE, el Movimiento Fascista (el Movimiento Nacional) tuvo una enorme presencia en el Estado. Cabe recordar, por ejemplo, que el símbolo fascista estaba en la entrada de todas las poblaciones españolas, desde el más pequeño pueblecito en zonas rurales hasta las capitales del país. Y hasta 1978 todos los funcionarios (desde los conserjes de los edificios oficiales a los catedráticos) tenían que jurar lealtad al Movimiento Nacional como condición de empleo. Es más, la mayoría de los dirigentes políticos de las ciudades por encima de 50.000 habitantes, desde alcaldes a presidentes de la Diputación, eran miembros del Movimiento Nacional. En realidad, el entramado existente en el Estado del RDE era resultado de un sinfín de compromisos, tal como ocurrió en Alemania y en Italia, entre los que creían en el movimiento fascista (los menos) y aquellos (la mayoría) que juraban lealtad por meros motivos oportunistas. De ahí que el Movimiento Nacional fuera una red de intereses corporativistas y económicos utilizados –comenzando por el propio dictador– con fines personales, revestida de una ideología sumamente adaptable –como también ocurrió en el caso del nazismo y del fascismo.

Esta ideología del Movimiento Nacional integró elementos fundamentales del catolicismo español (como resultado de su alianza con la Iglesia, que le dio su dimensión más totalizante la cual, con la ayuda y la cooperación del Estado y del Movimiento Nacional intentó organizar todas las dimensiones del quehacer humano, desde las áreas más íntimas como la sexualidad hasta la cultura y la enseñanza), así como del nacionalismo imperialista (resultado de la alianza con el Ejército). En este sentido, la estructura de poder del Estado en la RDE fue, como indiqué antes, menos diversa y más uniformizada que la de la Alemania nazi y la Italia fascista, donde hubo gran competitividad y agresividad entre los distintos componentes. Aquellos regímenes no fueron regímenes políticos liderados por partidos fascistas que monopolizaron o lideraron siempre el Estado. Valga también, en este sentido, subrayar que en los regímenes llamados comunistas se dio una situación semejante. No es cierto que en países como la Unión Soviética el Partido Comunista dirigiera el Estado. El Estado estaba controlado por una nomenclatura inicialmente basada en una fuerza política que fue despolitizándose y sustituyéndose por una estructura política altamente centralizada que utilizaba el discurso comunista como mera retórica en defensa de sus intereses. En este aspecto, es interesante contrastar el hecho de que mientras está ampliamente aceptado calificar la dictadura existente en la URSS durante el periodo 1917-1988 de comunista, hay cierta resistencia en España a utilizar el término fascista para calificar el RDE, aun reconociendo tal carácter en sus inicios, resistencia basada en la evolución que el RDE sufrió. Sin negar los cambios ocurridos dentro del régimen dictatorial español, el hecho es que la distancia ideológica entre un Stalin y un Gorbachov fue mucho mayor que la distancia entre Serrano Suñer y Arias Navarro, primer y último jefe de gobierno del RDE, ambos líderes del Movimiento Nacional, por no hablar de la diferencia entre el Franco de 1939 y el de 1975. No hace falta recordar que uno de los primeros juramentos del nuevo jefe del Estado, el monarca, en 1975, fue el de lealtad al Movimiento Nacional, y por consiguiente encomendó la reforma política al que era dirigente del Movimiento Nacional, Adolfo Suárez, consciente del papel fundamental que el Movimiento ocupaba en el Estado español y cuya eliminación era una condición esencial para poder reformar el RDE. Así como Yeltsin, dirigente del Partido Comunista, jugó un papel clave en el desmoronamiento del régimen correctamente calificado de comunista, Suárez, jefe del Movimiento Nacional, jugó un papel clave en la transformación y la transición del RDE. En ambos casos, por cierto, la nomenclatura continúa teniendo un papel importante, tanto en el Estado como en la vida económica. En este sentido, los paralelismos entre poscomunismo y posfascismo son notables. Valgan sólo algunos ejemplos: Martín Villa, ayer dirigente del sindicato fascista universitario, hoy responsable de una de las empresas privatizadas; Cuevas, ayer dirigente del sindicato fascista universitario, hoy presidente de la patronal; Samaranch, ayer dirigente del Movimiento Nacional, más tarde y durante muchos años presidente de La Caixa, el grupo financiero más importante de Cataluña, y podría ir citando casos y más casos.

La nomenclatura del Estado fascista se transformó, intentando adaptarse a las nuevas realidades a fin de mantener –como en el caso de la nomenclatura comunista– su poder. Es muy probable que tanto Martín Villa, como Cuevas, como Samaranch, como otros miles de personas que tenían responsabilidad política durante el RDE y que vestían la camisa azul y saludaban con el saludo fascista, no fueran fascistas, sino meramente oportunistas conscientes de que para colmar sus ambiciones personales tenían que utilizar tal Movimiento. En ambos casos –en el régimen dictatorial comunista de la URSS y en el RDE–, las estructuras de poder estaban altamente desideologizadas, y la mera supervivencia de sus intereses era la guía de sus acciones. La ideología y el proyecto político eran un mero caparazón que reflejaba su origen histórico, reproducido en su retórica. No era tanto la vitalidad ideológica y del proyecto político reproducido por el Estado lo que identificaba a los regímenes soviético y al RDE como comunistas o fascistas, respectivamente, sino los aparatos y discursos que los unían.

Desde este punto de vista, la vitalidad e intensidad ideológica del Movimiento Nacional, claramente en declive durante los últimos años de la dictadura, no diluyó la caracterización de ese régimen como fascista, siempre y cuando permanezcan las otras características (EM-1 a 8 y VN-9 a 11), puesto que continuó siendo un eje importante del Estado. Es importante subrayar que el caparazón ideológico del sistema, caracterizado por un *misticismo nacionalista exacerbado, racista, profundamente anticomunista,* persistió hasta el final del régimen, aun cuando su intensidad fuera menguando. Pero recordemos que las clases de Formación del Espíritu Nacional se dieron en los centros de enseñanza hasta el último año de la dictadura. Es más, y como he indicado anteriormente, la gran mayoría de cargos políticos fueron miembros del Movimiento Nacional. Y ello ocurrió hasta finales de la dictadura. No estoy de acuerdo por lo tanto en que el RDE no reuniera también la condición EM-5 *de tener objetivos propagandísticos como el nacionalismo, al cual yo añadiría el racismo y el anticomunismo, así como (resultado de la alianza básica con la iglesia) un misticismo donde la religiosidad jugó un papel fundamental a la hora de reproducir un orden jerárquico dentro de un «destino en lo universal definido por Dios y por la Historia»*. De ahí que esté en desacuerdo con Malefakis y crea que el RDE también alcanza, y con creces, las condiciones EM-1, 3 y 5 *de reproducir una ideología totalizante que abarcaba todas las dimensiones de la personalidad y de la sociedad, que deseaba crear un nuevo tipo de sociedad y de hombre (y de mujer) que hiciera tabla rasa con el mundo anterior, el orden republicano que simbolizaba la anti-España*. Es erróneo considerar que tales características del RDE existieran sólo al principio. Antes al contrario, persistieron hasta el último año del régimen aun cuando la vitalidad del proyecto había disminuido claramente.

1.4. EL RÉGIMEN DICTATORIAL ESPAÑOL FUE TOTALITARIO, ADEMÁS DE AUTORITARIO

El lector me permitirá que profundice en esta característica del fascismo, su carácter e ideología totalizante. En España la ideología del Estado del régimen dictatorial fue un nacionalismo extremista, un racismo, un anticomunismo y un catolicismo antiliberal y antilaico que intentó configurar una nueva sociedad (opuesta a la que reprodujeron los valores de la República) y que invadía todas las dimensiones de la sociedad y del ser humano. Y la Iglesia católica española jugó un papel fundamental en la reproducción de esa ideología totalizante.

Es hoy ampliamente reconocido que el Vaticano apoyó el golpe militar y el franquismo. Pío XII envió un telegrama de apoyo al general Franco, y el cardenal Montini, más tarde Pablo VI, organizó un *Tedeum* y una recepción para celebrar la victoria de Franco. Para el Vaticano, y en palabras de Pío XII, España, «la heroica España, nación elegida por Dios desde tiempos inmemoriales», acababa de dar «a los prosélitos del ateísmo materialista de nuestro siglo la prueba más excelsa de que por encima de todo están los valores eternos de la religión y del espíritu». En España la Iglesia española, sin embargo, no sólo apoyó el golpe y el Estado que surgió de él, sino que se *convirtió en parte del Estado,* realizando todo tipo de funciones, desde delatoras y represivas hasta de adoctrinamiento. Enseguida se estableció una simbiosis entre Iglesia y Estado, de manera que el *triángulo Falange (más tarde el Movimiento Nacional), Iglesia y Ejército (junto con los aparatos represivos del Estado) constituyó el bloque de poder central del sistema.* No es, pues, suficiente señalar que la Iglesia apoyó y/o simpatizó con el RDE. En realidad, la Iglesia fue *parte del Estado, constituyendo uno de los ejes del RDE.* Sus dirigentes eran nombrados por el dictador y sus sacerdotes eran pagados por el Estado. La evidencia mostrada por Julián Casanova en su libro *La Iglesia de Franco* es abrumadora. Y el objetivo de la Iglesia española era crear una nueva sociedad que erradicara cualquier vestigio laico heredado del régimen republicano anterior, configurando a su gusto todas las dimensiones humanas, desde la sexualidad hasta la compostura y relaciones interpersonales. En este aspecto, el RDE fue ideológicamente mucho más intervencionista que el fascismo italiano y el nazismo alemán; convirtiendo al RDE en uno de los regímenes más totalitarios existentes en la Europa Occidental, portador de una ideología totalizante que abarcaba todas las dimensiones del ser humano. De ahí que se haya llamado a la ideología de aquel régimen nacional-catolicismo, término que me parece apto aunque insuficiente, pues no incluye dimensiones como VN-9, VN-10 y VN-11 a las que me he referido anteriormente. El catolicismo español no era sólo catolicismo. Incluía dosis elevadas de fascismo, incluyendo su racismo, imperialismo, apego a los valores militares y de fuerza (como denota el término de cruzada), ansia de conquista, un espíritu enormemente reaccionario, una extrema forma de represión psicológica y sexual, odio al liberalismo, al laicismo, al socialismo, al comunismo y al anarcosindicalismo, y contribuyó a una de las represiones más violentas que han existido en el siglo XX en Europa occidental.

A la luz de estos hechos me parece sorprendente que Payne, en un capítulo en la misma colección sobre el franquismo, dirigido por García Delgado, escriba: «... que el franquismo no era totalitario es un hecho irrefutable». Millones de españoles sufrimos y fuimos testigos de un intento de adoctrinamiento masivo de la ideología, preconizada por el RDE y sus aparatos ideológicos, incluyendo la Iglesia, que intentaba configurar una nueva sociedad en la que desde la lengua hasta el sexo estaban normativizados. El hecho de que el intento no fuera exitoso no quiere decir que el Estado no lo intentara. Las condiciones señaladas por Malefakis no incluyen el evaluar si el Estado consiguió crear una nueva sociedad, sino si lo intentó. Y ahí me parece irrefutable que lo intentó por medio de los aparatos ideológicos y propagandísticos de los que disponía.

Otra teoría ampliamente extendida, propagada en múltiples casos por sectores de la nomenclatura del RDE, fue que el carácter fascista del Estado cambió con la entrada, a partir de los años sesenta, de lo que se ha llamado «los tecnócratas del Opus Dei», que iniciaron un proceso de modernización del Estado que condujo en su vía final al proceso de la transición que desembocó en la democracia. Ésta es la postura mantenida también por Stanley Payne en el artículo citado, así como por Fabián Estapé, asesor de López Rodó, una de las figuras más importantes del Opus Dei en el RDE. Esa teoría ignora varios hechos que cuestionan los supuestos sobre los cuales se construye. En primer lugar, el Opus fue fundado por una persona, Escrivá de Balaguer, que, además de ser guía espiritual del dictador (le organizaba retiros espirituales de carácter personal), se identificaba plenamente con el RDE y su ideología. Es más, la organización del Opus Dei, caracterizada por su fanatismo, su intolerancia religiosa, su estructura altamente jerárquica, con actitudes basadas en el secretismo, el elitismo y el autoritarismo, con un control psicológico permanente sobre sus miembros (que explica, por cierto, que el Parlamento belga lo catalogara en 1997 como secta, otorgándole el mismo rango que a la Iglesia de la Cienciología), es producto en sí del RDE, puesto que su desarrollo y expansión fue resultado del apoyo que tal régimen le dio. En 1939, año en que Escrivá, que apoyó entusiásticamente el golpe militar de 1936, escribió su obra *Camino,* el Opus Dei era prácticamente inexistente. Su introducción en gran escala en el RDE ocurrió con la Ley de Ordenación Universitaria de 1943, que obligaba a que la universidad «acomodara sus enseñanzas a las del dogma y la moral católica y a las normas del Derecho Canónico vigente, en armonía con el Estado Nacional Sindicalista, ajustando sus enseñanzas a los puntos programáticos del Movimiento». El ministro de Educación José Ibáñez Martín, un hombre de ultraderecha y estrechamente vinculado a la Falange, además de dirigir la purga del magisterio y la represión intelectual en la universidad, nombró a una de las personas más nefastas del mundo académico español, José María Albareda (amigo íntimo de Escrivá y miembro dirigente del Opus Dei), secretario general del Consejo Superior de Investigaciones Científicas, el CSIC, creado en 1939, con lo que el Consejo se convirtió en el vivero de cátedras universitarias para miembros del Opus Dei y otros personajes del RDE entre los que se encontraban dirigentes del Movimiento Nacional como bien han señalado Sartorius y Alfaya en su libro *La memoria insumisa.* Y en la Universidad había una clara cooperación entre el sindicato fascista (el SEU) y el Opus Dei. ¿Quién no recuerda en Cataluña las facilidades que el dirigente del Movimiento Nacional en la Universidad de Barcelona, el catedrático Alfonso García Valdecasas, dio para que el Opus controlara puntos clave de esa institución (donde yo estudié en los años cincuenta y sesenta)?

Es, por tanto, erróneo considerar al Opus y los tecnócratas identificados con él como los portadores de un proyecto predemocrático que desembocó en la transformación del sistema. En realidad, el Opus Dei intentó reproducir la ideología totalizante del RDE. En 1990, Laureano López Rodó todavía insistía en que Franco había tenido el gran mérito de vislumbrar la irrelevancia de la democracia y la necesidad de sustituir a los políticos por tecnócratas. Es sorprendente, por cierto, que en el artículo citado anteriormente Payne considere esta filosofía del Opus Dei como predemocrática, puesto que la democracia nunca fue el objetivo de tal movimiento. La simbiosis de ese grupo de poder con la ideología del Estado permite cuestionar el impacto liberalizador o democratizador de los tecnócratas del Opus Dei. En realidad, López Rodó, la figura más emblemática del Opus Dei en el Estado español, fue uno de los creadores del odiado Tribunal de Orden Público, bajo cuyos auspicios se asesinó, torturó y encarceló a miembros de la resistencia antifascista. Es más, el propio López Rodó fue una pieza clave en la eliminación de cualquier pensamiento crítico en la universidad. En realidad, fue Manuel Fraga Iribarne, una persona del Movimiento Nacional, quien apuntó hacia los primeros resquicios de una prensa más abierta mediante la Ley de Prensa de 1966, aun cuando él mismo no tuviera ningún reparo en reprimir cualquier amago de crítica en los medios. Por cierto, quisiera aquí señalar que el mismo Fraga tampoco tuvo ningún reparo en definirse como fascista, al menos a principios de los años sesenta. Así, en junio de 1961, en un acto en la Universidad de Barcelona en el que dio una conferencia, un grupo de estudiantes le gritamos «¡Fascista!», antes de emprender una forzada huida, y él se cuadró y, brazo en alto, dijo: «Y con honor. ¡Arriba España!» Cerca de doscientas personas que abandonaron la sala pueden atestiguar este hecho.

La obsesión de esos «tecnócratas del Opus Dei», como lo fue la del Movimiento, fue reproducir el Estado franquista sin Franco, un Estado que no tocara las bases del RDE. Como bien dice Santos Julià, a este designio obedeció la Ley Orgánica del Estado y la solemne proclamación de Juan Carlos de Borbón como heredero de la Jefatura del Estado a título de Rey. Es también dudoso que elementos influyentes del RDE estuvieran dispuestos a favorecer un proyecto democrático como el que surgió al final de la transición. Stanley Payne apoya esta conclusión citando una charla entre Franco y Suárez, en la que supuestamente Franco preguntó a Suárez si el futuro del régimen sería «inevitablemente democrático», «a lo cual Suárez, por lo visto, respondió afirmativamente». «En ese momento», escribe Payne, «Franco dejó de prestarle atención y no dijo nada más.» Es más, según Payne, «Franco se dio cuenta de que su sucesor se orientaría hacia un sistema democrático». He de admitir mis profundas dudas sobre la veracidad de este intercambio que Payne aporta como prueba de su tesis. Si fuera así, ¿cómo se explica que ni el Rey ni Suárez ni ninguna otra persona influyente del RDE propusieran en sus primeras propuestas de reforma un sistema auténticamente democrático y que sólo tras la presión de las izquierdas apareciera ese proyecto plasmado en la Constitución? En tales explicaciones de la transición se da un peso excesivo a los cambios dentro de la nomenclatura del RDE, olvidando el papel clave que jugaron las movilizaciones populares y el peligro de contagio de la Revolución de los Claveles a España.

1.5. MOVILIZACIONES Y PASIVIDAD. DOS CARAS DE LA MISMA MONEDA

También quisiera señalar que, en contra de la opinión de Malefakis, creo obvio que el RDE intentó movilizar a sus bases y lo consiguió, como lo atestiguan las movilizaciones que tuvieron lugar hasta los últimos años de la dictadura. Es erróneo no ver que el RDE intentó movilizar a sus bases políticas, en general de clases medias y medias altas, no ver los mítines del RDE que en Barcelona tenían lugar en la parte alta de la ciudad, no en la parte baja, donde la clase trabajadora vivía y vive. Y miles de personas eran movilizadas en aquellos mítines. Ello no entra en contradicción con la desmovilización de las clases populares resultado del gran cinismo que generaba la observación de la práctica política y del miedo de grandes sectores de la población. Pero, de nuevo, el régimen intentó movilizaciones constantemente. Y se definió a sí mismo como un proyecto modernizador en el sentido de estimular el desarrollo del país. ¿Qué español no recuerda el compromiso de Franco con la creación de pantanos o de carreteras o con otras medidas constantemente presentadas como parte de la construcción de la *nueva sociedad?* Es más, el bloque de poder que dirigía el Estado del RDE –que incluyó el Movimiento Nacional y la Iglesia– intentó controlar la gran mayoría de asociaciones y organizaciones (condiciones EM-7 y EM-8) hasta tal punto que la resistencia antifascista, en general, no pudo desarrollar organizaciones alternativas sino que tuvo que «infiltrar» las organizaciones del RDE, desde los Sindicatos Verticales hasta Acción Católica, para poder realizar su labor clandestina. El RDE intentó controlar la sociedad, comenzando por los sistemas de enseñanza y los medios de información y persuasión. Además de sus propios medios de difusión (todos los públicos y su propia prensa), el RDE nombraba a los directores de todos los diarios más importantes del país, incluidos los deportivos de mayor difusión como *Marca*. Y ello lo realizó hasta el último día de la dictadura. Reunía, por tanto, las condiciones EM-7 y EM-8 con creces.

En resumidas cuentas, la evidencia apunta hacia la tesis de que el RDE reunía todas las condiciones de EM, desde la 1 a la 8, es decir, deseaba establecer un orden nuevo, liderado por un líder de cualidades sobrehumanas, rodeado de un gran aparato de propaganda que reproducía una ideología totalizante basada en un nacionalismo místico, racista y anticomunista que intentó controlar y controló todas las dimensiones de la sociedad. El hecho de que objetivamente el régimen fuera extraordinariamente reaccionario no quiere decir que se viera a sí mismo como tal. Antes al contrario, su idealización de la Edad Media, por ejemplo –uno de los periodos de mayor subdesarrollo humano–, hacía que ésta fuera presentada como una época de gran riqueza y creatividad. De ahí que crea que la evidencia que tenemos a mano, resultado de nuestra experiencia, es más favorable que desfavorable a la tesis de que el RDE se vio a sí mismo como un proyecto modernizador, aunque objetivamente no lo fuera.

Dos últimas observaciones. Una sobre la megalomanía de proyectos grotescos que Malefakis niega al RDE, en contraposición a los casos de Ceausescu u Hoxha, a los que sí atribuye ese tipo de proyectos. He visitado Rumanía, y no creo que ese régimen fuera más megalómano que el español, que alcanzaba dimensiones semejantes a las de la Corea del Norte de hoy. En España, todos los pueblos y ciudades tenían en su plaza principal, llamada Plaza del Caudillo, un monumento obelisco de forma y mensajes grotescos. En cuanto a sus edificios, éstos se caracterizaron por ser monumentales, semejantes, por cierto, a los del fascismo italiano, aun cuando hubo una variedad que presentaba un estilo ochocentista, como señala Juan Pablo Fusi en su artículo de la citada colección de García Delgado.

Es también sorprendente que Malefakis considere que no hubo más corrupción bajo el RDE que en otros países, fueran éstos dictatoriales o democráticos. En general, es de esperar que en un régimen dictatorial exista mayor corrupción oficial que en un régimen democrático, que está sujeto al escrutinio público. Por ser dictatorial, el RDE fue un país más corrupto que los países europeos con regímenes democráticos. Pero los intereses que la dictadura representó hicieron al RDE especialmente corrupto. La falta de protección del ciudadano (bien fuera como trabajador, bien fuera como consumidor) y del ambiente explica los grandes déficits históricos del Estado del bienestar español, déficits sumamente rentables para los grupos empresariales que se beneficiaron de la debilidad normativa y sancionadora del Estado y de su escaso o nulo cumplimiento. Consecuencia de ello es que –sobre todo en la construcción– se crearon durante el RDE enormes fortunas a costa de desastres ecológicos y urbanísticos sin parangón en la Europa occidental, excepto en Portugal y Grecia, que sufrieron regímenes conservadores dictatoriales. Las especulaciones desmesuradas de las inmobiliarias y de la industria de la construcción entre otras, durante el RDE, son causa de que incluso a simple vista (y a pesar de lo mucho que se ha hecho desde 1977) se aprecie la ausencia de cohesión arquitectónica y urbanística en los despliegues urbanos del período 1940-77 de las ciudades y pueblos españoles más acentuada que en países vecinos como Francia o Italia.

Quisiera terminar aquí con la observación de que soy consciente de que la discusión sobre la identidad ideológica de lo que fue el franquismo es un sujeto difícil, complejo y con cierta carga emotiva. Y soy también consciente de que la realidad en sí está llena de claroscuros. Pero creo que en España, y como resultado de la forma en que se realizó la transición, se ha desechado con excesiva rapidez el término *fascista* para definir el RDE, con argumentos que a mí me parecen insuficientes y no convincentes. En realidad, y tal como he mostrado en este apartado, los mismos argumentos que se han utilizado para negar el carácter fascista del régimen pueden utilizarse para defender lo contrario. El fascismo se ha expresado en distintas formas a lo largo del siglo XX, adaptándose a las peculiaridades de cada país. Así como hubo diferencias muy notables entre el nazismo alemán y el fascismo italiano, también hubo diferencias muy notables entre el fascismo español y las versiones fascistas alemana e italiana, diferencias que, a mi entender, no justifican la negación del carácter fascista del RDE. Definirlo como fascista crea grandes resistencias en España, puesto que ese término provoca más rechazo que el término «franquista». Pero creo que si hubiera habido una ruptura con el RDE (tal como ha ocurrido en los países de la Europa del Este) en lugar de una transición (que se ha realizado en condiciones de gran poder de las derechas y una gran debilidad de las izquierdas), hoy se hablaría de fascismo y no de franquismo. Como en muchos otros casos, la sabiduría convencional de un país reproduce el discurso y la ideología convenientes para el sostenimiento de las relaciones de poder existentes. Como consecuencia, el lenguaje que utilizamos no es neutro, y el término franquismo que se usa para definir el RDE tampoco lo es. De ahí que se continúe utilizando en España aunque no fuera de ella.

2. LA MEMORIA DEL PASADO Y SUS CONSECUENCIAS EN EL PRESENTE

2.1. LA TERGIVERSACIÓN DEL PASADO

A mi regreso a España me sorprendió la tergiversación que se había dado a la historia reciente de nuestro país, y muy especialmente de la República, del porqué del golpe de Estado del ejército liderado por el general Franco, y de la dictadura que éste instauró.

Cuando a principios de 2003 se estrenaron dos películas *Amén* y *El pianista,* pude apreciar cómo su conexión con la historia de nuestro país fue, en general, ignorada por los medios de comunicación. Una, *Amén,* mostraba la tolerancia del papa Pío XII con el nazismo y sus horribles crímenes, incluido el genocidio étnico contra judíos, gitanos y personas con discapacidades (mostrado también en la película *El pianista)* y el ideológico, en contra principalmente de socialistas, comunistas y anarquistas. Discutiendo con gente joven sobre estas dos películas me sorprendió el desconocimiento del importante papel que la Alemania nazi desempeñó en la victoria del golpe militar contra la democracia española que tuvo lugar en 1936 y en la configuración del Estado dictatorial que siguió, incluyendo sus aparatos represivos. No sabían, por ejemplo, que la Gestapo y la SS habían jugado un papel clave en el desarrollo de la policía política del Estado franquista. Ya en 1937 el general Franco había pedido ayuda (que le fue concedida) al gobierno alemán para que la Gestapo y la SS le ayudaran a establecer una policía política a semejanza de tales instituciones nazis. En reconocimiento a esta labor, Himmler, jefe de tales agencias de represión nazi (definidas por los tribunales de Nuremberg como las «agencias más perversas, crueles y represivas conocidas en el siglo XX»), fue condecorado en 1939 con la Gran Cruz de la Orden Imperial del Yugo y las Flechas, visitando España en 1940 (19-22 de octubre). Su visita fue celebrada con especial afecto por las personalidades franquistas más próximas ideológicamente al régimen nazi, entre las cuales las más prominentes, según Ros Aguado (en «La Gestapo en España», *La guerra secreta de Franco*), eran Pilar y Miguel Primo de Rivera, García Valdecasas, Manuel Aznar y Enrique Jiménez Arnau, que junto con otras cincuenta y ocho personalidades de aquel régimen celebraron una fiesta el 20 de octubre de 1940 en su honor en el palacio que había sido el Senado durante la República. Himmler visitó también Barcelona, cuyo Ayuntamiento franquista le recibió con todos los honores, y visitó horas más tarde el Monasterio de Montserrat, donde también fue recibido por el abad y la comunidad monástica en pleno.

El objetivo principal de la visita de Himmler a las autoridades políticas del régimen franquista fue el de firmar un convenio para reforzar la colaboración que había existido desde el año 1937 entre la Gestapo alemana y el régimen franquista. La Gestapo colaboró, por ejemplo, en el establecimiento de los campos de concentración franquistas, donde supervisó experimentos encaminados –según el director médico que los dirigió, el doctor Antonio Vallejo-Nájera– a purificar la raza española eliminando el *gen rojo.* Ese personaje, director de los Servicios Psiquiátricos del ejército franquista, había sido educado en la Alemania nazi. Escribió extensamente (en libros titulados *Eugenesia de la Hispanidad y regeneración de la raza, Política racial del nuevo Estado,* y otros) sobre la degeneración de la raza española que según él se había producido durante la Segunda República, en sintonía con Juan José López Ibor, quien había sostenido que el prototipo hispano estaba genéticamente definido. Para Vallejo-Nájera se necesitaba en la España franquista una regeneración racial, debido al incremento de «tarados» y «enfermos» (términos que él utilizó para calificar a las personas con discapacidades y a las personas enfermas, incluyendo como enfermedad también cualquier postura crítica al régimen franquista). Llegó incluso a criticar a la profesión médica por conservar la vida de los «degenerados» (tal como señala Michael Richards en el capítulo «Purificar España» de su excelente libro *Un tiempo de silencio)*. Vallejo-Nájera promovía así las ideas racistas y prácticas genocidas nazis, cuando señalaba que la «regeneración de la raza impone una política de eliminación de todos los agentes físicos, psicológicos y morales que degeneren la raza» y consideraba la eliminación física, a través de asesinatos políticos, como parte de esta purificación. Instruyó también a las jóvenes no leer libros excepto los religiosos, definiendo a las mujeres republicanas como la forma más extrema de degeneración de la raza. En realidad, muchos de los experimentos realizados en los campos de concentración nazis en Alemania fueron antes realizados por la Gestapo en los campos de concentración franquistas. Es más, muchas de las víctimas de tales experimentos en los campos de concentración nazis eran españoles republicanos residentes en Francia deportados por la Gestapo a tales campos. Los republicanos españoles fueron el mayor grupo de deportados (después de los judíos) que la Gestapo llevó desde Francia a los campos de concentración nazis. En los campos se les reconocía por un triángulo azul en el uniforme. El 64% de ellos murieron en esos campos. Muchos otros que no fueron deportados a los campos de concentración fueron enviados por la Gestapo a Alemania, donde trabajaron como esclavos, mientras que otros, como el presidente de la Generalitat Lluís Companys, fueron detenidos y llevados por la Gestapo a España, donde fueron fusilados.

En la película *Amén,* Costa-Gavras, su director, presenta a un papa Pío XII tolerante con el nazismo, a fin de salvar los intereses corporativos de la Iglesia, ambivalente con el régimen de Hitler. Pío XII no mostró, sin embargo, ninguna ambivalencia hacia el alzamiento fascista español y el establecimiento de la dictadura (responsable de lo que Paul Preston ha definido correctamente como el Holocausto español), bendiciéndola como obra de Dios, aprobando que se la llamara cruzada, condecorando al general Franco con la Orden Suprema de Cristo, la más alta condecoración vaticana, que le impuso el nuncio apostólico Antonicetti, antiguo delegado apostólico en la zona franquista durante el alzamiento militar. Pío XII, el Vaticano, y la Iglesia española eran conocedores de las enormes atrocidades realizadas por el régimen español, la Iglesia española formó parte esencial de él contribuyendo a la represión. A pesar de ello, en España, ni el cine ni los medios de comunicación han mostrado la actitud del Vaticano y de la Iglesia española hacia el franquismo ni tampoco han explicado estos vínculos y semejanzas entre las autoridades franquistas, la Alemania nazi y la Italia de Mussolini.

Diversos estudios han documentado cómo la dictadura franquista fue una de las más sangrientas que han existido en la Europa occidental en el siglo XX. Como señalaba en la sección anterior, según el profesor Malekafis, catedrático de Historia Europea de la Universidad de Columbia, por cada asesinato político cometido por el odiado régimen de Mussolini, el régimen franquista cometió 10.000. Por otro lado, tal como indica Michael Richards en su libro *Un tiempo de silencio. La guerra civil y la cultura de la represión en la España de Franco. 1936-1945,* el propio Anuario Oficial de Estadística del Estado muestra la cifra de 192.684 personas muertas o ejecutadas en la cárcel durante el periodo comprendido entre 1939 y 1944, a la cual hay que añadir las personas muertas por inanición y enfermedades en campos de concentración y otros lugares de represión. Juan Díez Nicolás escribe, por ejemplo, en el *Boletín de Demografía*

Histórica, año III, 1 de marzo de 1985, que sólo en el periodo 1940-1942 se produjeron 214.000 muertes producidas por el hambre, las enfermedades o la represión política. A conclusiones y cifras semejantes han llegado Hugh Thomas y Sergio Vilar. Hay que añadir que, más de un millón de personas tuvieron que dejar España por razones políticas. La dictadura continuó matando hasta el último año de vida del dictador, mediante asesinatos –llamados fusilamientos– dictados por tribunales militares. A partir del año 1963, el infame Juzgado y Tribunal del Orden Público (TOP) sentenció a 22.660 personas, luchadores por la libertad en su gran mayoría (Juan José del Águila, *El TOP. La represión de la libertad, 1963-1977)*. Esta represión, que duró hasta el último año de la dictadura, era la defensa de un régimen altamente corrupto frente a una creciente oposición y movilización popular en su contra. En realidad, el 60% de las sentencias del TOP se dictó entre 1974 y 1976, siendo España el país europeo donde hubo más huelgas políticas durante ese periodo. Estos y otros datos cuestionan la imagen falsa tan extendida en los medios de información de nuestro país de que la dictadura fue mediocre, pero benigna en sus últimos años, sin apenas resistencia popular contra ella. Ejemplo de ello fue la entrevista al fallecido Javier Tusell a la que me he referido anteriormente, en la que definía al dictador «más como una persona mediocre que como un dictador sangriento», trivializando así la enorme brutalidad de aquella dictadura.

La mayoría de la gente asesinada durante el golpe y la dictadura franquista eran personas que habían participado en la experiencia democrática más importante y modernizadora que existió en la primera mitad del siglo XX en España: la Segunda República española, y en Cataluña, la Generalitat de Catalunya. La Segunda República, en vez de ser un periodo caótico y negativo de nuestra historia, tal como se ha enseñado a nuestra juventud, fue un periodo enormemente creador, y sus reformas mejoraron sustancialmente el bienestar de la población. Lo que no se ha explicado todavía a la juventud española es que la Segunda República significó el intento más importante en la historia de nuestro país de corregir las enormes injusticias existentes en la sociedad. Naturalmente, en estas reformas hubo que recortar los privilegios de los intereses corporativos y de los poderes fácticos, que dominaban la vida política, económica y cultural del país. Así, la República y la Generalitat de Catalunya introdujeron la escuela pública (afectando a los intereses de la Iglesia, que controlaba la educación), la Seguridad Social (que puso en contra a la banca y a las empresas de seguros), la reforma agraria (que afectó a los intereses de los terratenientes), el divorcio y el aborto (que puso en contra a la Iglesia), las reformas del ejército (que encontró gran resistencia en el Generalato), el derecho a la sindicalización (que puso en contra a la patronal) y un largo etcétera. La ciudadanía también desconoce que esta Segunda República española fue plurinacional, respetando no sólo retóricamente sino también en su ordenamiento constitucional la existencia de varias naciones en un proyecto común, España.

Los grupos afectados negativamente (los terratenientes, la banca, la Iglesia, el ejército, la burguesía conservadora y otros) por las reformas modernizadoras y necesarias de la Segunda República y de la Generalitat respondieron alentando, estimulando y, al final, dando un golpe militar en contra de la mayoría de las clases populares que apoyaban a su gobierno popular, arquitecto de esas reformas. Fue, como bien dijo el embajador en Madrid del gobierno estadounidense del presidente Franklin Delano Roosevelt, un golpe del ejército en contra de la mayoría de la población española, la cual resistió ese golpe durante tres años, y ello a pesar de la gran ayuda que Hitler y Mussolini dieron a las tropas golpistas de Franco, mientras que la República apenas recibió ayuda. Los golpistas eran conscientes de que tenían la mayoría de la población en contra, cosa que explica la necesidad de utilizar el terror como política de Estado. Leyendo a los generales golpistas, el mensaje es muy claro: «Necesitamos el terror para vencer la resistencia de la mayoría de la población en contra de nuestro Ejército», decía Queipo de Llano, uno de los generales más sangrientos y crueles de la contienda civil, responsable de una de las mayores campañas de terror llevadas a cabo por las fuerzas golpistas en Andalucía y que alentaba incluso a sus tropas al asesinato y la violación de mujeres y hombres leales a la Segunda República.

2.2. LAS INTERPRETACIONES DEL PASADO

Hoy los jóvenes desconocen la historia real de España y la gran labor que las izquierdas realizaron en la Segunda República; en la movilización popular en contra del golpe militar que tardó tres años en imponerse, y en la resistencia frente a la dictadura que aquel golpe militar impuso, una dictadura que no sólo fue autoritaria (como erróneamente se presenta), sino también totalitaria, es decir, y como decía al inicio de esta segunda parte del libro, reprodujo una ideología que controlaba todas las dimensiones de la sociedad y de la personalidad (desde el sexo hasta el idioma); una ideología totalizante que conjugó un catolicismo profundamente conservador con un nacionalismo extremo, imperialista y racista (el día nacional era el Día de la Raza, que celebraba el imperio español), antiliberal y antiprogresista, que negaba la existencia de intereses de clase antagónicos, organizando a los agentes sociales dentro de un Estado corporativista cuyo líder estaba dotado de cualidades sobrehumanas (nombrado «por la gracia de Dios»). El franquismo fue una dictadura que contó como ideología con un nacional-catolicismo que impregnó al Estado español y que continuó hasta el fin de ese régimen. Fue necesaria la desaparición del partido del Estado (el Movimiento Nacional) para el establecimiento de la democracia.

Se puede afirmar que han existido dos versiones muy generalizadas en ambientes conservadores del país de lo que fue y significó el golpe militar de 1936, la dictadura que instauró y la transición a la democracia. Una versión considera que el golpe militar y la dictadura fueron necesarios para restablecer el orden y corregir la situación intolerable creada por la Segunda República. Esta versión está dispuesta a aceptar que la represión, en ocasiones, fue excesivamente fuerte y que el periodo dictatorial fue, quizás, demasiado largo, circunstancias que, sin embargo, no invalidan lo positivo que fue para España la existencia del alzamiento militar y de la dictadura. Esta posición está ampliamente aceptada en el *establishment* conservador de España aun cuando no se explicite frecuentemente en los medios de información que controla. Se expresa en su resistencia a condenar el régimen franquista y en su oposición a eliminar monumentos que homenajean al dictador o a otras figuras relevantes de aquel régimen, homenajeando frecuentemente a sus protagonistas intelectuales, políticos y religiosos a lo largo del territorio español. Según esta versión, la democracia, instaurada en España por el Rey nombrado por el general Franco, significó la apertura de las instituciones estatales españolas conservadoras a las izquierdas y a los nacionalistas catalanes y vascos. Esta actitud apareció claramente en la advertencia que Adolfo Suárez hizo a Josep Tarradellas, cuando, en el primer encuentro entre ambos, le recordó que «Usted fue jefe de un gobierno de la Generalitat que perdió la guerra civil» *(Diari de Tarradellas,* 27 de junio de 1977). Su integración en las instituciones españolas tenía que reconocer y admitir esta realidad. Esta versión, por cierto, es compartida por muchos miembros del anterior gobierno conservador que, aun cuando señalan que, debido a su edad, no fueron ellos mismos parte de aquel régimen y, por lo tanto, no se consideran responsables de él, se enorgullecen, sin embargo, de la labor de sus antecesores biológicos, que sí fueron parte de él, y nunca lo han condenado.

La otra interpretación, también muy extendida en España, en círculos que se autodefinen como centristas, es la que asume que el conflicto de 1936-1939 fue una guerra civil entre dos Españas, la España nacional y la España republicana, en la que los dos bandos cometieron enormes atrocidades (resultado, en parte, de un supuesto carácter español afín a la violencia) que es mejor olvidar. Como prueba de la existencia incluso territorial de estas dos Españas, esta versión divide a España en zonas que permanecieron leales a la Segunda República y zonas que apoyaron el golpe militar. En esta versión, en la que se asume una equidistancia en cuanto a responsabilidades por aquellos hechos, se considera que el establecimiento de la Constitución de 1978 significó también la desaparición de las dos Españas. Algunos autores que sostienen esta postura aceptan que los vencidos de aquel conflicto han sido maltratados y deben ser reconocidos e incluso homenajeados de la misma forma en que lo fueron los vencedores. Se admite así que esta equidistancia debería también realizarse en el equilibrio de la memoria, puesto que reconoce que el olvido significó una injusticia hacia los vencidos. Es a esta mentalidad a la que un editorial de *El País,* «Desaparecidos nuestros» (8 de octubre de 2002), apelaba cuando pedía al gobierno conservador español de entonces (asumiendo que sostenía esta visión de nuestra historia) que ayudara a los familiares de los desaparecidos entre los vencidos a encontrarlos a fin de enterrarlos, honrarlos y homenajearlos, tal como los vencedores tuvieron la oportunidad de hacer con sus desaparecidos.

Ambas posiciones, sin embargo, son erróneas, y que sean las más difundidas responde precisamente al gran poder de las fuerzas conservadoras en España. La Segunda República española fue uno de los intentos más profundos de modernización de una de las estructuras sociales más oprimentes de la Europa de los años treinta. En sus reformas, como apuntaba en apartados precedentes, afectó a intereses corporativos (terratenientes, grupos empresariales, la banca, la Iglesia, el ejército y muchos otros) y a las clases sociales de renta alta y media alta, que respondieron, a través del ejército, con un golpe de Estado que interrumpió la modernización de España, imponiendo un gran retraso económico, social, político y cultural al país, que dañó enormemente el bienestar de la gran mayoría de la ciudadanía española, como lo demuestra que cuando el dictador murió el Estado del bienestar español era el más subdesarrollado de Europa. No fue por lo tanto una mitad de España contra otra mitad, sino una minoría frente a la mayoría de la población. De ahí que las fuerzas golpistas, para mantenerse en el poder, tuvieran que recurrir a una gran represión y terror contra la mayoría de la ciudadanía que continuó durante los cuarenta años de la dictadura, y que se ejerció también en las zonas que erróneamente se considera que apoyaron el golpe militar. En aquel régimen dictatorial, atrocidades como las llevadas a cabo por el régimen nazi alemán, el régimen fascista italiano, el régimen militar chileno y el régimen militar argentino (todas ellas denunciadas hoy), se dieron con creces, convirtiéndose el terror en una política de Estado a fin de mantenerse en el poder. Es cierto que durante la Segunda República también hubo casos graves de violación de los derechos humanos, pero por lo general fueron actos espontáneos como resultado de la indignación popular al golpe militar de 1936 y en respuesta a las brutalidades realizadas por el bando franquista y sin que tales actos de represalia, sin embargo, contaran con el apoyo del gobierno de la Segunda República, que protestó y finalmente controló aquellas violaciones de los derechos humanos, cometidas por las clases populares indignadas por las atrocidades de las derechas que se habían opuesto a las reformas que mejoraban el bienestar del pueblo.

2.3. CAUSAS Y CONSECUENCIAS DE UNA TRANSICIÓN INMODÉLICA

El gran dominio que las fuerzas conservadoras tuvieron en la transición de la dictadura a la democracia, controlando el Estado y la gran mayoría de los medios de información y persuasión, y la gran debilidad de las izquierdas, salidas de una de las dictaduras más represivas que hayan existido en el siglo XX en Europa, determinó una democracia incompleta que se basó en la amnistía y en la amnesia, las cuales favorecieron enormemente a las derechas. Así se explica el gran desequilibrio existente en la recuperación de la memoria histórica. Mientras que las derechas han continuado promoviendo durante el periodo democrático su versión de la historia de España, las izquierdas han silenciado, hasta muy recientemente, su propia historia. Se ha hablado mucho en nuestro país sobre la existencia durante la transición de un pacto entre las derechas y las izquierdas para que no se mirase al pasado, causa de que la amnistía política se convirtiera también en amnesia política. Aunque no discrepo con elementos importantes de esta interpretación de la transición, estoy, sin embargo, en desacuerdo en que hubiera un silencio de su pasado por parte de las fuerzas conservadoras. Antes al contrario. Su versión (o versiones, como acabo de presentar en la sección anterior) de lo que fueron la Segunda República, la guerra civil, el franquismo y la transición ha sido la que ha dominado en nuestro país. La interpretación conservadora de nuestra historia –promovida durante los cuarenta años de dictadura– no fue cuestionada masiva y extensamente (a lo largo del territorio español y en todos los ámbitos educativos, incluyendo las escuelas) durante la democracia. De ahí que el silencio histórico de las izquierdas significara, en la práctica, la continuación y reproducción de la versión conservadora de nuestra historia, lo cual ha sido facilitado por el gran dominio que las fuerzas conservadoras han tenido y continúan teniendo en los medios de información y persuasión de nuestro país, situación reforzada todavía más en los ocho años del gobierno conservador.

De esta manera, la influencia continua de las fuerzas conservadoras en los medios de información tuvo como consecuencia el silencio sobre las enormes violaciones de los derechos humanos realizadas por la dictadura, y su dominio en el proceso de transición condujo a un estado de amnistía que asumió (erróneamente, como se ha argumentado) que desde 1936 a 1977 había habido dos Españas, la nacional y la republicana, que eran igualmente responsables de las atrocidades cometidas durante la guerra civil y la dictadura, atrocidades que debían amnistiarse y olvidarse a partir del establecimiento de la democracia. Se llevó a cabo un proceso de redefinición conservadora de aquella dictadura –en el que politólogos procedentes de la nomenclatura del Estado dictatorial jugaron un papel ideológico fundamental–, de manera que el carácter ideológico totalitario desapareció, y la dictadura fue presentada en su lugar como un régimen conservador autoritario resultado de un alzamiento militar que interrumpió el caos creado por la Segunda República, instaurando un régimen modernizador del país, que requería (debido a un carácter español supuestamente indisciplinado) mano dura para que éste –el país– madurase lo suficiente para tener una democracia que vino de la mano del Rey nombrado por el Caudillo. Ésta es la interpretación conservadora que se ha generalizado en nuestro país, promovida durante ocho años por las derechas gobernantes, que conservan el nacional-catolicismo como la ideología cohesionante de su proyecto y una gran capacidad de movilización entre sus bases.

Véanse como ejemplos de esta promoción llevada a cabo por el anterior gobierno los programas de Televisión Española que promovían el libro de Pío Noa titulado *Los mitos de la guerra civil* (definido por Helen Graham en el *Times Literary Suplement* como «una vulgar obra de promoción de los mitos franquistas», julio de 2003), que mereció el reconocimiento del entonces presidente del gobierno señor Aznar (quien nunca ha condenado el franquismo); la promoción, también en TVE, de la figura del fundador del partido fascista español, la Falange, José Antonio Primo de Rivera; las declaraciones favorables a la dictadura franquista por parte del delegado del gobierno central anterior en el

País Vasco; la promoción de la canonización de Escrivá de Balaguer, fundador del Opus Dei, organización religiosa impulsada y apoyada por el franquismo, o la continua promoción de la canonización de los llamados mártires de la cruzada.

Otro ejemplo claro del intento exitoso de reinterpretar la dictadura lo aporta el profesor Fabián Estapé (que fue vicerrector y rector de la Universidad de Barcelona, nombrado por el gobierno franquista, y también colaborador de López Rodó), que en sus entrevistas (destacando una en la revista del RACC, n.º 381, 2001, pp. 14-16) ha señalado que la dictadura fue necesaria debido a la pobreza de la mayoría de la población. En realidad –según decía Fabián Estapé– el dictador tuvo la clarividencia de crear, a través de sus políticas públicas, unas clases medias que ofrecieron la estabilidad necesaria en un régimen posterior a la dictadura. Así, Estapé citaba con aprobación al dictador, al que atribuía (en una entrevista con el embajador de EE.UU., y preocupado por el vacío de poder que podría ocurrir después de la muerte de Franco) la frase «La política social que he llevado a cabo durante cuarenta años ha creado unas clases medias que tienen tantas cosas que conservar que no pasará nada cuando yo desaparezca». Como consecuencia de esta visión, López Rodó, a quien Estapé también citaba con aprobación, veía que la democracia sólo podría llegar a España cuando alcanzáramos un nivel de renta per cápita de 2.500 dólares, aun cuando Estapé era más pesimista y creía que la cifra era demasiado baja. Se requería, según decía Estapé, alcanzar un nivel de renta más alto para poder tener democracia. Sólo cuando la gente pudiera comprarse un Seat 600 –decía Estapé– podríamos tener democracia en España. El gran acierto de López Rodó, según Estapé, fue el posibilitar a través de sus políticas públicas (que Estapé diseñó) el desarrollo económico que nos trajo la democracia.

Esta tesis defendida por Fabián Estapé ignora sin embargo algunos hechos elementales. Uno es que otros países con el mismo nivel de renta que el español gozaban de democracia. No era pues la pobreza la que explicaba la supuesta necesidad de tener una dictadura. En realidad, cuando la dictadura se impuso en España, el PIB per cápita español era semejante al de Italia. Al final de la dictadura, el nivel de riqueza de España era sólo el 65% del de Italia. El año en que el dictador murió España tenía los indicadores de bienestar económico y social (mortalidad infantil, gasto social y público per cápita, capacidad adquisitiva de las familias, entre otros) más bajos de Europa occidental, junto con Grecia y Portugal que habían sufrido dictaduras semejantes. Estos y muchos otros datos demuestran que la dictadura supuso un enorme coste económico y social para el país y que fue responsable de su retraso en relación con los otros países de la Europa occidental, algunos de los cuales tenían el mismo nivel de riqueza que España en los años treinta. No es cierto –como Franco, López Rodó y Fabián Estapé han señalado– que teníamos dictadura porque éramos pobres, sino que, al revés, éramos pobres porque teníamos dictadura. Es más, en España tuvimos una experiencia democrática exitosa durante la Segunda República, en tiempos en los que nuestra renta per cápita era incluso menor. La Segunda República inició grandes reformas económicas y sociales, como ya se ha comentado extensamente, y aquel proceso democrático no fue interrumpido por la gente pobre y humilde, sino por la gente rica y con privilegios, que veía tales privilegios afectados por las reformas democráticas. Sectores de las clases medias, por cierto, temerosos de los cambios, también apoyaron al fascismo. La dictadura representó los intereses de las personas poderosas, y reprimió muy particularmente a las clases trabajadoras, a nivel no sólo policial sino también económico, hasta el último día de la dictadura. Es un error creer que la dictadura franquista tuvo en la etapa de López Rodó unas intervenciones económicas buenas que entraban en contradicción con las intervenciones políticas represivas. La realización de las políticas económicas requería aquellas políticas represivas, incluida la falta del derecho de sindicalización. Fue la enorme pobreza impuesta por aquel régimen la que determinó que más del 35% de la clase trabajadora tuviera que emigrar. Y fueron los ingresos enviados por los emigrantes, junto con el turismo, lo que permitió la acumulación de capital, base del desarrollo desigual del franquismo tardío. Fue la clase trabajadora la que realizó la mayor resistencia al franquismo, motivada por el deseo de poder organizarse y defender mejor sus intereses. Franco y su nomenclatura no tenían en mente el beneficio de los españoles, sino la defensa a ultranza de sus intereses particulares, amenazados por las movilizaciones populares. La izquierda, a la que Estapé ridiculizó en la entrevista citada, jugó un papel importante en estas movilizaciones, cuyo objetivo primordial era el poder organizarse para defender sus intereses en libertad y democracia. Pero estos hechos, por el dominio de las derechas en el proceso de transición y su capacidad de influir en la sabiduría convencional, no caben en la memoria histórica selectiva de nuestro país. Ésta es sólo una de las consecuencias de nuestra transición a la democracia que demuestran que no fue modélica. Examinemos ahora estas consecuencias.

2.3.1. La selectividad en la memoria histórica

El lector me permitirá referirme a dos hechos que ocurrieron en Cataluña, cuyo recuerdo en nuestra memoria histórica ha sido muy distinto. Estos hechos sucedieron en dos momentos muy distanciados entre sí aun cuando los dos tuvieron enormes similitudes y gran carga simbólica para los barceloneses y los catalanes. Uno, el más antiguo, goza de un lugar de honor en la memoria histórica, mientras que el otro, más reciente, está completamente olvidado. En los dos casos, Barcelona fue bombardeada por fuerzas hostiles a Cataluña que querían subyugar sus deseos de autonomía e identidad nacional. En ambos casos, Cataluña fue la perdedora y en ambos casos murieron catalanes, víctimas de aquellos bombardeos. En realidad, en la segunda ocasión no sólo Barcelona sino otras ciudades catalanas fueron también bombardeadas y la represión fue tanto o más intensa que la represión que siguió a la primera. Las víctimas de la primera represión son recordadas y celebradas con monumentos visibles en todas partes de Cataluña, y sus agresores han sido denunciados. Las víctimas del segundo hecho histórico, sin embargo, han sido olvidadas y sus agresores (pero no sus víctimas) tienen monumentos en toda España, incluyendo Cataluña. El primer acontecimiento histórico es el bombardeo de Barcelona en 1714 por Felipe V y las tropas monárquicas borbónicas, y se recuerda cada año en el día de la fiesta nacional, el 11 de septiembre.

El segundo acontecimiento histórico es el bombardeo de Barcelona y otras ciudades catalanas en los años 1937, 1938 y 1939 (que fueron los primeros bombardeos aéreos en la historia de Europa en los que la población civil fue sujeta a un fuego indiscriminado) realizado por la aviación del ejército franquista, hecho prácticamente ignorado en nuestro país. Este recuerdo de la historia tan distinto en uno y otro caso fue puesto de manifiesto de nuevo cuando todo un proyecto apoyado por la mayoría del vecindario del barrio popular de La Ribera –el establecimiento de una biblioteca– fue paralizado debido al deseo de ciertos sectores intelectuales y políticos de recuperar los restos de aquel bombardeo de 1714, con el objetivo de que los catalanes y nuestros hijos no olviden aquel hecho histórico tan importante para recuperar nuestra identidad nacional. No intento menospreciar ningún elemento de esta recuperación histórica. Antes al contrario, la aplaudo y la considero fundamental para la salud de un pueblo. Ahora bien, constituye una gran incoherencia que tal intento de recuperar la memoria histórica de hechos del siglo XVIII vaya acompañado por la enorme desmemoria histórica de hechos que afectaron a Cataluña y su identidad catalana tanto o más que los de 1714 y que han ocurrido más recientemente en la guerra mal llamada civil y que fue en realidad una lucha entre clases sociales y movimientos reivindicativos en la que las clases dominantes (incluidas las catalanas) vencieron, dañando enormemente a la identidad catalana, reprimiendo brutalmente a su población, y asesinando a miles de catalanes así como a miles de soldados republicanos de nacionalidades y regiones distintas de España, que dieron su vida en el territorio de Cataluña por un proyecto republicano español multinacional. Pero, además de incoherente, lo encuentro enormemente empobrecedor e injusto. Hoy todavía existen en toda Cataluña y España monumentos a los agresores del conflicto 1936-1939. Y en Palma de Mallorca incluso hay un monumento que saluda a los aviadores italianos fascistas, aliados del ejército franquista, que bombardearon Barcelona y otras ciudades catalanas, mientras que ni en Barcelona ni en ninguna otra ciudad bombardeada hay ningún monumento a las víctimas de aquellos bombardeos. Es más, el castillo de Montjuïc, propiedad del Ejército, en la ciudad de Barcelona, todavía honra a los agresores. En parte, la diferencia de trato recibido por estos dos hechos históricos se debe a que es más seguro y fácil recordar lo que ocurrió dos siglos atrás que lo que pasó hace sólo sesenta años, con muchos de los protagonistas todavía vivos. Sin embargo, la recuperación de la memoria histórica reciente es tan necesaria y relevante en un caso como en otro, y no se está produciendo. En su lugar encontramos este ejemplo de selectividad cautelosa que se da en toda España en la recuperación de la memoria histórica, derivada del modo en que sucedió la transición a la democracia.

2.3.2. La necesidad de recuperar la historia silenciada

A raíz de una visita a las tierras del Ebro, que coincidía con las movilizaciones populares en defensa de dicho río, paseando con mi esposa por la orilla del Ebro descubrí un monumento a las tropas franquistas que impusieron el régimen dictatorial más sangriento (después del régimen nazi alemán) que ha existido en la Europa occidental durante el siglo XX, de cuyos asesinatos ya he hablado. Miles de estos asesinatos ocurrieron en las tierras del Ebro, y muchas de las víctimas desaparecidas están enterradas en fosas comunes sin saberse donde están. El excelente documental «Les foses del silenci» (Las fosas del silencio) de la televisión pública catalana muestra el horror de aquella represión. Cabe preguntarse cómo puede ser que siga en pie un monumento a las tropas golpistas que dañaron tanto a un pueblo como el que existía y luchó en las tierras del Ebro. Este monumento en el Ebro es un insulto a todas las fuerzas democráticas que lucharon tanto para que hoy la población del Ebro pueda manifestarse democrática y pacíficamente en defensa de sus intereses, manifestaciones que habrían sido reprimidas con sangre en el régimen dictatorial que establecieron precisamente aquellos que están siendo homenajeados con ese monumento.

Pero, además de ser profundamente ofensivo (en Alemania es un delito homenajear a Hitler) para las fuerzas democráticas, ese monumento es también un enorme error político. Permanece allí por la reproducción de una historia de España que es falsa, que ha dificultado la recuperación de la memoria histórica, tan necesaria hoy en nuestro país. Se necesita echar abajo ese monumento y construir otro en homenaje a todos aquellos que fueron asesinados por su lucha por unas tierras del Ebro democráticas. Hemos visto cómo las derechas españolas han atacado en varias ocasiones al gobierno catalanista y de izquierdas, acusándolo de dividir España, olvidándose de que en España existió un Estado plurinacional (con ministros de Esquerra Republicana en el gobierno español), progresista y modernizadora. La gran frustración es que la mayoría de la población desconoce esta historia. El silencio sobre nuestro pasado que tuvo lugar durante la transición inmodélica significó que no se cuestionara la historia de España que se había enseñado durante la dictadura. Es necesario romper ese silencio y hablar de nuestra historia.

Sólo últimamente, veinticinco años después de la dictadura, comienza a haber una tímida recuperación de la memoria de lo que fue y significó el franquismo. Sin embargo, esta recuperación se centra excesivamente en la figura del dictador y deja de lado a sus colaboradores, olvidando que la dictadura pudo llevar a cabo su enorme represión gracias no sólo a sus aparatos represivos, sino también a las personalidades económicas, culturales, ideológicas y artísticas que la sostuvieron. Tales personajes eran plenamente conscientes y sabían de aquella enorme represión. Un ejemplo de éstos es el pintor Salvador Dalí, que, en una obra teatral, *Daaalí,* de Albert Boadella, fue presentado erróneamente como apolítico, definición que, además de ser falsa, ocultaba la actitud beligerante que Dalí adoptó en apoyo de la dictadura. Alabó el golpe militar que interrumpió el proceso democrático el 18 de julio de 1936, defendiendo la represión franquista como necesaria «para limpiar el país de las fuerzas destructoras de lo mejor de España». Se refirió en múltiples ocasiones al dictador en términos sumamente elogiosos, llegando a extremos como felicitarle por firmar sentencias de muerte en contra de los que, en realidad, eran defensores de la libertad y de la democracia. Se autodefinió como admirador del fundador del partido fascista José Antonio Primo de Rivera, adoptando el discurso fascista en su defensa del régimen, traicionando y denunciando a muchos de los que habían sido sus amigos, como Buñuel, por su oposición a la dictadura.

Todos estos datos no aparecían ni en la obra *Daaalí* ni en las notas hagiográficas del «Año Dalí» (2003), cuando se le homenajeó, contribuyendo así a la falsificación de nuestra historia. Algunos de los impulsores del «Año Dalí», como Baltasar Porcel *(La Vanguardia,* 10 de septiembre de 2003), intentaron incluso relativizar la importancia del apoyo de Dalí al franquismo señalando que si Picasso, que fue «estalinista» (la expresión que Porcel utilizó), había sido homenajeado, Dalí, que fue franquista, también podía serlo, ignorando que Picasso ayudó a las fuerzas democráticas (su cuadro *Guernica* es un símbolo internacional del horror del franquismo), mientras que Dalí apoyó y defendió la dictadura y fue uno de sus máximos defensores en el mundo artístico internacional. Como bien dijo Arthur Miller en su denuncia y condena del escritor estadounidense Erza Pound, que apoyó el régimen de Mussolini, «el artista no puede utilizar su arte como escudo frente a la denuncia por su comportamiento fascista. Una cosa es evaluar su arte y otra es evaluar al que lo produce». Homenajear a Dalí como persona, como hizo el *establishment* catalán y español, es, además de un insulto a las víctimas de la dictadura, un indicador más de la gran insensibilidad democrática que existe en nuestro país. Para los vencidos de la guerra civil y para los que sufrimos la enorme represión del franquismo, el apoyo activo y beligerante de Dalí al régimen no es un aspecto menor o irrelevante. Tenemos entre los nuestros a miles de fusilados, encarcelados, exiliados y muertos en campos de concentración en España y en campos de concentración nazis (entre los que se incluyen familiares míos). Nuestros muertos están todavía demasiado vivos como para que se pueda ignorar u olvidar aquel régimen, y no digamos para que se siga homenajeando a las personas que apoyaron a los responsables de tanto sufrimiento.

2.3.3. La falta de reconocimiento y la falta de condena

Uno de los elementos más importantes en el desarrollo del concepto de derechos humanos en los últimos veinte años es el reconocimiento de que las víctimas de la represión llevada a cabo por regímenes dictatoriales deben ser compensadas por los responsables políticos de tales regímenes, así como por las instituciones y empresas que se beneficiaron de la represión. Así, varios tribunales de distintos países (EE.UU., Alemania, Suiza y Francia) han forzado a empresas que utilizaron trabajadores esclavos durante el régimen nazi alemán a pagar compensaciones de más de 10.000 millones de dólares a esos trabajadores y a sus familiares.

Inspiradas por el reconocimiento internacional de los derechos de las víctimas de tales regímenes, las víctimas del *apartheid* (uno de los regímenes más crueles que han existido en África) llevaron en 2002 a los tribunales de Sudáfrica a las empresas estadounidenses y europeas (Credit Suisse, Deutsche Bank, IBM, Siemens y otras) que obtuvieron grandes beneficios como resultado de explotar su fuerza laboral forzándoles a trabajar en pésimas condiciones. Los tribunales sudafricanos (así como los de los países citados anteriormente) parecieron sensibles a los argumentos de los demandantes, que subrayaban que no sólo el régimen sino también los grupos económicos y empresariales que se beneficiaron de tales regímenes debían compensarles. La novedad del caso de Sudáfrica es que se amplió la definición de víctima para incluir no sólo a los trabajadores esclavos sino a todos los trabajadores de aquellas empresas multinacionales y nacionales.

Ese caso fue de una gran importancia no sólo para Sudáfrica sino para muchos otros países que han sufrido dictaduras de brutalidad semejante a aquélla, entre ellos España. Más de medio millón de personas estuvieron encarceladas en campos de concentración franquistas, y muchas de ellas fueron forzadas a trabajar en situaciones enormemente opresivas. Tanto el Estado español como empresas (muy en especial de la construcción) e instituciones privadas (como la Iglesia católica española) utilizaron prisioneros políticos como trabajadores en condiciones muy precarias y de gran explotación. El caso más conocido es el del Valle de los Caídos, que fue construido (en homenaje a los vencedores) por lo que en la Alemania posnazi se llamarían trabajadores esclavos, tratados con todo tipo de brutalidades. Ninguno de estos hechos es mencionado, por cierto, en las guías turísticas de tal monumento. Ésta no es más que otra muestra del silencio selectivo instaurado desde la transición sobre la historia española reciente. En realidad, tal silencio explica que la juventud española conozca los horrores de las dictaduras militares chilena y argentina y desconozca, sin embargo, los horrores, incluso mayores, de la dictadura militar española. Y el silencio televisivo sobre estos horrores es un silencio ensordecedor. El excelente documental sobre los horrores del franquismo «Els nens perduts del franquisme» (Los niños perdidos del franquismo), uno de los documentales españoles más galardonados fuera de España y mostrado en muchas televisiones de Europa incluyendo la cadena pública francesa, nunca ha sido emitido por la televisión pública española. Se emitió en Cataluña y en el País Vasco, y en Andalucía, aunque en ese caso sólo de madrugada.

La ley de amnistía benefició principalmente a los vencedores y franquistas que ejercieron la represión y la corrupción. Tal ley se interpretó erróneamente como perdón de los enormes atropellos y violaciones de los derechos humanos que cometieron, de modo que se corrió un velo sobre sus responsabilidades políticas. Jueces como Garzón, que han mostrado gran celo para perseguir a los violadores de los derechos humanos en las dictaduras argentina y chilena, han permanecido extraordinariamente silenciosos sobre los violadores de derechos humanos del franquismo. Es más, según las leyes de este país, los demócratas que fueron sentenciados como criminales debido a su lucha por la libertad continúan siendo considerados como tales, lo que refleja la enorme insensibilidad democrática del sistema judicial. Pero no sucede lo mismo en otros países y organismos internacionales, que no están sujetos a estas limitaciones y que son más sensibles a los derechos humanos de los ciudadanos que el sistema judicial y el Estado españoles. Hay que reconocer que, por fin, comienza a haber una recuperación de la memoria histórica por parte de las izquierdas y empiezan a pedirse responsabilidades por las brutalidades cometidas por la dictadura franquista. Tales fuerzas deberían no sólo recuperar la memoria histórica, sino también exigir la reparación de injusticias cometidas durante la dictadura, exigiendo responsabilidades políticas, jurídicas y económicas de las personas y empresas que obtuvieron beneficios a costa de aquellas violaciones. Las cortes y los parlamentos autonómicos también deberían prohibir todos los símbolos franquistas, incluyendo monumentos y nombres de calles, enseñándose en las escuelas que no se puede ser demócrata sin ser antifranquista. Ni que decir tiene que las derechas vetarían tales esfuerzos, mostrando una vez más su insensibilidad democrática, pero tales peticiones deberían incorporarse dentro de los programas de las fuerzas democráticas para contribuir a crear una cultura verdaderamente democrática en nuestro país.

Otra consecuencia de la transición inmodélica dominada por las fuerzas conservadoras fue la manera en la que se condenó el franquismo en las Cortes Españolas. Las peticiones de ayuda al Rey y a los gobiernos democráticos por parte de las familias de los desaparecidos republicanos que fueron asesinados por las bandas fascistas y permanecían sin localizar, no fueron atendidas durante los primeros veinticinco años de democracia, situación que el *New York Times* (11 de noviembre de 2002) llegó a calificar correctamente de vergonzosa. La falta de respuesta forzó a estos familiares a protestar en la Agencia de Derechos Humanos de las Naciones Unidas, y sólo después las Cortes Españolas, por fin, pasaron una resolución en la que se instaba al Gobierno español a que les ayudara, reconociendo a las víctimas del franquismo. Prueba del gran poder que las fuerzas conservadoras continuaban teniendo en la cultura política del país es que esa resolución no condenara explícita y directamente el golpe militar franquista ni la dictadura, sino que lo hacía indirectamente, sin mencionarlos, alabando por otra parte la amnistía e instando a que se evitase utilizar el reconocimiento a las víctimas para «reactivar viejas heridas o remover el rescoldo de la confrontación civil». Sin embargo, no se puede homenajear a las víctimas sin denunciar a quienes las mataron, así como tampoco se puede homenajear a las víctimas sin homenajear la causa por la que murieron y prohibiendo cualquier homenaje o monumento a aquel régimen y sus figuras, prohibición que no se citaba en la resolución. En cuanto a los desaparecidos, el anterior gobierno conservador español ignoró la petición de la Agencia de Derechos Humanos de las Naciones Unidas de que ayudara a los familiares de tales desaparecidos a encontrarlos, negándose a una revisión de la historia del país.

Es alentador que el nuevo gobierno socialista haya hecho gestos que indican una sensibilidad importante hacia la recuperación de la memoria histórica, así como para facilitar el encontrar a los desaparecidos, aun cuando tales pasos deberían acelerarse, en una muestra de mayor coraje político, enfrentándose con las fuerzas conservadoras cuando así se requiera.

2.3.4. La falta de cultura democrática

Las consecuencias que acabamos de ver de la manera en que se llevó a cabo la transición ponen de relieve la ausencia de revisión de la historia de nuestro país. Se ha dado más cobertura a versiones erróneas de lo que fue nuestro pasado, respondiendo precisamente al gran poder de las fuerzas conservadoras en España. La ausencia de revisión de la historia de nuestro país explica que la ideología que cohesiona a las derechas españolas continúe siendo el nacional-catolicismo, mezcla de un nacionalismo españolista uniformador y enormemente centralizador que niega la plurinacionalidad de España, con un catolicismo profundamente conservador, intolerante, dominante, antilaico y con escasa sensibilidad democrática, que se reproduce a través de los sectores conservadores de la Iglesia española, que constituyen su mayoría y que nunca han condenado la dictadura franquista. Este nacional-catolicismo (que ofrece a su proyecto político la visión de una ideología totalizante) no ha sido objeto de una crítica masiva y contundente por parte de las izquierdas (excepto en círculos reducidos académicos), que al reproducir un silencio sobre su propio pasado han estado desarmadas ideológicamente durante estos años ante la enorme capacidad de movilización del nacional-catolicismo.

Frente a esta avalancha ideológica, las izquierdas se han quedado desideologizadas y desarmadas al confundir la necesaria modernización de su discurso con el abandono de su pasado. En los últimos años estamos viendo el coste político de tal abandono. Tras la victoria del gobierno catalanista y progresista de Cataluña en noviembre de 2003, la derecha le ha acusado en varias ocasiones de amenazar la unidad de España (con llamadas incluso al ejército para defenderla, tal como hizo el señor Fraga Iribarne). Estas acusaciones tienen réditos electorales, porque, tal como apunté, la ciudadanía desconoce que hubo en España una República plurinacional que respetó no sólo retóricamente sino también en su ordenamiento constitucional la existencia de varias naciones dentro de un marco común, España, en lo que fue la etapa más modernizadora que tuvo España en la primera mitad del siglo XX. Detrás del nacional-catolicismo, que justificó el golpe militar y la enorme represión bajo una supuesta «defensa de la unidad de España», estaban los intereses de las clases dominantes y los grupos corporativos que impusieron el enorme retraso social, cultural y económico de España. Ésta es la realidad desconocida por la mayoría de los jóvenes y de cuya ignorancia las izquierdas son también responsables.

En los últimos tiempos, las derechas han estado también utilizando el falso debate de la unidad de España para defender su visión centralista y radial, obstaculizando el desarrollo de otro debate mucho más urgente e importante que es el del enorme subdesarrollo del Estado del bienestar español, del cual ellas son responsables y que ha quedado extensamente documentado en las primeras secciones del libro. No es mera casualidad que una de las voces más estridentes a favor de la unidad de España sea la del señor Fraga Iribarne, que hasta hace muy poco presidía la comunidad autónoma más retrasada socialmente en nuestro país, como lo demuestra, entre otros ejemplos, que el tiempo de visita al médico de atención primaria en Galicia sea el más reducido de España.

El gobierno tripartito catalán no representa ninguna amenaza para la unidad de España. De la lectura de su programa de gobierno se deduce otra visión de España, enraizada en la tradición republicana, plurinacional y plural (no radial), con una clara conciencia social, en la que el patriotismo se mide no por la defensa de las esencias patrias sino por el grado de compromiso adquirido en mejorar la calidad de vida y el bienestar social de la población, de la cual las clases populares son la mayoría. Dentro del gobierno catalán existe una fuerza política, ERC, que al estimular un trasvase de votos del nacionalismo conservador al nacionalismo de izquierdas ha permitido que por primera vez en setenta años exista un gobierno de izquierdas en la Generalitat de Cataluña. En realidad, si el PP estuviera auténticamente interesado en la paz en Euskadi, durante su gobierno, y ahora desde la oposición, habría hecho y estaría haciendo todo lo posible para que los nacionalistas de izquierda violentos de ETA pasaran a ser como los militantes de ERC, es decir no violentos (ERC ha condenado los comunicados de ETA, disociándose claramente de tal fuerza terrorista). Pero este cambio no es lo que desea el PP, puesto que el terror de ETA le permite movilizar a sectores de la población en defensa de su visión retrógrada de España. Es un gran error que algunas voces de las izquierdas españolas sumen su voz a las críticas hechas por el PP en contra del gobierno catalán y sus integrantes. Lo que las izquierdas españolas deberían hacer es defender al gobierno tripartito catalán, recuperando su memoria histórica, concienciándose de que en la historia de España los periodos más progresistas y con mayor sensibilidad social han sido aquellos –como la Segunda República– en que el país se enriqueció a base de reconocer su carácter plurinacional y de realizar reformas profundas sociales que beneficiaron a todos los pueblos de España.

Ya para terminar, quisiera destacar un último punto que considero clave. Para mejorar la cultura democrática del país sería justo y necesario condenar unánimemente el régimen franquista y prohibir que se le homenajee. Algunos autores, como Gabriel Jackson, han protestado contra tal prohibición acusándola de revanchista («De la represión franquista y la verdad», 23 de noviembre de 2002). Revanchista, sin embargo, sería pedir el enjuiciamiento, encarcelamiento o expulsión de los responsables de aquel régimen, justicia a la cual las izquierdas renunciaron cuando, con gran generosidad, aceptaron la amnistía (perdonando el terror y la corrupción que lo caracterizó). Prohibir el homenaje al franquismo, sin embargo, no es revanchismo, sino mera exigencia democrática, puesto que aquel régimen interrumpió brutalmente un régimen democrático. El hecho de que ocurrieran también violaciones de los derechos humanos durante la Segunda República no justifica –como Gabriel Jackson asume– que se considere errónea la petición de prohibición de homenaje a los que interrumpieron la democracia, de la misma manera que las violaciones de derechos humanos realizadas por las tropas aliadas en la Segunda Guerra Mundial (como el bombardeo de Dresden) no fue razón suficiente para que la Alemania democrática dejara de condenar y prohibir monumentos al nazismo. La condena y prohibición del homenaje al franquismo no implica tampoco que deba ocultarse la verdad de lo que ocurrió durante la Segunda República, incluyendo sus aspectos negativos.

La verdad en España ha estado oculta por la amnesia que acompañó a la amnistía y que ha dañado enormemente la cultura democrática del país. Es cierto que han comenzado a aparecer libros, sobre todo en el ámbito académico, que documentan la naturaleza represiva del régimen, pero su difusión es muy limitada, resultado del abismo que existe en España entre el mundo intelectual académico y la cultura popular, predominantemente influenciada por la televisión, donde el silencio sobre ese pasado continúa existiendo. La falta de compromiso político para recuperar la memoria histórica que ha sido característica de los gobiernos anteriores ha empobrecido enormemente la democracia española, disminuyendo su cultura democrática, con un gran coste político, tal como lo demuestra el que según una encuesta realizada durante el último gobierno conservador *(El País,* 19 de octubre de 2002) nada menos que el 36,8% de la juventud española (de 12 a 18 años) creía que una dictadura podía ser necesaria en ocasiones o que tanto daba que tuviésemos dictadura o democracia siempre y cuando hubiera orden y progreso (el eslogan del franquismo).

Permítanme una última reflexión. Supongamos que España hubiera tenido otro tipo de transición, resultado de la derrota del franquismo o de su caída, tal como ocurrió en otras dictaduras europeas –como las comunistas de la Europa del Este–, sin derramamiento de sangre. En este caso, es probable que hoy tuviéramos en España una república en lugar de una monarquía, con una cultura antifranquista democrática bien establecida; con unos medios de información y persuasión menos conservadores y más plurales; con una memoria histórica viva (y unas escuelas donde se enseñara lo que fue la dictadura, su represión y el retraso social, económico y cultural que impuso al país); con reconocimientos y homenajes a los que lucharon en contra del fascismo y la dictadura y que tendrían –como tienen en Francia, Alemania e Italia– monumentos y calles con su nombre con un ejército que tomaría como figuras ejemplares a los militares que fueron leales a la Segunda República, en lugar de los que se sublevaron en contra de la democracia, homenajeando a los militares que fueron expulsados del ejército durante la dictadura por su lucha por la democracia; con una Iglesia que habría pedido perdón no sólo a su Dios, sino también al pueblo español, por su apoyo al golpe militar y a la dictadura, aceptando su lugar en un Estado laico respetuoso con todas las religiones; con una derecha democrática que hubiera denunciado sin ninguna ambigüedad el golpe militar y el régimen franquista, y con unas izquierdas menos moderadas y más fuertes; con un Estado del bienestar más desarrollado que el actual, y con una Constitución más progresista que además reconocería la multinacionalidad de España y la posibilidad de reestructurar la relación entre sus componentes según la voluntad popular de cada uno de ellos. Soy consciente de que, debido al gran desequilibrio de fuerzas en la transición, no había otra alternativa. Pero las fuerzas democráticas deberían ser conscientes de las limitaciones que impuso la transición inmodélica a fin de corregirlas.

3. EL CONSERVADURISMO IMPERANTE

3.1. LA MONARQUÍA

Con motivo de la boda del Príncipe de Asturias, don Felipe de Borbón, y de la señorita Letizia Ortiz, en mayo de 2004, vimos una gran movilización mediática y política encaminada a promover la Monarquía en España, intentando trasladar al Príncipe de Asturias la simpatía popular existente hacia el rey Juan Carlos, de manera que la población española, a la cual se supone más *juancarlista* que monárquica, se convierta también en *felipista,* garantizándose así la continuidad de la Monarquía en España. Ni que decir tiene que acato la Constitución española y por lo tanto considero al monarca jefe del Estado español. Ahora bien, la misma Constitución me permite ejercer mi derecho a intentar cambiarla, incluyendo el ordenamiento institucional que en ella consta, a fin de que España deje de ser una Monarquía para convertirse en una República. Estas notas intentan explicar por qué desearía este cambio.

A partir del momento que tuve que dejar España por razones políticas debido a mi participación en la lucha contra la dictadura en los años cincuenta y principios de los sesenta, inicié un largo exilio que me llevó a vivir en dos monarquías, Suecia y Gran Bretaña, y en una república, EE.UU. Y aunque he sido muy crítico en mis escritos con la democracia estadounidense y no aconsejo tomarla como un punto de referencia para la nuestra, sí que existe, sin embargo, un elemento muy positivo en ella: la cultura republicana en la que las distancias sociales entre el jefe del Estado y las clases populares son mucho más reducidas que en las monarquías. La cultura republicana transmite una sensación de que el poder deriva de los ciudadanos, puesto que si el jefe del Estado no les agrada pueden cambiarlo por otro. Es más, cualquier ciudadano puede aspirar a desempeñar ese cargo de servicio público. Esta menor distancia entre el jefe del Estado y la ciudadanía que existe en las repúblicas versus las monarquías se reduce todavía más cuando el jefe del Estado procede de las clases populares, sintiendo éstas al presidente como alguien suyo. En EE.UU. pude ver, por ejemplo, cómo las clases populares se identificaron y apoyaron al presidente Clinton (hijo de una ayudante de enfermería) cuando sectores importantes del *establishment* estadounidense quisieron destituirlo. De ahí que valore enormemente esa sensación de poder y complicidad que existe entre el jefe del Estado y la ciudadanía en la cultura republicana. Nada asegura más el principio de responsabilidad democrática que el sentido de que el jefe del Estado es responsable frente a la ciudadanía, y es su servidor, en un cargo a disposición de cualquiera a quien la ciudadanía elija. De ahí que la Constitución estadounidense que comienza con las espléndidas palabras «Nosotros, el pueblo, decidimos...» haya inspirado a millones de ciudadanos de ese y otros países.

En las monarquías, por el contrario, la distancia social es intrínseca al sistema y en España se traduce en que el Rey llama de tú a todos los ciudadanos a los que se les exige que le llamen a él de usted. Es más, existe un ambiente protocolario, cortesano y jerárquico que enfatiza esta distancia, como queda reflejado, por ejemplo, en que la puerta principal del Parlamento español sólo se abre cuando pasa por ella el Rey y no los representantes del pueblo. Otro ejemplo es que el himno nacional es en realidad una marcha real frente a la cual los ciudadanos se yerguen respetuosamente en silencio. Se reproduce así una cultura de vasallaje, a la que sectores de las izquierdas no son inmunes. Véase si no el blindaje mediático a que está sometida la figura del Rey, de tal forma que las voces críticas apenas tienen cabida en los medios de información y persuasión tanto públicos como privados.

A esta reserva que tengo hacia el sistema monárquico en general añado la que tengo hacia la Monarquía en España, que ha sido profundamente conservadora a lo largo de toda la historia y se ha caracterizado hasta muy recientemente por ser, junto con la Iglesia y las fuerzas armadas, sostén de la dictadura responsable del retraso económico, político y cultural de nuestro país. Las Repúblicas fueron las épocas que modernizaron más a España, modernización que no podía llevarse a cabo sin alterar los enormes privilegios que esos poderes fácticos tenían en nuestro país y que siempre se rebelaron frente a tales modernizaciones. La última de estas rebeliones fue el golpe militar de 1936 y el establecimiento de la dictadura, que contó con el apoyo de la monarquía. El actual monarca es beneficiario directo de aquella dictadura, ha manifestado su estima y respeto por el dictador, a quien considera como a un padre, no tolerando, según sus propias palabras, que se hable mal de él en su presencia. Se me dirá, con razón, que el monarca dirigió los elementos dentro de la nomenclatura franquista que facilitaron el establecimiento de la democracia. Pero aquello fue un proceso de acomodación constante en el que las primeras propuestas realizadas desde esa nomenclatura distaron mucho de ser democráticas, siendo la presión popular y las fuerzas democráticas (las izquierdas principalmente) las que forzaron su democratización. La vocación democrática de sectores de la nomenclatura como la Monarquía era, en realidad, un intento de adaptación para asegurar su mantenimiento en las instituciones venideras. No hay que olvidar que dichos sectores, incluida la Monarquía, falsearon la historia de España incluso en los primeros años de la transición, glorificando el golpe militar y la dictadura de los cuales ellos eran herederos. Así, el 18 de julio de 1978, la Casa del Rey publicó el siguiente texto: «Hoy se conmemora el aniversario del Alzamiento Nacional que dio a España la victoria contra el odio y la miseria, la victoria contra la anarquía, la victoria para llevar la paz y el bienestar a todos los españoles. Surgió el Ejército, escuela de virtudes nacionales, y a su cabeza el Generalísimo Franco, forjador de la gran obra de regeneración», una regeneración que condujo a ejecuciones y asesinatos, como puse de relieve en los apartados anteriores, incluyendo a los miles de víctimas que continúan desaparecidas (sin que la Monarquía o los gobiernos democráticos anteriores hayan ayudado a los familiares de tales desaparecidos a encontrar a sus seres queridos), y al gran retraso económico, social y cultural del país. No comparto, por lo tanto, la idea tan extendida de que el monarca había sido durante todos aquellos años de la dictadura y de la transición un demócrata clandestino que esperaba establecer la democracia. Otra lectura que encuentro más razonable es que el objetivo final era mantenerse en el poder, adaptándose a la nueva situación que iba apareciendo como consecuencia de los cambios en las relaciones de fuerza entre las izquierdas y las derechas, proceso en el que las derechas impusieron elementos de continuidad, tales como, precisamente, la Monarquía.

Pero esta continuidad ha supuesto un coste. La Monarquía y su entorno no sólo es un grupo profundamente conservador (véanse, por ejemplo, las declaraciones a *El Periódico,* del 8 de julio de 2003, del que fue durante muchos años [1977-1993] jefe de la Casa Real, el general Sabino Fernández Campos, el cual subraya su coincidencia con Pío Moa, uno de los mayores apologistas del golpe militar y de la dictadura que implantó) muy alejado de la experiencia y la cotidianidad de la mayoría de las clases populares (véase la excesiva opulencia de la boda real), sino que actúa como inhibidor de la recuperación de la historia real de nuestro país, recuperación sin la cual no se puede establecer una cultura auténticamente democrática que establezca los valores republicanos en los que esa cultura se basa. Tal como mencionaba en la segunda sección de esta parte del libro, no existe hoy en España conocimiento por parte de la juventud de lo que fue la Segunda República, la etapa más progresista de España en la primera mitad del siglo XX, de lo que fue el golpe fascista militar, de lo que fue la dictadura, de lo que significó una transición inmodélica, del enorme sacrificio que supuso para millones de españoles que lucharon por la democracia y que hoy tienen que tolerar que se hable bien de Franco (en tantos y tantos monumentos franquistas en nuestro suelo), teniendo que saludar la bandera monárquica, cuyo único cambio con la del régimen anterior ha sido la mera eliminación de los símbolos fascistas, teniendo que aceptar, por otro lado, la ridiculización, cuando no la prohibición, de los símbolos republicanos. Véase si no la reacción cuando la organización australiana de un campeonato de tenis tocó por error el himno republicano que fue cantado por millones de españoles en la época más modernizadora del país. Ello provocó una enorme agresividad por parte del *establishment* político y mediático conservador, sin que hubiera voces importantes de las izquierdas mayoritarias que defendieran ese himno y lo que representó.

Soy consciente del papel positivo que jugó el rey Juan Carlos en el intento fallido de golpe de Estado del 23 de febrero de 1981 y que significa un distanciamiento de su propio pasado y un compromiso con la democracia, punto clave para explicar su popularidad (aupada enormemente por los medios de información y persuasión del país). De ahí que sea también consciente de que la petición de establecer en España una República pueda leerse hoy como poco realista y como un mero gesto testimonial. Ahora bien, lo que sí es realista, necesario y urgente es exigir un cambio en la relación entre la sociedad y la Monarquía: el jefe del Estado debe ser responsable ante la ciudadanía, que debe perder ese servilismo tan extendido en nuestro país hacia el monarca y recuperar la cultura republicana tan necesaria hoy en nuestro país, sin subterfugios y otras tergiversaciones insostenibles como referirse al monarca como el primer republicano del país y otras inexactitudes que traducen el desconocimiento de lo que es y significa ser republicano. La Monarquía no puede ser un obstáculo para recuperar la memoria histórica y la cultura democrática que el país necesita y todavía no tiene.

3.2. LA IGLESIA

3.2.1. La incoherencia del Vaticano y de la Iglesia católica española

Uno de los hechos más positivos que ocurrieron en España durante las movilizaciones populares en contra de la invasión militar de Irak por las tropas estadounidenses y británicas fue la postura del papa Juan Pablo II y del Vaticano, así como de la Iglesia católica española, en contra de aquella intervención militar, que, sin lugar a dudas, contribuyó significativamente al éxito de aquellas movilizaciones frente a un gobierno y a un partido que, a pesar de ser aconfesional, hacía gala de su tradición y sus raíces cristianas. Todas las personas que se opusieron a la intervención militar en Irak deben agradecer ese compromiso de la Iglesia con la paz. Otro aspecto que también considero atrayente del difunto papa Juan Pablo II es su voluntad de, en nombre de la Iglesia católica, pedir perdón a los pueblos que sufrieron persecución e incluso genocidio, como fue el caso del pueblo judío, debido, en parte, a las doctrinas de la Iglesia católica (como el antisemitismo) y a sus políticas de apoyo a regímenes políticos que realizaron actos de violación de los derechos humanos de esos pueblos.

No hay duda de que esa condena de la persecución y el genocidio por parte del anterior Papa, así como su petición de que se perdonara a la Iglesia católica por su apoyo a tales doctrinas y gobiernos, estimuló a la mayoría de las Iglesias católicas de los países de la Europa occidental a condenar el nazismo y el fascismo y a pedir perdón a los pueblos en donde tales Iglesias colaboraron y apoyaron a esos regímenes. En los últimos años hemos ido viendo cómo la jerarquía católica ha ido pidiendo perdón, país tras país, por tal apoyo, como fue el caso de la Iglesia católica francesa, que pidió perdón por su colaboración y apoyo al régimen de Vichy, aliado francés del régimen nazi alemán. La única excepción ha sido la Iglesia católica española, que todavía hoy no ha condenado al régimen franquista instaurado en España por un golpe militar que contó con la ayuda de las tropas de Hitler y Mussolini y con la activa participación y apoyo del Vaticano y de la Iglesia católica española, que bendijeron al golpe militar y la guerra que generó, calificándola de cruzada.

Más tarde la Iglesia católica española se convirtió en parte intrínseca de aquella dictadura, tal como he expuesto en las secciones anteriores. Debido a este hecho, tengo que reconocer que considero una incoherencia que el mismo Papa y la misma Iglesia católica que se opusieron a la guerra de Irak no hayan condenado el golpe militar y la horrible guerra que desató en España, creando un sufrimiento en la población española mucho mayor que el que ha experimentado la población iraquí, sin ánimo de subestimar la grave situación en la que se encuentra ésta. Durante tres años, las fuerzas golpistas bombardearon poblaciones civiles, instaurando por primera vez en la historia de Europa el terror aéreo contra poblaciones civiles como parte de una estrategia militar. Así, en Barcelona hubo cerca de 3.000 muertos civiles por los bombardeos de la aviación fascista italiana.

Lo mismo ocurrió en muchas otras ciudades españolas, siendo el caso más conocido internacionalmente el de la ciudad vasca de Guernica, inmortalizada por el cuadro de Picasso que lleva el mismo nombre y que se convirtió en un símbolo de denuncia de la brutalidad de los bombardeos sobre poblaciones civiles. Muchas manifestaciones en contra de la guerra de Irak que se celebraron en Europa y en EE.UU. estaban encabezadas por la reproducción de ese cuadro. Todos estos bombardeos en España contaron con el apoyo y la bendición de la Iglesia católica española y con el pleno conocimiento y la aprobación del Vaticano. La brutalidad de los bombardeos –que crearon graves problemas de abastecimiento de agua y alimento entre la población, como ha ocurrido también en Irak– despertó, como sucedió tras la invasión de Irak, una protesta internacional, con manifestaciones en las calles de París, Londres, Estocolmo, Nueva York, San Francisco, México, Bogotá y otras ciudades. Estos bombardeos fueron parte de una política de exterminio del adversario que instauraba el terror de la población como una estrategia del ejército sublevado, tal como escribieron los generales que lideraron el golpe militar en contra de un sistema democrático que gozaba del apoyo popular, como demuestra el hecho de que las tropas sublevadas necesitaran tres años –además de la gran ayuda de Alemania e Italia– para poder vencer, estableciendo una dictadura que continuó su política de terror hasta el último día de su existencia. La Iglesia española fue parte beligerante del conflicto militar primero y del Estado franquista después (sus obispos eran elegidos por el dictador y sus sacerdotes cobraban del erario público), contribuyendo con su ideología y práctica a la represión de aquel régimen. Su justificación –la misma que esgrimió el presidente Bush durante su invasión a Irak– fue su lucha en contra del Mal, del Anticristo, con el agravante de que en el caso español el mal no era un dictador como Sadam Husein sino un gobierno elegido democráticamente con amplio apoyo popular.

La Iglesia católica española homenajeó a las fuerzas franquistas, honrando a sus muertos como «caídos por Dios y por la patria», enterrando en su seno y con gran visibilidad y protagonismo a los que dirigieron aquella represión. Ejemplos hay miles. En la famosa Basílica de la Macarena de Sevilla está enterrado al general Queipo de Llano, apodado «el carnicero de Andalucía» por su enorme brutalidad, contrastando tal honor con el trato dado a los asesinados republicanos, demócratas, muchos de ellos todavía desaparecidos, sin que la Iglesia o el gobierno franquista o, lo que es incluso más criticable, los anteriores gobiernos democráticos ayudaran a sus familiares a encontrarlos, enterrarlos y homenajearlos.

Soy consciente de que un argumento muy extendido en España es que el lado republicano llevó a cabo una persecución religiosa que justificó el apoyo de la Iglesia al lado golpista. Este argumento ignora, sin embargo, algunos hechos esenciales que he descrito anteriormente. La Segunda República, insisto, no tuvo como política una estrategia de persecución ni de asesinatos políticos. La Segunda República introdujo una serie de reformas necesarias y urgentes, como el promover la escuela pública, disminuyendo el protagonismo de las escuelas religiosas; el gravar las propiedades de la Iglesia; el reducir sus enormes privilegios, como los subsidios estatales; el legalizar el divorcio y el aborto, tomando muchas otras medidas a las que la Iglesia, en defensa de sus intereses corporativos, se opuso por todos los medios, incluyendo el apoyo y la participación en el golpe militar. En realidad, la Iglesia católica española, a través de representantes suyos, había llamado a un golpe militar en varias ocasiones durante la Segunda República, y su papel en esta etapa, lejos de ser apolítico, fue partidista en extremo. La evidencia histórica de esta realidad (ignorada por la historia tergiversada que se presentó durante la dictadura y no corregida durante la democracia) es abrumadora. De ahí que, cuando se dio el golpe militar el 18 de julio, partes de la población salieron a la calle y se tomaron la justicia por su mano, indignados no sólo por el golpe militar, sino por las atrocidades que los golpistas estaban cometiendo y que pronto fueron conocidas en el lado republicano. La mayoría de los asesinatos a religiosos (el 90%) tuvieron lugar durante los meses que siguieron al golpe militar. Este tomarse la justicia por su mano debe ser denunciado. Ahora bien, vuelvo a subrayar que no contó con el apoyo de la Segunda República, la cual intentó por todos los medios que se terminara, consiguiéndolo. No fue así en el lado franquista, donde tales asesinatos fueron políticas de Estado y continuaron hasta la muerte del dictador.

Existe pues una clara contradicción entre la oposición a la intervención militar en Irak y el apoyo al golpe y a la intervención militar en España. Tal contradicción se acentúa con la santificación de lo que la Iglesia llama sus mártires (entre ellos el padre Poveda, capellán real de Alfonso XIII), religiosos asesinados por fuerzas contendientes del lado republicano. Se me dirá que la motivación de tales actos de santificación es meramente religiosa, sin ninguna connotación política. Pero tal argumentación tiene escasa credibilidad, puesto que si ésa fuera la motivación, uno esperaría que la santificación incluyera también a religiosos asesinados en ambos lados del conflicto, puesto que hubo también religiosos, sobre todo en Cataluña y en el País Vasco, que apoyaron a las fuerzas democráticas y que fueron asesinados por las tropas franquistas. Honrar a las víctimas de un lado es, consciente o inconscientemente, tomar partido en la contienda. De nuevo, se me dirá que hubo muchos más religiosos asesinados por los republicanos que por los franquistas, y de ahí que sea lógico que el Papa honre a la mayoría. Pero tal argumento ignora el contexto de unos hechos en que la Iglesia era parte beligerante de aquel golpe. Homenajear únicamente a aquellas víctimas es presentar a la Iglesia como «víctima» y no como lo que fue: un contendiente victorioso de un conflicto que dañó enormemente a la población española imponiendo, además, un gran retraso económico, político y social al país. Los homenajes del papa Juan Pablo II contribuyeron así a la enorme tergiversación de la historia de España. De ahí que considero que las fuerzas democráticas, que nunca deberían haber contribuido al silencio sobre lo que ocurrió en España desde 1936 hasta 1977, deberían haber criticado tales beatificaciones y santificaciones, realizadas días antes de las elecciones legislativas, subrayando la incoherencia de la postura pro paz en Irak y pro guerra en España de Juan Pablo II y exigiendo del Vaticano y de la Iglesia española una condena a aquel régimen y a aquel golpe militar y una petición de perdón al pueblo español por haber sido parte activa en una de las dictaduras más negras de la historia europea. Ello sería un paso, por fin, hacia la reconciliación, y contribuiría a cerrar las heridas que todavía permanecen abiertas para millones de españoles que fueron víctimas de la dictadura y de la Iglesia.

Una última observación. Soy consciente de que algunas voces de la entonces oposición se alegraron de la visita a España del papa Juan Pablo II en 2003, por creer que podía poner en una situación incómoda al gobierno conservador. Pero tales voces ignoraron que la corrección de nuestra tergiversada historia era, y sigue siendo, más urgente y necesaria para crear una cultura democrática que la oposición del Vaticano a una política concreta del gobierno anterior.

3.2.2. El papel de la Iglesia católica española en nuestro pasado y su posición en el presente

A finales de 2004, una vez más tuvimos ocasión de ver a los dirigentes de la Iglesia católica española llamando a una guerra santa frente a los «rojos» e «infieles». Muestra de ello eran las declaraciones del cardenal de Madrid y entonces presidente de la Conferencia Episcopal Española, Antonio María Rouco, en un congreso religioso de aquellas fechas: «Sí, llegará el día ardiente como un horno, en el que los malvados y perversos serán la paja, en el que no quedará de ellos ni rama, ni rastro; pero, en cambio, a los que honran el nombre de Dios los iluminará un sol de justicia que lleva la salud en las alas» *(El País,* 15 de noviembre de 2004). En otras palabras, los iluminados por Dios estarán sanos y salvos, y los demás –la mayoría que no estamos iluminados por Dios– seremos destruidos sin que quede ni rastro. Esta frase reproduce un fundamentalismo preocupante, motivado por la percepción errónea de que la Iglesia está hoy perseguida en España por un gobierno de izquierdas que en el desarrollo de su mandato electoral, y ampliamente respaldado por la opinión popular (tal como demuestran las encuestas), está realizando algunas reformas (como facilitar el trámite del divorcio, eliminar la asignatura de religión como materia obligatoria en la enseñanza o legalizar el matrimonio entre personas del mismo sexo) que antagonizan a las autoridades eclesiásticas de la Iglesia Católica española, la cual recibe un subsidio del Estado, pagado por creyentes y no creyentes, por una cantidad de 3.626 millones de euros, cantidad, por cierto, que sería suficiente para proveer escuelas públicas de infancia de 0 a 3 años a todos los niños y niñas españoles que carecen de ellas.

En realidad, esas autoridades, con muy escasa comprensión de lo que significa la democracia, acusan al gobierno de gobernar según los deseos de la mayoría. Vean lo que dijo Fernando Sebastián, anterior vicepresidente de la Conferencia Episcopal y actual arzobispo de Pamplona-Tudela: «A la hora de gobernar no pueden ser las mayorías o las encuestas los últimos criterios para decidir lo que es bueno y lo que es malo, sino los criterios morales objetivos, aceptados y aplicados por una conciencia recta, junto a la ponderación prudente de las circunstancias sociales» *(La Vanguardia,* 13 de noviembre de 2004). En otra sección del discurso, el señor Sebastián explicó que la Iglesia era la autoridad delegada por Dios para definir lo que es bueno y lo que es malo. Se puede deducir de ello que tales autoridades desean que la Iglesia española sea la que dicte el bagaje ideológico y moral de las políticas públicas del Estado español, tal como ocurrió durante la dictadura. En realidad, el señor Sebastián lamentaba que se intentara recordar esta realidad franquista a las nuevas generaciones cuando dijo que «aunque oficialmente la transición política se hizo en forma de reconciliación, en realidad, los años de vida democrática han permitido el desarrollo de una mentalidad revanchista según la cual los vencedores de la guerra civil eran injustos y corruptos, mientras que la justicia y la solidaridad estaba toda en el campo de los vencidos». Se deduce, por el tono de protesta que tiene esta declaración, que el señor Sebastián no cree que los vencedores de la guerra civil (incluida la Iglesia) fueran injustos en aquel conflicto y durante la dictadura que establecieron, ni tampoco cree que la causa justa estaba en los que lucharon para defender la Segunda República y el gobierno democráticamente elegido (que fueron los vencidos).

La jerarquía de la Iglesia católica española debería recordar que la Iglesia no sólo apoyó el golpe militar, sino que fue eje esencial de la dictadura, como he argumentado en el apartado anterior. Su apoyo le significó enormes privilegios, como una amplia financiación por parte del Estado franquista. Anteponer sus intereses particulares a los intereses generales, sin embargo, ha sido la tradición de la jerarquía de la Iglesia católica española durante toda su historia, como lo muestra su petición abierta y pública, en boca de varias autoridades eclesiásticas, de un alzamiento militar en contra de un gobierno democráticamente elegido que, por deseo popular, estableció la Segunda República, en el año 1931, declarando la no confesionalidad del Estado, eliminando la financiación estatal del clero, introduciendo el aborto y el matrimonio civil y estableciendo la escuela pública laica, entre otras medidas que afectaron a sus intereses. Cuando la dictadura se estableció más tarde, la Iglesia fue parte de ese régimen, participando activamente en la represión, calificando la guerra civil de cruzada contra el mal y al dictador de escogido por Dios.

Y es ahí donde Sebastián también yerra, al definir como revanchismo la petición de conocer la historia de España tal como fue. Revanchismo sería pedir que se hiciera a la Iglesia lo que ella hizo a los vencidos. Hoy, ninguna fuerza política de izquierdas está pidiendo esto. Es más, mostrando gran generosidad, no se está ni siquiera pidiendo llevar a las autoridades militares y a las eclesiásticas de aquel régimen a tribunales internacionales para que sean juzgadas por los terribles crímenes contra la humanidad que cometieron. Sólo se les pide que pidan perdón al pueblo español y que acepten y entiendan que hoy existe democracia en España, de modo que el poder público viene de la gracia del pueblo y no de la gracia de Dios.

3.2.3. Las autoridades eclesiásticas y los silencios de los medios de información españoles

El gran dominio de las fuerzas conservadoras en los medios de información españoles explica la escasa actitud crítica que existe en esos medios hacia el Vaticano. Debido a mi largo exilio he vivido y trabajado en muchos países. Pues bien, en ningún país he visto tan poca diversidad en los medios de información como en España. Ni que decir tiene que hay excepciones y hay algunos periódicos auténticamente democráticos y plurales. Pero los medios televisivos son profundamente conservadores y están instrumentalizados por opciones políticas de clara orientación cristiana. Esta situación, ya en sí preocupante, es todavía peor, pues hay tabúes que casi nadie toca, ni siquiera en la prensa progresista, y cuando se tocan se crea una sensación de incomodidad hacia el que osa tocarlos.

Estas reflexiones surgen en relación con la cobertura de la beatificación de la Madre Teresa el 19 de octubre de 2003; ningún periódico español de lectura mayoritaria publicó nada crítico de ella, a diferencia de los medios europeos y estadounidenses, que fueron particularmente críticos con muchos aspectos de esa personalidad religiosa, comenzando por su entendimiento y enfoque de la pobreza. Según la Madre Teresa, la pobreza era una bendición de Dios y por lo tanto cuanto mayor era el número de pobres de un país, más bendecido estaba por Dios. Esta postura, legítima desde el punto de vista de sus creencias religiosas, iba acompañada, sin embargo, de una gran insensibilidad hacia las causas de esa pobreza, insensibilidad que tenía claras dimensiones oportunistas.

Veamos varios ejemplos. El programa televisivo de mayor audiencia en EE.UU., *60 minutes,* de la CBS, cadena televisiva más importante de EE.UU., informó que a raíz de una donación del odiado Duvalier, dictador de Haití (uno de los países más pobres del mundo), a la Madre Teresa, ésta visitó el país (estableciendo allí una rama de su orden en enero de 1981), refiriéndose al dictador en todos los medios de información haitianos e internacionales como «el gran amigo de los pobres» ignorando que tal horrible y sangriento dictador era la mayor causa de la pobreza en aquel país y reproduciendo una situación de gran miseria en la que ella y sus religiosas operaban gracias a las donaciones del dictador. Éste, en señal de aprecio por sus servicios, le otorgó la Legión de Honor de Haití (máxima condecoración del odiado régimen Duvalier).

Algo parecido ocurrió con sus alabanzas al presidente Reagan y a Margaret Thatcher, que también donaron fondos para su orden. Ambas personalidades lideraron gobiernos cuyas políticas exteriores fueron responsables del gran crecimiento de la pobreza en el mundo. Esta compasión por los pobres y la caridad al servicio de los dictadores y los gobiernos conservadores se extendió también a las grandes multinacionales, siendo el caso más conocido y más criticado en la prensa internacional (excepto en la española) el de la Union Carbide, la industria petroquímica que causó el mayor desastre ecológico ocurrido en la India, en Bhopal, cuando, como resultado de su gran negligencia (considerada por los tribunales de aquella República como criminal), 2.500 personas murieron en el acto y muchos otros miles lo hicieron más tarde como consecuencia de las lesiones sufridas en aquel desastre. Uno de los primeros actos de Union Carbide fue llevar a la Madre Teresa a Bhopal para calmar a la población y para que predicara perdón a las víctimas desmovilizando su petición de justicia. La Madre Teresa tuvo que dejar Bhopal en cuestión de días porque los familiares de las víctimas, indignados por el comportamiento de Union Carbide, no agradecieron aquel mensaje, pidiendo en su lugar justicia.

Este servicio de la caridad al servicio de los poderosos, incluyendo las grandes multinacionales, adquirió gran visibilidad en EE.UU. cuando uno de sus mayores benefactores, Charles Keating (un gran especulador de origen mafioso), fue encarcelado en California. La carta que el fiscal general de California escribió a la Madre Teresa pidiéndole que devolviera el dinero que le había estado enviando Keating no tiene desperdicio:

> Madre Teresa: Soy el fiscal general del gobierno del condado de Los Ángeles y una de las personas responsables de llevar a juicio a su benefactor y mecenas Mr. Keating. Le escribo a usted para informarle del origen del dinero que obtuvo Mr. Keating y que le donó a usted. El objetivo de mi carta es, apelando a su sentido ético y moral, que devuelva ese dinero [el fiscal explica a continuación en detalle los cargos de robo, fraude y especulación que pesan sobre su benefactor, condenado a prisión]. Entre las víctimas de Mr. Keating se halla gente muy humilde de California, como un carpintero cuyos ahorros fueron robados por su benefactor.
>
> Admiro su trabajo con los pobres. Ahora bien, mi experiencia con gentes de grandes fortunas alcanzadas a base de actos criminales es que intentan conseguir respetabilidad mediante actos de caridad con el objetivo de ganarse la simpatía popular. Ahora bien, la época del pago de indulgencias para redimir pecados terminó con la Reforma. De ahí que ninguna Iglesia o causa religiosa debería permitir ser utilizada para sal-

> var el honor o la respetabilidad de un criminal. Ni que decir tiene que el perdón tiene su razón de ser siempre y cuando el pecador admita sus responsabilidades y devuelva lo robado y compense a sus víctimas por el daño y el dolor causados. Por ello le pido a usted ahora que conoce estos hechos que devuelva el dinero que fue robado por Mr. Keating. Pregúntese usted qué hubiera hecho Jesús de haber sabido que el dinero recibido era robado a gente humilde. ¿Usted cree que Jesús se lo habría quedado? Yo creo que Jesús no habría aceptado el dinero y, de haberlo aceptado, al conocer su origen, lo habría devuelto. Creo que no sólo debido a la ley de California sino a su autoridad moral, usted debe devolver el dinero que le dio Mr. Keating.

La Madre Teresa no lo devolvió. El libro de Christopher Hitchens sobre la Madre Teresa *The Missionary Position. Mother Theresa in Theory and in Practice* (Verso Books, 1995) trata sobre estos y otros ejemplos del lado oscuro de tal personalidad ignorados en la prensa española. Pero los problemas con la Madre Teresa (y los silencios de los medios españoles de información) no terminan aquí. Su amor hacia el estatus de pobreza no incluía el amor o compasión por el pobre. Así *Lancet,* la revista médica más importante de Europa, denunció (28 de julio de 1992) que la Madre Teresa no daba analgésicos a personas que se estaban muriendo de cáncer, pues creía que tal dolor antes de su muerte los purificaba. Tampoco se preocupaba por las condiciones higiénicas como esterilizar las jeringas.

Y esta situación de ignorar tales dimensiones de la Madre Teresa continuó después de su muerte. Así, el Vaticano, que necesitaba un milagro para poder beatificar a la Madre Teresa, creó uno. La enferma que «milagrosamente» fue curada por la Madre Teresa lo fue por los antibióticos que le dieron los médicos de su hospital, que nunca fueron investigados ni entrevistados por la comisión encargada de verificar el milagro y que han protestado de que un resultado científico se presente como milagroso. Tal como informó John Elliot en *New Stateman* (27 de octubre de 2003), que entrevistó al doctor Ranjan Mustafi del Balurghat General Hospital, que examinó a la persona (Monica Besra) «milagrosamente curada» por la Madre Teresa, ésta nunca padeció un cáncer sino un tumor meningítico de origen tuberculoso que respondió positivamente a fármacos antituberculosis administrados durante nueve meses. El doctor Mustafi se sorprendió de que nadie de la comisión del Vaticano responsable de encontrar y certificar milagros le hubiera entrevistado a él, el médico de la paciente. Esta noticia apareció también en varios diarios, desde el *New York Times* al *Herald Tribune*. Ninguno de estos hechos apareció en la prensa española. Todo un récord.

3.2.4. Lo que la tele no dijo del Papa

La imagen ampliamente difundida en las televisiones españolas (incluyendo la pública) es que el papa Juan Pablo II, aun siendo conservador en términos religiosos (defensor de los valores tradicionales de la moral católica), fue muy progresista en temas sociales, y se presenta como pruebas de ese progresismo su compromiso con los derechos humanos, sus llamadas a la libertad y a la democracia en los países que experimentaron dictaduras comunistas en Europa del Este, su compromiso con los pobres del mundo y su denuncia de los excesos del capitalismo. Ésta es la imagen presentada, con agotadora insistencia, en los medios televisivos españoles.

Mi experiencia como experto en temas de desarrollo social me impiden, sin embargo, aceptar esta conclusión. Me explicaré. En el año 1987, Juan Pablo II visitó Chile durante la dictadura del general Pinochet, el cual interrumpió, mediante un golpe militar, las reformas llevadas a cabo por el gobierno del presidente Allende –al que tuve el enorme privilegio de asesorar– que tenían como objetivo mejorar el bienestar de las clases populares, reduciendo su pobreza. El Papa durante su visita no hizo ninguna declaración pública crítica de aquella dictadura, que incrementó notablemente el número de pobres de ese país. Antes al contrario, el nuncio del Vaticano en Chile durante la dictadura, Angelo Sodano (miembro del Opus Dei), amigo del dictador, habló favorablemente de aquel régimen promovido más tarde a secretario de Estado del Vaticano. El señor Sodano fue responsable más tarde de las gestiones cerca del gobierno británico para hacer que el dictador, detenido en Londres (como consecuencia de la orden de extradición de Baltasar Garzón), volviera a Chile.

Segunda experiencia. Durante muchos años he estado asesorando a las Naciones Unidas en temas de desarrollo social en América Latina, el continente con mayores desigualdades de renta en el mundo, reproducidas por unos poderes oligárquicos que dificultan enormemente su desarrollo económico y social. Uno de los movimientos que más ha trabajado en pro de reformas sociales en el continente, pidiendo una mayor redistribución de los recursos y la desaparición de los poderes oligárquicos, ha sido la parte de la Iglesia católica seguidora de la llamada teología de la liberación. No soy creyente, pero me ha impresionado ver el nivel de compromiso, dedicación y entrega a los pobres de América Latina de esta corriente dentro de la Iglesia. Ésta, sin embargo, fue condenada por Juan Pablo II, y de nuevo por su secretario de Estado, el señor Sodano, que llamó a uno de sus máximos dirigentes, Leonard Boff, «el Judas de la Iglesia». En realidad, el Vaticano ha mostrado gran hostilidad hacia este movimiento apoyando, en su lugar, regímenes oligárquicos responsables de la enorme pobreza del continente. De esta experiencia no puede derivarse que Juan Pablo II estuviera comprometido con los pobres de América Latina. Mi experiencia me lleva a la conclusión opuesta.

En Estados Unidos, donde he vivido cuarenta años, la Iglesia católica (y la mayoría de los católicos) apoyó desde la Segunda Guerra Mundial al Partido Demócrata debido a la mayor sensibilidad que históricamente este partido ha mostrado hacia las necesidades de las clases populares, en comparación con el Partido Republicano, mucho más cercano a los intereses de las clases más adineradas, siendo el presidente Bush el máximo exponente de esta insensibilidad social. Los recortes del gasto público social de la Administración Bush han sido enormes y han causado un incremento de la mortalidad infantil sin precedentes desde los años cincuenta. El comportamiento electoral progresista de los católicos en EE.UU. ha cambiado sustancialmente en los últimos años, de tal manera que en las últimas elecciones del año 2004 hubo más católicos que votaron al Partido Republicano y al presidente Bush (52%) que al Partido Demócrata (47%), y ello como resultado del peso que los temas relacionados con los valores morales tuvieron en el debate político, temas resaltados en los mensajes de Juan Pablo II que les dieron gran visibilidad mediática con su condena a la despenalización del aborto y a la homosexualidad y favoritos también del Partido Republicano. Tal visibilidad ocultó las políticas fiscales y presupuestarias del Partido Republicano, que ha aumentado considerablemente la pobreza en EE.UU., políticas que no fueron condenadas por Juan Pablo II ni por la jerarquía de la Iglesia católica. No puede deducirse de esta experiencia tampoco que los mensajes del Papa y sus consejos hayan ayudado a los pobres de EE.UU.

La última experiencia es la que he vivido en mi propio país, España. Es cierto que el Papa se opuso a la invasión de Irak y al bombardeo de su población civil por las fuerzas armadas de EE.UU. y sus aliados. Pero nunca condenó el primer bombardeo de la población civil en Europa, que ocurrió en España, por las aviaciones nazi alemana y fascista italiana que apoyaron el golpe militar fascista de 1936, estableciendo una de las dictaduras más crueles que han existido en Europa, la franquista, que la Iglesia española apoyó y por la cual ni el Papa ni la Iglesia católica han pedido perdón. Es más, el Papa hizo del reconocimiento de las víctimas del bando republicano un proyecto prioritario sin reconocer nunca al número mayor de víctimas del bando golpista que la Iglesia apoyó. Este apoyo a las derechas españolas, que ocurrió hasta casi el último momento de su vida, fue profundamente ofensivo para las izquierdas de España.

Ninguno de estos hechos aparecieron en la promoción de la figura del Papa que durante toda una semana apareció gratuitamente en los medios públicos de persuasión en España, mostrando, una vez más, lo enormemente incompleta que es nuestra democracia, incluyendo la de sus medios de desinformación.

3.2.5. Lo que la tele no ha dicho del nuevo Papa

La primavera pasada tuvimos ocasión de ver cómo la gran mayoría de los medios televisivos del país dieron un análisis muy sesgado de la obra y la figura de Juan Pablo II. Ello fue precedido por otro ejemplo de falta de equilibrio informativo en esos medios televisivos, que presentaron al cardenal Ratzinger (elegido Papa por el cónclave de cardenales) como una persona de opiniones conservadoras en áreas de moral religiosa (pese a lo cual se suponía que podía dar una sorpresa y modernizar la Iglesia), sin señalar que era profundamente ultraconservador también en temas políticos. Sólo algunos medios subrayaron que Ratzinger militó en su juventud en la rama juvenil del Partido Nazi alemán (conocida como las Juventudes Hitlerianas), información que siempre se presentó como irrelevante, señalando que esta militancia política carecía de significado político pues en «Alemania, durante el gobierno de Hitler, todos los jóvenes tenían que alistarse en tales juventudes». Por lo demás, prácticamente nada se ha publicado de la biografía política de Ratzinger, creando la impresión de que es apolítico en lo político y conservador en lo religioso. La realidad, sin embargo, es distinta.

En primer lugar, hay que aclarar que no es cierto que en tiempos de Hitler todos los jóvenes se alistaran en las Juventudes Hitlerianas. Miles de jóvenes no lo hicieron. Es más, hubo una resistencia antinazi, incluso entre jóvenes católicos, de los cuales el caso más famoso en Bavaria (región donde vivió Ratzinger en su juventud) fue el del movimiento estudiantil Rosa Blanca, cuyos líderes fueron ejecutados por la Gestapo. Otro caso, también en Bavaria, fue el del movimiento de protesta que cristalizó en un documento firmado por casi 2.000 católicos que denunciaba el comportamiento del Partido Nazi en Baviera, que era, por cierto, la región más conservadora y más pro nazi de Alemania.

El hecho de que Ratzinger se alistara en las Juventudes Hitlerianas no significa, naturalmente, que fuera nazi o simpatizara con los nazis. Su hermano George ha declarado que Joseph Ratzinger se alistó por miedo a perder su beca en el instituto religioso donde se formó, instituto fundado y dirigido por el cardenal Faulhaber, quien le ordenó sacerdote más tarde y cuyas simpatías por el Partido Nazi eran conocidas. Muchos jóvenes, sin embargo, rehusaron alistarse en las Juventudes Hitlerianas y prefirieron no tener becas a formar parte del Partido Nazi, aunque fueron una excepción, puesto que la gran mayoría de la Iglesia católica en Bavaria colaboró y simpatizó con Hitler.

Se podría decir que el oportunismo político de Ratzinger, bastante representativo del clero católico de Bavaria (también muy extendido en círculos conservadores españoles durante la dictadura franquista en España), no tenía por qué marcarle para el resto de su vida, excepto si tal oportunismo político (siempre muy cercano a posturas políticas profundamente conservadoras) fuera la característica de la mayor parte de su vida. Siendo uno de los máximos dirigentes de la Iglesia católica de Bavaria, colaboró estrechamente con el profundamente conservador Partido

Social Cristiano (considerado la rama política de la Iglesia católica bávara) que gobernó aquella región de Alemania desde la Segunda Guerra Mundial y fue amigo personal de su primer ministro Joseph Strauss, el cual dirigió el partido más derechista del Parlamento alemán. Durante la época democrática, Ratzinger no se distinguió por homenajear a aquellos movimientos que lucharon contra el nazismo y guardó un silencio ensordecedor durante muchos años a fin de no ofender las sensibilidades ultraconservadoras de la mayoría de la población de Baviera, mostrando una falta de liderazgo moral que caracterizó a la Iglesia católica alemana de entonces, y que ha caracterizado también a la Iglesia católica española, con el agravante de que en nuestro país la mayoría de la población no era ultraconservadora como lo era en Baviera, sino, al contrario, fue derrotada y reprimida por un ejército golpista al que la Iglesia apoyó. En Alemania, el nazismo que había gobernado con el apoyo popular fue derrotado por las fuerzas aliadas. En España las fuerzas populares fueron derrotadas por el golpe franquista apoyado por Hitler, Mussolini, el Vaticano y la Iglesia española. Más tarde, durante el movimiento estudiantil anti-Vietnam de los años sesenta, Ratzinger se mostró hostil, tachando a tales estudiantes de «terroristas intelectuales».

Llamado al Vaticano, y dirigiendo el tribunal encargado de guardar la ortodoxia (la llamada Inquisición), centró sus ataques en contra del movimiento católico de masas –conocido como teología de la liberación– que se rebeló en Latinoamérica a favor de los pobres y en contra de la jerarquía eclesiástica católica, que en su gran mayoría apoyaba a sistemas ultraconservadores responsables de la pobreza de ese continente. Un aliado en este ataque, que tenía por objetivo anular y marginar tal movimiento silenciando a sus líderes, fue el mencionado cardenal Sodano. El primer acto de Ratzinger tras ser elegido Papa fue nombrarlo primer ministro de la Iglesia. Este Papa es no sólo ultraconservador en lo religioso, sino también en lo político.

3.3. EL NACIONALISMO CONSERVADOR

Como hemos mostrado en la sección anterior, el componente católico del nacional-catolicismo que constituyó la ideología de la dictadura se ha perpetuado en el periodo democrático a través de la Iglesia. En esta sección analizaré el nacionalismo, estudiando los nacionalismos en España: el nacionalismo español así como el nacionalismo catalán, que se perpetúa como consecuencia de la reproducción del primero. En este sentido los nacionalismos se alimentan mutuamente, lo cual no impide la colaboración de clase que se dio claramente en la alianza de los nacionalismos conservadores que gobernaron España (y Cataluña) durante muchos años.

3.3.1. Dos tipos de nacionalismo: su falso debate y su verdadera alianza

El *pujolismo* ha sido el proyecto político de sectores de la burguesía, pequeña burguesía y clase media de renta alta, así como de miembros importantes de la Iglesia en Cataluña, que ha intentado movilizar a amplios sectores de la sociedad catalana, incluyendo sus clases populares, con el objetivo de alcanzar una cohesión multiclasista alrededor del concepto de nación catalana, que definen como incluyente. Ni que decir tiene que el *pujolismo,* como proyecto político, tiene muchos otros componentes que han sido ampliamente debatidos en los medios de comunicación. Pero poco se ha escrito sobre las bases sociales más importantes e influyentes que definen sus políticas bajo el manto nacionalista. Este tipo de nacionalismo, por cierto, es distinto, incluso antagónico, del nacionalismo español de las clases que dirigieron España los ocho años de gobierno de Aznar (cuya expresión más acentuada estuvo reflejada en el proyecto político que se podría definir como *aznarismo).* La diferencia entre estos dos nacionalismos aparece simbólicamente en la fecha y forma de celebración de las fiestas nacionales de España y Cataluña. El nacionalismo español celebra el 12 de octubre (denominado por la dictadura franquista Día de la Raza) la fiesta nacional con un desfile militar. El nacionalismo catalán, por el contrario, celebra (junto con otras fuerzas políticas catalanas) la fiesta nacional de Cataluña el 11 de septiembre, conmemorando el día que Cataluña fue derrotada en 1714 por las tropas borbónicas españolas, que ahogaron su identidad. Una es la celebración de la victoria de un imperio en expansión y la otra es la conmemoración de una derrota. Las fechas y la forma de celebrarlo son muy representativas de la naturaleza tan distinta de estos dos nacionalismos. Uno es un nacionalismo históricamente expansionista y el otro es defensivo, de carácter fundamentalmente identitario, que da pie, en su versión pujolista, a un victimismo que responde a una discriminación histórica que es real y que explica su capacidad de movilización. La dictadura franquista, máxima expresión del nacionalismo español (sus tropas se autodefinían como las tropas nacionales), fue una dictadura brutal, enormemente represiva con las clases populares de Cataluña, la gran mayoría de las cuales hablaban y se expresaban en catalán. Gran parte de la burguesía y la pequeña burguesía catalanas, junto con la Iglesia, por cierto, apoyó el golpe militar y el franquismo, pero no así las clases populares. Ello explica la falta de arraigo popular en Cataluña de las fuerzas políticas que se perciben herederas de aquella dictadura y la gran capacidad de movilización que el nacionalismo tiene y que el *pujolismo* ha sabido utilizar hábilmente recuperando la memoria histórica que da una versión nacionalista de nuestro pasado con sesgos y silencios importantes. El *pujolismo* capitaliza esta memoria histórica y este sentir popular frente a un nacionalismo español que, en su versión más agresiva, el *aznarismo* (que errónea y maliciosamente identifica los otros nacionalismos con separatismo que divide y rompe con la unidad de España), facilita la movilización nacionalista catalana de la que el *pujolismo* se beneficia. De esta manera las dos expresiones nacionalistas, el *pujolismo* y el *aznarismo,* son antagónicas, pero ambas se necesitan electoralmente, pues la existencia de una pone en pie a las bases de la otra. Esta situación continuará independientemente de quién lidere tales fuerzas políticas.

Este antagonismo nacional oculta, sin embargo, una realidad importante, escasamente visible en nuestra cultura mediática y política, donde el lenguaje políticamente correcto excluye el concepto de clase social y poder de clase. En realidad, detrás de los discursos nacionalistas antagónicos hay una gran comunión de intereses de clase que explica la existencia de la alianza entre el *pujolismo* y el *aznarismo* que gobernó Cataluña y España desde 1996 y que se expresó a través de sus políticas fiscales, presupuestarias y sociales, que, como vimos en las primeras secciones del libro, conllevaron el mantenimiento del bajo gasto público y la desconvergencia social con la UE, así como una gran regresividad impositiva, disminuyendo de forma muy marcada los impuestos (y, por lo tanto, los ingresos al Estado) procedentes de los grupos más pudientes de la sociedad, de manera tal que el 10% de nivel de renta superior dispone hoy del 34% de la renta nacional, mientras que el 52% de las familias españolas manifiestan dificultades para llegar a fin de mes.

La alianza de clases entre los conservadores catalanes y españoles desaparece en los medios de información de la Generalitat de Cataluña en tiempo electoral, enfatizándose en su lugar el discurso nacional identitario, que se presenta a sí mismo como antagónico al nacionalismo español para movilizar a sus bases electorales. El nuevo dirigente del *pujolismo,* Artur Mas, representa la rama más clasista de esa opción política (el gasto público social como porcentaje del presupuesto de la Generalitat descendió en educación de un 21,06% a un 20,3% y en sanidad de un 39,4% a un 38,6% durante su mandato como conseller en cap de la Generalitat), lo cual explica que sea también el que intente presentarse como más nacionalista, postura más difícil de sostener para él que para, por ejemplo, Jordi Pujol, debido a su biografía personal. Como la mayoría de dirigentes del *pujolismo,* el señor Mas no luchó contra la dictadura en defensa de la identidad catalana (el señor Pujol fue de los pocos que lo hicieron), pues fueron las fuerzas de izquierda las que protagonizaron la resistencia antifranquista, identificando la lucha por la democracia en España con la defensa de la identidad nacional en Cataluña. Y es ahí donde la tergiversación de la historia de Cataluña adquiere mayores proporciones. Presentar la guerra civil como un conflicto entre Cataluña y España (como hace el *pujolismo)* es ignorar que las clases dominantes y la Iglesia de Cataluña (bases importantes del *pujolismo)* apoyaron el golpe militar y la dictadura que estableció, olvidando también que hijos de las clases populares de muchas partes de España murieron en Cataluña defendiendo la Segunda República y la Generalitat de Cataluña. Y fueron también hijos de las clases populares de toda España (también duramente oprimidas por la dictadura) los que vinieron a Cataluña como inmigrantes y, junto con los trabajadores nacidos en Cataluña, contribuyeron enormemente a su desarrollo económico, posibilitando el bienestar social que las clases populares todavía no tienen pero se merecen. El *pujolismo* y su aliado, el *aznarismo* (que continúan independientemente del nombre de quien los dirija), obstaculizan este desarrollo.

Hacia principios del año 2004, antes de las elecciones generales que darían la victoria al PSOE, la situación en España puso de manifiesto cómo, una vez más, los falsos temas de la identidad nacional ocultaban los graves problemas de la vida cotidiana de las clases populares. Así, se produjo un gran debate sobre *la unidad de España,* en el cual las fuerzas conservadoras españolas crearon un clima hostil al gobierno tripartito catalán de izquierdas por tener como partido integrante a un partido independentista, ERC, al que injusta y maliciosamente se presentó como aliado de ETA. Por las mismas fechas, se publicó el trabajo realizado por el grupo de epidemiólogos y expertos en salud pública del Centro Nacional de Epidemiología del Ministerio de Sanidad español (en la revista *Gaceta Sanitaria* - 2004), que documentaba la gravedad de la ola de calor del verano de 2003 al que ya he hecho referencia en la sección del libro dedicado a las pensiones. Pese a las conclusiones enormemente preocupantes del estudio (murieron proporcionalmente más ancianos en España que en Francia), a diferencia de lo ocurrido en Francia, en España la repercusión mediática del caso fue prácticamente nula. Las fuerzas políticas y sociales conservadoras, las mayores responsables del subdesarrollo del Estado del bienestar en Cataluña y España, fueron entonces responsables también de que el tema central del debate mediático y político previo a las elecciones de 2004 fuera el falso debate sobre la unidad de España.

En España, las clases dominantes y los grupos corporativos siempre han ocultado la defensa de sus intereses (responsable del escaso desarrollo social de España) con el argumento de «la defensa de la unidad de España», negando el carácter plurinacional del Estado español. Así, cuando durante la Segunda República (que respetó la plurinacionalidad de España), los gobiernos demócratas (que tuvieron, por cierto, ministros de ERC) llevaron a cabo las reformas más avanzadas de la primera mitad del siglo XX, como he puesto de relieve en los apartados previos, los intereses afectados negativamente por tales reformas (desde la Iglesia a la banca y a la patronal, entre otros grupos corporativos) dieron un golpe militar, en teoría, para defender la unidad de España, en la práctica, para defender sus intereses de clase y corporativos. El señor Fraga Iribarne, ministro durante la dictadura franquista, que hasta hace muy poco presidía la comunidad autónoma socialmente menos desarrollada de España (Galicia tiene el tiempo de visita al médico de atención primaria más corto de España), llamó a principios de 2004 al ejército a defender la unidad de España, asumiendo maliciosa y erróneamente que el gobierno tripartito catalán la estaba cuestionando. En realidad, ERC es la fuerza política responsable de que no haya una ETA catalana y está claramente comprometida con la legalidad constitucional y con la no violencia, y ha facilitado el trasvase de votos nacionalistas de las derechas a las izquierdas, haciendo posible un gobierno de izquierdas en Cataluña que ha desbancado el nacionalismo conservador catalán. Es lógico que la derecha española prefiera a la derecha catalana, pues bajo el discurso antagónico identitario se esconden los intereses comunes en los que se basó la alianza que les permitió gobernar en España desde 1996 a 2004. Lo que no fue tan lógico, ni mucho menos responsable, fue que algunas personalidades de las izquierdas españolas apoyasen entonces con sus llamadas a la unidad de España al nacionalismo conservador españolista, que ha mostrado históricamente su insensibilidad hacia el bienestar de las clases populares de Cataluña y de otros pueblos y naciones de España. La desmemoria histórica de tales voces olvidan el significado que la unidad de España ha tenido históricamente, con su oposición a la plurinacionalidad de España y al desarrollo social de sus pueblos.

3.3.2 La supuesta cohesión nacional en Cataluña ocultó la creciente descohesión social

En Cataluña, sectores importantes de la burguesía, de la pequeña burguesía, de las clases medias profesionales y de la Iglesia, a través del pujolismo, han intentado movilizar a amplios sectores de la sociedad catalana a través de un discurso multiclasista nacional, rico en simbolismos, con el objetivo de cohesionar las distintas clases alrededor de un concepto de nación retóricamente definido como incluyente, objetivo que entra en claro conflicto, sin embargo, con sus políticas públicas, claramente clasistas, que han descohesionado socialmente el país reproduciendo la estructura de clases. Un ejemplo de ello fue el bien merecido galardón otorgado en 2003 por la Generalitat a Francisco Candel (uno de los pocos escritores de origen de clase trabajadora en Cataluña), un acto de alto valor simbólico que intentaba mostrar el carácter incluyente del nacionalismo catalán al homenajear a los «otros catalanes», el sector de la clase trabajadora de origen inmigrante. Ese acto fue acompañado de otro en el que se daba la bienvenida a trabajadores inmigrantes en el Palau de la Generalitat y se repartían banderas catalanas entre ellos. Esos actos que gozaron de gran visibilidad mediática y que intentaban hacer hincapié en la cohesión social alrededor de la nación, ocultaban y entraban en contradicción con la gran descohesión social determinada por las políticas sociales, fiscales y presupuestarias del anterior gobierno de la Generalitat, que han discriminado sistemáticamente a la clase trabajadora y a las clases populares (a quienes en una ocasión el señor Artur Mas llamó «clases humildes»). Un ejemplo de ello fue la política educativa de la anterior Generalitat, que, como ha documentado el profesor Esteve Oroval, privilegió sistemáticamente a las escuelas privadas, que sirven, en general, a las familias con el 35% de renta superior de la sociedad catalana y que reciben los subsidios más altos de España, a costa de las escuelas públicas, que sirven predominantemente a las clases medias de renta media y baja y a las clases populares (que tienen uno de los gastos públicos por alumno más bajos de España y de la UE). Cataluña invierte 2.993 upc por alumno en educación primaria y 3.952 upc en educación secundaria, gasto público más bajo que el español (3.180 upc en primaria y 4.272 upc en secundaria) y mucho más bajo que el promedio de la UE (3.923 upc en educación primaria y 5.660 upc en secundaria). En el año 2000, el gasto público en educación en Cataluña fue el 2,7% del PIB, mucho más bajo que el español, 4,3%, y mucho más bajo que el promedio de la UE, 5,4%. Cataluña tiene uno de los déficits de gasto público para educación más elevados de la UE. En Cataluña los recursos educativos tanto públicos como privados son muy bajos, lo que explica que, según el único estudio comparado en conocimiento académico (realizado en 1997), los niños en Cataluña estaban por debajo del promedio del nivel de conocimientos de España, el cual estaba a su vez muy por debajo del promedio de la UE. El estudio no se repitió debido a presiones del entonces partido gobernante de la Generalitat, aliado del partido entonces gobernante en España.

Una descohesión y polarización semejante ocurre en la sanidad, y ello también como resultado del bajo gasto público sanitario. El gasto público sanitario per cápita en Cataluña es el gasto sanitario público más bajo de la UE después de España y Grecia, con el agravante de que, también aquí, la diferencia del gasto sanitario público por habitante entre Cataluña y el promedio de la UE-15 aumentó un 32% durante el periodo 1993-1999. El capítulo del Estado del bienestar que está más subdesarrollado, al igual que en España, sin embargo, es el de los servicios y ayuda a la familia, situación que contrasta con el discurso oficial que mantuvo la Generalitat durante más de veinte años y que consideraba a la familia el centro de la sociedad civil. En escuelas de infancia sólo el 9% de los niños de 0 a 3 años asisten a escuelas públicas de infancia, comparado con un 40% en Suecia, un 44% en Dinamarca, un 30% en Bélgica, un 23% en Francia, un 21% en Finlandia y un 12% en Portugal. Un déficit incluso mayor se presenta en los servicios de atención domiciliaria para personas ancianas y con discapacidades. Según el informe del IMSERSO «Las personas mayores en España-2004», sólo un 3,87% de la población por encima de 65 años recibe servicios de ayuda a domicilio, lo que contrasta con porcentajes mayores de otras comunidades autónomas (Extremadura tiene el 7,41%). Como muestran estos datos comparativos, la cobertura por parte de estos servicios de ayuda a la familia en Cataluña es muy pequeña. La consecuencia de ello es una enorme sobrecarga de las familias y sobre todo de las mujeres catalanas, que padecen los grandes déficits del Estado del bienestar catalán, y cuyo sufrimiento es ignorado debido a la falta de sensibilidad de la cultura mediático-política dominante hacia los temas de desigualdades de género.

Este escaso desarrollo del Estado del bienestar catalán quedó ampliamente documentado en las ponencias presentadas en las Jornadas sobre el Estado del bienestar en Cataluña celebradas en la Universidad Internacional Menéndez Pelayo de Barcelona durante los días 21, 22 y 23 de julio de 2003. En ellas, expertos de varias universidades catalanas analizamos las diferentes materias en las cuales la Generalitat de Cataluña tiene plena responsabilidad (véase Navarro, V. [coord.], *L'Estat del benestar a Catalunya*, en www.vnavarro.org). Tales estudios señalaban los grandes avances que se habían realizado desde el establecimiento de la democracia, poniendo de manifiesto a su vez dimensiones todavía muy preocupantes y la conclusión de que la España social no iba bien y que en algunas áreas (como la educación escolar, los servicios de atención primaria sanitaria, los servicios domiciliarios para las personas con discapacidades, entre otros) la Cataluña social iba peor.

Tales estudios fueron prácticamente silenciados por los medios de información de la Generalitat, instrumentalizados abusivamente por la opción que entonces gobernaba. Éstos daban gran cobertura a los temas simbólicos de la identidad catalana, tales como el acto de homenaje a los pensionistas que se celebraba todas las campañas electorales y en el que se repartían banderas catalanas a cada pensionista sin que en ningún momento se informara, como se documentó en aquellos trabajos, que el déficit de gasto público en prestaciones para la vejez de Cataluña había aumentado un 9,4% con el promedio de la UE desde 1996 a 1999, y ello como resultado de los presupuestos del Estado aprobados por la coalición PP-CiU. Al final del gobierno conservador catalán, el gasto público en pensiones en Cataluña, y en España, era uno de los más bajos de la UE.

Los datos aquí presentados ponen en cuestión la imagen complaciente ofrecida por los medios de información y persuasión instrumentalizados por los anteriores gobiernos conservadores catalán y español. A este silencio mediático contribuyen grandes sectores del *establishment* mediático y político del país –procedente en su gran mayoría del 35% de renta superior de Cataluña– que, al tener una experiencia cotidiana muy distinta (la mayoría se educaron en escuelas privadas y continúan enviando a sus hijos a las escuelas privadas, por ejemplo) de la que tiene la mayoría de la ciudadanía (que es la que utiliza los servicios públicos y se beneficia más de las transferencias), conceden escasa atención a los temas sociales. Los temas que absorben su atención –temas importantes de identidad y de carácter institucional– no son los que más interesan a las clases populares, lo que explica su gran abstención en las elecciones autonómicas, la más elevada en España. Es esperanzador que el nuevo gobierno tripartito catalán esté haciendo reformas sociales importantes para romper con la descohesión que existe entre la *Cataluña complaciente* (minoritaria, pero muy visible) que celebra el gran desarrollo económico del país y la *Cataluña frustrada* (mayoritaria, pero silenciosa) que sufre el gran subdesarrollo social del país, condición indispensable para que Cataluña adquiera la cohesión social que todavía no tiene, pero se merece.

3.3.3. El prisma identitario y las clases sociales en Cataluña

A mediados de 2003, y a raíz de las declaraciones del entonces candidato socialista a la presidencia de la Generalitat, Pasqual Maragall, en las que criticó al gobierno de CiU por favorecer a los catalanes nacidos en Cataluña versus los que nacieron fuera de ella, se abrió un debate sobre uno de los temas que ha sido definido –por algunos comentaristas– como un tabú en los círculos mediáticos y políticos en Cataluña: es decir la importancia de lo étnico en la política catalana. La gran mayoría de comentaristas la niegan, haciendo hincapié en la convivencia que se presume ejemplar entre los distintos grupos étnicos y/o culturales y/o raciales que componen Cataluña. Tal complacencia ignora, sin embargo, la existencia de una discriminación real: véase por ejemplo el escasísimo número de catalanes nacidos fuera de Cataluña que han ocupado puestos de responsabilidad política en la administración catalana.

Este debate, sin embargo, oculta e indirectamente refuerza el mayor tabú que ha existido en Cataluña, y es el silencio ensordecedor sobre la existencia de clases sociales y su reproducción a través de las instituciones políticas. En realidad, la discriminación de clase ha sido la más obvia y a la vez la menos visible en el debate político de Cataluña, y ello como resultado de que la estructura de clases ha desaparecido del discurso político y mediático dominante del país. Sólo aparece precisamente para negar su existencia, y se define a la mayoría de catalanes como pertenecientes a las clases medias, aceptando, sin embargo, la existencia de dos minorías, la de los ricos por un lado, y la de los pobres (los inmigrantes más recientes) por el otro. En ocasiones (incluso en estadísticas y encuestas oficiales) se define a estas dos minorías como clase alta y clase baja, con lo cual la estructura social de Cataluña se presentaba, en el discurso mediático y político dominante, como clase alta, clase media y clase baja.

La realidad, sin embargo, pone en cuestión cada uno de estos supuestos. En Cataluña hay clases sociales y hay tantas Catalañas como clases sociales. Es más, la clase social a la que un catalán pertenece es la variable más importante para explicar, entre otras cosas, los años de vida que vivirá, el tipo de trabajo que tendrá, la educación que recibirá, la vivienda donde residirá, la parte de la ciudad o del pueblo donde su vivienda se ubicará y, también, sus probabilidades de ocupar un cargo político de representatividad. La evidencia de lo que digo es abrumadora. Y las clase sociales son (como decía en la primera sección de este libro) burguesía, pequeña burguesía, clases medias y clases trabajadoras (dividida esta última en clase trabajadora cualificada y no cualificada). La estructura del poder político y mediático está controlado por la burguesía, la pequeña burguesía y la clase media de renta alta. Las clases medias de renta media y baja y la clase trabajadora representan el 68% de la población en Cataluña, país altamente elitista, con una enorme concentración de poder. Un indicador de este poder de clase es que incluso el discurso de clase ha desaparecido. El debate político, por lo tanto, tiende a centrarse en el tema nacional, detrás del cual se refleja un continuismo del poder de clase existente. La nación catalana es definida por la estructura de poder, la cual considera a las otras Cataluñas (formadas por otras clases sociales) no suficientemente catalanas o incluso anticatalanas. En este aspecto, los «otros catalanes» no son únicamente los que nacieron fuera de Cataluña, sino que son la ciudadanía que pertenece a la clase trabajadora (y a las clases medias de renta baja) que no aparecen en las estructuras de poder político, económico o mediático y cuya misión política se supone que es la de apoyar electoralmente a aquella estructura. Éste es el tabú que se ha ocultado detrás del otro tabú, el étnico. Esta situación de discriminación de clase explica que, en el debate político de la Cataluña dominante, parte de «los otros catalanes» no participen y se abstengan. De ahí el gran error de las izquierdas, que, al abandonar el discurso de clase (muy pocos políticos de izquierda hablan de la clase trabajadora, por considerarlo, supongo, un término anticuado), estimula la abstención de la clase trabajadora, el punto más flaco de las izquierdas.

A pesar del cambio de gobierno, en Cataluña, debido al enorme poder de ese 30-35% de población de renta superior a la hora de configurar la cultura mediática y política del país y su sabiduría convencional, los temas identitarios absorben un gran espacio, de manera que casi toda la realidad es vista y evaluada bajo el prisma identitario, ignorando la dimensión de las clases sociales. Desde la Constitución europea (cuya bondad se evaluó casi exclusivamente en el reconocimiento o no del catalán) hasta el considerable subdesarrollo del Estado del bienestar (que se explica exclusivamente por la existencia del déficit fiscal con España), casi todo se analiza según el criterio nacionalista (llámese éste como se llame). Como ejemplo encontramos el debate, clave en los medios en la segunda mitad de 2004, sobre si el Estatut otorgaría o no el derecho a la autodeterminación, propuesta considerada necesaria para conseguir más recursos para Cataluña. Pero la pregunta debería ser: ¿para qué clase social se piden esos recursos? No se puede asumir automáticamente que más recursos para Cataluña quiera decir más recursos para las clases populares de Cataluña. Esta realidad la estamos viendo cada día en la manera como los temas de la vida cotidiana se tratan y reproducen en nuestro sistema político. Desde la discusión del tema del AVE hasta las políticas educativas, podemos ver que sistemáticamente se ha beneficiado a unas clases sociales a costa de otras. La Fundación Bofill publicó a mediados de 2004 un estudio en el que se muestra cómo el *modelo educativo catalán* es uno de los más clasistas de España. Cataluña, hasta el año 2003, era la comunidad autónoma que más subvencionaba las escuelas privadas (adonde van los hijos del 30% de renta superior del país), asignando uno de los gastos públicos por alumno en la escuela pública (adonde van los hijos de las clases populares) más bajos de España y de la UE-15. No es de extrañar, por lo tanto, que el rendimiento académico de los primeros sea –como muestra el informe– mucho mayor que el de los segundos. Cataluña –el país que según la sabiduría convencional no tiene clases sociales– posee uno de los sistemas educativos más clasistas de la UE, reproduciendo una de las estructuras sociales más polarizadas de Europa.

Esta polarización aparece también en otro dato: según las estadísticas de mortalidad publicadas por la Agència de Salut

Pública de Barcelona, un burgués en Cataluña vive diez años más que un trabajador no cualificado, una de las mortalidades diferenciales por clase más elevadas en la UE-15. Parecería lógico que estos temas fueran ejes centrales del debate en Cataluña. Pero no lo son; apenas se discuten en los medios de persuasión, que continúan sumergidos en los temas de redefinición identitaria, lo cual, por cierto, repercute negativamente en la imagen mediática del nuevo gobierno, que ha enfatizado con razón los temas sociales de la vida cotidiana que tienen mucha menor visibilidad en tales medios que los temas identitarios.

Tercera parte

La situación social a nivel mundial. Las causas del crecimiento de la pobreza y de las desigualdades a nivel mundial: el Neoliberalismo

En esta parte se analiza la situación social a nivel mundial y el impacto del neoliberalismo en el bienestar de la población en el mundo, en la Unión Europea y en EE.UU. El neoliberalismo es la ideología de las clases empresariales y financieras (tanto de los países desarrollados como de los subdesarrollados), que han establecido una alianza que se reproduce en los organismos internacionales, controlados por los gobiernos de los países desarrollados.

Esta sección cuestiona muchas de las tesis globalizadoras (y antiglobalizadoras) por ignorar la existencia de las clases sociales, tanto en los países del Norte como en los del Sur. También analiza las consecuencias del dominio de tales clases en la Constitución europea, mostrando que el alto desempleo de la UE-15 se debe precisamente al neoliberalismo imperante en las instituciones económicas y financieras de la UE-15. La sección concluye con un análisis del modelo neoliberal por excelencia, el modelo estadounidense, con una explicación de las consecuencias de ese modelo en las políticas domésticas e internacionales del gobierno federal de EE.UU., mostrando a la vez las enormes limitaciones de la democracia estadounidense, poco conocida en Europa.

1. EL NEOLIBERALISMO EN EL PANORAMA INTERNACIONAL

Una de las características del pensamiento neoliberal es la de intentar presentar el debate intelectual de nuestros tiempos en términos de una confrontación entre aquellos que favorecen la globalización de la actividad económica frente a aquellos que se oponen a ella. A los primeros –los globalizadores– se les considera modernizadores en favor del progreso económico, claramente comprometidos con el desarrollo. A los segundos –los supuestamente antiglobalizadores– se les define como conservadores, apegados a un localismo anticuado, aferrados nostálgicamente a un pasado que inhibe ese progreso económico. Así es como se define el debate actual sobre la globalización, promovido por los portavoces del pensamiento neoliberal, que gozan de unas enormes cajas de resonancia en los medios de información y persuasión de nuestro país. Tal debate, sin embargo, es falso; el tema a discutir no es globalización o no, sino los criterios que deben regir esa globalización o internacionalización de la actividad económica. El debate es si ésta debe realizarse mediante la desregulación de los mercados laborales, comerciales y financieros, sin ninguna o muy escasa intervención estatal, o si esta internacionalización de la actividad económica debe tener lugar con la participación activa del Estado para garantizar la distribución equitativa de sus costes y de sus beneficios, protegiendo los intereses de los colectivos que pueden quedar afectados negativamente por tal proceso. Un ejemplo de este segundo tipo de globalización, ignorado por el pensamiento neoliberal, es el de los países escandinavos, gobernados desde la Segunda Guerra Mundial por partidos socialdemócratas o por alianzas de izquierdas. Estos países, Suecia, Noruega, Dinamarca y Finlandia, son los países más globalizados del mundo occidental (las sumas de sus exportaciones más sus importaciones, como porcentaje del PIB, son de las más altas del mundo, tal como apuntaba en las primeras secciones de este libro), y a la vez los que tienen mayor gasto público (como porcentaje del PIB), menores desigualdades de renta (que han facilitado la creación de una demanda interna muy elevada y un mercado interior muy extenso), mayor desarrollo de sus Estados del bienestar, mayor calidad de vida y mayor competitividad económica (como incluso el Fórum liberal Davos se vio forzado a admitir en un informe sobre la competitividad mundial).

La alternativa neoliberal, basada en la desregulación de los mercados, atribuye la pobreza de los países subdesarrollados a la intervención de sus Estados mediante políticas proteccionistas. Según esta concepción, la manera de erradicar la pobreza es eliminar el proteccionismo, permitiendo que tanto los países ricos como los pobres compitan libremente sin ninguna interferencia de sus Estados. Los países pobres deben abrir así sus mercados a los productos e inversiones procedentes de los países desarrollados, puesto que tales inversiones crearán empleo, aumentando su bienestar. Cualquier intervención estatal, sea en los países ricos o en los pobres, contribuirá a la pobreza de los últimos.

Esta doctrina neoliberal ignora algunos datos básicos tales como que todos los países que están rompiendo con su pobreza, desde los famosos tigres asiáticos a China e India (que representan en 2005 el 37,4% de la población mundial), han seguido políticas proteccionistas. En todas ellas el Estado ha guiado el proceso de integración en los mercados internacionales. Han sido precisamente los países que han seguido las recetas neoliberales del Fondo Monetario Internacional (como la mayoría de países de África y Latinoamérica) los que han sufrido un crecimiento muy notable de su pobreza. La apertura de sus mercados sin ninguna medida proteccionista ha representado la aniquilación de las industrias y las agriculturas nativas, la destrucción de empleos, la creación de enormes contingentes de parados que han presionado a la baja los salarios –incluyendo los de las empresas inversoras extranjeras–, lo cual ha debilitado la demanda interna y ha supeditado el crecimiento económico a las exportaciones, que tienen escasa incidencia en el bienestar general de la mayoría de la población. En América Latina vemos, por ejemplo, cómo la apertura de los mercados mexicanos a los inversores y productos estadounidenses después de la firma del tratado de libre comercio entre EE.UU., México y Canadá (NAFTA) destruyó la industria y la agricultura mexicanas creando un enorme desempleo y debilitando la demanda interna, con lo cual se potenció una economía dedicada a la exportación en lugar del consumo interno. Es más, la demanda de trabajo es tan enorme que las empresas estadounidenses en México pueden permitirse pagar salarios muy bajos en condiciones laborales y ambientales muy precarias, habiendo disminuido el salario promedio mexicano. Un diario nada sospechoso de ser antiliberal como el *New York Times* (27 de diciembre de 2003) concluyó: «... las críticas a NAFTA están justificadas. El Tratado ha empeorado en lugar de mejorar la situación de la mayoría de los trabajadores de México (...) y la pobreza ha aumentado.» NAFTA tampoco ha mejorado los salarios de los trabajadores estadounidenses en el sector de las exportaciones. De ahí que la mayoría de ciudadanos de EE.UU. y México expresen su oposición al Tratado según una encuesta del *US Today* (24 de febrero de 2004).

Una situación incluso peor se ha desarrollado en África, donde la mayoría de países han abierto sus mercados a los productos de Europa. El caso más citado es el de la leche europea que puede encontrarse en países africanos a precios más bajos que la autóctona. De ahí se deduce erróneamente que el problema es, además de la dificultad que tienen los agricultores de países pobres para vender sus productos a los países europeos, el subsidio que los agricultores europeos reciben de sus Estados, ignorando que el subsidio estatal es precisamente para que *no* produzcan más leche. Si tal subsidio no existiera, la cantidad de leche producida sería incluso mayor, abaratando todavía más ese producto. El problema radica en que, siguiendo las recetas neoliberales, estos países pobres han sido forzados a eliminar las barreras proteccionistas que protegían a sus agricultores. Tal como señaló el informe sobre África de la Organización Internacional del Trabajo (OIT), «constantemente se habla del problema de la corrupción de los gobiernos como la causa de los problemas de África. Sin negar el impacto corrosivo de esta corrupción, el mayor problema que estos países tienen ha sido el gran descenso de los salarios y el aumento del desempleo como resultado de las políticas liberales promovidas por el FMI». Intentar ahora paliar esta pobreza mediante caridad y beneficencia, tal como Bush y otros neoliberales proponen, es una farsa de mal gusto.

La reunión de 2004 de la OMC en Cancún generó un gran número de protestas en contra del funcionamiento de las reglas internacionales del comercio. Oímos a miles de voces protestando precisamente por la hipocresía de los gobiernos de los países ricos que se resistían a abrir sus mercados a los productos agrícolas de los países pobres y a interrumpir los subsidios a los agricultores de sus países, a la vez que presionaban a los países pobres para que abrieran sus mercados a sus productos. Me pareció entonces muy bien que se denunciara esta hipocresía, pero creo que en aquel clamor de denuncia se olvidaron algunos hechos esenciales. Uno es el más aparente y obvio: es lógico que las reglas del comercio de la OMC favorezcan los intereses económicos representados por los gobiernos de los países ricos, pues esta organización está controlada por esos gobiernos. La pregunta que debe hacerse a quienes lanzaron aquella denuncia es: ¿Qué esperaban ustedes de la OMC? ¿Acaso se pueden pedir peras al olmo?

Otra observación más importante y más olvidada en aquel debate sobre el fracaso de Cancún es que detrás de aquella queja y de aquella denuncia parece asumirse que el problema de la pobreza en el mundo se basa en las imperfecciones, dificultades y obstáculos puestos por los países ricos al desarrollo del libre comercio, el cual en su forma libre, sin frenos y con pleno desarrollo llevaría a los países pobres a la riqueza, rompiendo con su subdesarrollo. Así, se interpreta que la pobreza es la consecuencia de una división Norte-Sur, de manera que las reglas del comercio internacional benefician a los países ricos, es decir, a toda la sociedad de esos países, y perpetúan la situación de los países pobres. Este presupuesto es altamente cuestionable, como veremos a continuación.

Supongamos que el mundo rico eliminara todos los subsidios a sus agricultores y también todas las tarifas a productos del mundo subdesarrollado. ¿Qué pasaría? Pues bien, el Banco Mundial (una de las agencias internacionales que más presiona para que se desarrolle el libre comercio a lo largo de todo el mundo) ya ha hecho ese estudio. Y concluye que la riqueza añadida a los países pobres para el año 2015 sería de un 0,6% extra del PIB de los países de renta baja y media. Lo que esto quiere decir es que, tal como indicaron Dean Baker y Mark Weisbrot en su artículo «Fair Trade and Farm Subsidies: How Big a Deal» *(Dollar and Sense,* nov./dic. 2003), resultado de eliminar todas las barreras al libre comercio en los países ricos sería que un país africano que tiene una renta anual de 500 dólares per cápita, pasaría a tener 503. No es pues un gran crecimiento de la riqueza.

Supongamos además que los países ricos dejaran de ofrecer subsidios a los productos agrícolas propios pero éstos aumentaran considerablemente su productividad (lo cual ya está ocurriendo), y por tanto los precios de sus productos llegaran a ser más baratos que los productos de los países pobres a pesar de la eliminación de los subsidios. De esta observación se deriva que el problema no está en que los productos de los países pobres no puedan entrar en los países ricos, sino, al revés, el problema está en que los productos de los países ricos pueden entrar demasiado fácilmente en los países pobres. Ésta es la raíz del problema del libre comercio. Estos países pobres deberían desarrollar tarifas y otras medidas proteccionistas que defendieran su propia capacidad productiva.

Soy consciente de que hablar de proteccionismo hoy en día no es políticamente correcto. Pero los números hablan por sí solos. Como decía anteriormente, sólo los países que han seguido políticas proteccionistas han podido romper con su subdesarrollo, incluidos los países hoy ricos. Pedirles a los países pobres que rompan la pobreza a través del libre comercio es lo que es auténticamente hipócrita. No lo hicieron los países ricos y ahora sus gobiernos quieren imponerlo a los países pobres. La solución de los problemas creados por el libre comercio requiere que esos países puedan imponer tarifas sin que sean penalizados. Esto sería más lógico, razonable y justo que eliminar todas las barreras, tanto las del Norte como las del Sur. Creerse que los agricultores de los países pobres pueden competir en igualdad de condiciones con las transnacionales agrícolas (tengan o no subsidios) es no conocer el mundo. De ahí que sea tan urgente que se establezcan regiones comerciales entre países de nivel económico parejo, y el establecimiento del Grupo 22 es un paso en el buen camino.

Hay otra dimensión de este debate que es también preocupante. Y me estoy refiriendo a que la movilización para eliminar las tarifas y subsidios del Norte está dejando en un segundo lugar otros temas mucho más importantes, como la desregulación de los mercados de capitales (política prioritaria para el FMI) que creó la crisis argentina y creará otras crisis en el futuro, y que en 2004 forzaba a Brasil a mantener unos intereses excesivamente altos que dificultan su crecimiento económico.

Lo cual nos lleva al quid de la cuestión, raramente explorada en los textos de economía, es decir, la variable política. ¿Por qué este sistema se reproduce? Y la respuesta es que tanto en los países ricos como en los pobres hay clases sociales e intereses económicos que se benefician de esta situación. Como he documentado en otros textos (véase *Globalización económica, poder político y Estado del bienestar),* el conflicto básico en el mundo hoy no es el Norte contra el Sur, sino las clases dominantes del Norte y las del Sur contra sus clases populares. El libre comercio no beneficia a las clases populares del Norte ni a las del Sur. El tratado de libre comercio entre EE.UU., México y Canadá (y que el gobierno de EE.UU. quiere extender a toda América Latina) se promocionó ya durante las administraciones de los presidentes Bush padre y Clinton como la solución a la pobreza de México. Como apunté arriba, hoy México tiene un nivel de pobreza mayor que cuando se firmó el tratado, mientras que a la vez el salario horario de los trabajadores estadounidenses (afectados por la amenaza de sus empresas de desplazarse a México) ha bajado durante el mismo periodo. El que hoy sea políticamente incorrecto hablar de clases y poder de clase en las culturas mediáticas y políticas lleva a no entender las realidades que nos rodean. Lo que se requiere más que nunca es la alianza de las clases populares del Norte y del Sur en contra de la alianza de las clases dominantes del Norte y del Sur que controlan e instrumentalizan los organismos internacionales (el Banco Mundial, el FMI y la OMC) en su beneficio.

2. LAS CONSECUENCIAS DE *ESTE* PROCESO DE GLOBALIZACIÓN: POBREZA Y DESIGUALDADES

2.1. LA POBREZA

Las reflexiones anteriores llevan al planteamiento de otra cuestión de primer orden: ¿está la pobreza disminuyendo en el mundo? Dado que la globalización basada en el libre comercio y en la desregulación de capitales financieros ha adquirido su mayor protagonismo en los últimos veinte años, es lógico que nos preguntemos si tal fenómeno ha tenido impacto o no en la pobreza mundial. La única agencia internacional que recoge datos sobre el nivel de pobreza a nivel mundial es el Banco Mundial, el cual define la pobreza como el nivel de consumo equivalente a un dólar estadounidense o menos por día. Esta definición es fácil de entender y es muy impactante sobre todo para las personas que viven en países desarrollados, para las cuales un dólar por día es una cifra muy baja. Ahora bien, tal definición presenta problemas graves. Uno de ellos es que la información sobre el consumo individual procede de encuestas familiares *(household surveys)* con un alto grado de subjetividad en las respuestas. A las personas se les pregunta, por ejemplo, qué han comprado, pero no se las interroga sobre su consumo público, es decir, su accesibilidad y utilización de los servicios públicos (como sanidad o educación, por ejemplo). Los países que proveen tales servicios públicos ahorran el pago directo por tales servicios, que pueden ser un capital importante del gasto familiar en caso de que sean privados. Otro problema con la pregunta que se hace es que se le pide a las personas que digan el volumen total de lo comprado durante el mes. Ahora bien, si a las personas se les pregunta qué consumieron la semana anterior, la respuesta tiende a ser más precisa que cuando se les pregunta qué consumieron el mes anterior. De ahí que cuando en la India se formuló la pregunta en estos términos el número de pobres repentinamente aumentó en 175 millones, casi un 50% sobre las cifras anteriores. Es más, y como consecuencia de que la gran mayoría de personas que viven en países pobres son pobres, pequeñas variaciones de los criterios para definir el nivel de pobreza tienen gran impacto en el número de personas definidas como pobres. Otro problema más del método utilizado para definir la pobreza basado en el consumo individual es que la pregunta que se hace a los hogares no discrimina en favor de los productos vitales como alimentos, ropa o vivienda, sino que incluye todo tipo de compras. Si la pregunta se limitara, en cambio, a aquellos ítems es probable que el número de pobres aumentara sensiblemente. En realidad, cuando se han hecho encuestas sobre el alimento ingerido según las necesidades definidas científicamente (tal como se ha hecho en América Latina), los niveles de pobreza encontrados son prácticamente el doble de los estimados con el criterio de un dólar o menos al día.

De ahí que esta manera de definir la pobreza haya sido cuestionada, pues da pie a una excesiva subjetividad y variabilidad. En realidad, utilizando la misma definición, el Banco Mundial en su informe *World Development Report 2000/2001* señaló que el número de pobres (con menos de un dólar a la semana) aumentó 20 millones entre 1987 y 1998. En aquel entonces, Joseph Stiglitz y Ravi Kantuz, vicepresidente del Banco Mundial uno y director del informe el otro, querían mostrar los efectos negativos del neoliberalismo entonces en boga, y expresado en el llamado Consenso de Washington. Tal informe contribuyó a que Stiglitz tuviera que dejar el Banco Mundial como resultado de las presiones del entonces secretario del Tesoro del gobierno federal de EE.UU., Lawrence Sommers. Debido a las presiones de este último, el Banco Mundial publicó más tarde *Globalization, Growth and Poverty*, en el que se llegaba a una conclusión opuesta: como resultado del proceso de globalización, la pobreza había descendido 200 millones entre 1980 y 1998, utilizando también como criterio de pobreza el consumo menor o igual a un dólar estadounidense. Esta excesiva variabilidad del criterio de pobreza y de su aplicación relativiza enormemente el valor de tal indicador.

Acabo de aportar argumentos que muestran cómo el tema de la pobreza en el mundo, y especialmente su medición y análisis, puede presentar cierta complejidad. No obstante, podemos encontrar casos que ejemplifican que si se tienen en cuenta los elementos clave, se puede hacer un diagnóstico contundente sobre las causas que originan y perpetúan la pobreza. Aprovecharé aquí el contexto de gran atención política y mediática prestada (por fin) al tema de la pobreza mundial y su eliminación que se dio en la primera mitad del año 2005, para hacer algunas reflexiones sobre el caso de Bangladesh, ejemplo claro de cómo funcionan los mecanismos de la pobreza.

Una de las explicaciones de la pobreza que se exponen con mayor frecuencia en los organismos internacionales, en los círculos gubernamentales y en los fórums mediáticos de los países desarrollados es que el problema se debe a la falta de recursos en los países subdesarrollados y a las barreras de los países desarrollados frente a los productos exportados de los países pobres, cuyas economías están basadas en la exportación. Desde la reunión del G-8 de 2005 hasta los conciertos promovidos mediáticamente en apoyo a la pobreza, el mensaje sobre el que se hace hincapié es que hay que conseguir dinero y enviarlo a los países pobres para resolver la pobreza.

El problema con estas explicaciones, que han adquirido casi la categoría de dogma, es que, como todos los dogmas, se basan más en fe que en pruebas. En realidad, las causas reales de la pobreza no radican en la escasez de recursos, sino en los sistemas de propiedad existentes en los países pobres, apoyados por un contexto político internacional que reproduce y se beneficia de la existencia de tal pobreza. Esta realidad (tan evidente cuando se analiza la pobreza mundial) aparece de vez en cuando en los medios de información y persuasión, incluso en medios nada sospechosos de radicalismo como es el *New York Times,* el instrumento del «*establishment* liberal» de EE.UU. En un informe sobre la pobreza en Bangladesh (24 de noviembre) (uno de los países más pobres del mundo, junto con Haití, donde el hambre es endémica) concluye que «la pobreza en Bangladesh radica en que el 16,7% de la población rural controla dos terceras partes de la tierra productiva mientras que un 60% controla menos de un acre. Este último sector de la población representa 45 millones de habitantes (más de la mitad de toda la población de Bangladesh) y es muy vulnerable a las hambrunas crónicas del país». En realidad, esta concentración en la propiedad de la tierra queda incluso favorecida con la introducción de nuevas tecnologías (como la *revolución verde,* con la utilización de fertilizantes muy eficaces para incrementar la producción agrícola) que sólo los grandes terratenientes pueden adquirir. Tal como dice el *New York Times,* «la introducción de los recursos tecnológicos ha favorecido a los grandes agricultores, que han forzado a la bancarrota a los medianos y pequeños agricultores». Esta producción agrícola se exporta en su mayor parte, pues la escasa capacidad adquisitiva de la mayoría de la población no facilita una demanda interna para estos productos. Es más, la eliminación de los aranceles y otras medidas que protejan a los medianos y pequeños agricultores (forzada por los organismos internacionales) contribuyen a la concentración de la propiedad agrícola, destruyendo los medianos y pequeños productores, que no pueden competir ni con los grandes terratenientes ni con las empresas agrícolas internacionales.

Las limitadas posibilidades de cambiar estas relaciones de propiedad aparecen también claramente en este informe del *New York Times,* el cual señala que estas relaciones se reproducen a través del sistema político, que, aunque es formalmente definido por las instituciones internacionales como un sistema democrático, es en realidad «un gobierno controlado por grandes terratenientes –que representan el 75% de los miembros del Parlamento–, con lo cual es muy improbable que se resuelvan las causas de la pobreza que radican en dicho sistema de propiedad agrícola».

No podía decirse mejor. La articulación de Bangladesh en el mundo a través de una economía basada en las exportaciones es la causa de su pobreza, puesto que una economía así no requiere una demanda interna que sea el motor de su desarrollo. Ese tipo de economía beneficia sólo a un sector muy limitado de la población y de la economía (el sector exportador), incrementando la polarización social entre los grupos exportadores en la economía, aliados con multinacionales agrícolas, y la gran mayoría de la población, excluida de este desarrollo. En realidad «Bangladesh –continúa el *New York Times*– tiene suficiente tierra agrícola para alimentar a una población diez veces superior a la presente.» La cuestión clave, por lo tanto, para entender la pobreza es saber quién controla esa tierra y quién se beneficia de la economía basada en las exportaciones, pregunta que muy raramente se hace en los fórums. La solución de la pobreza requeriría un cambio muy sustancial de desarrollo económico que debería basarse en el estímulo creado por la demanda interna, es decir, por el consumo generado por la mayoría pobre de la población. Pero ello exige un cambio muy sustancial en la distribución de la renta y de la propiedad en esos países que los organismos internacionales y los gobiernos obstaculizan. Éstos prefieren enviar fondos de «ayuda», que tienen gran visibilidad mediática y que tranquilizan sus conciencias, ayudas que debieran darse –según ellos– preferentemente a través de misioneros u organizaciones solidarias humanitarias. Hemos visto así cómo abogados del liberalismo y el libre comercio complementan su llamada a la eliminación del proteccionismo –tanto en los países «ricos» como en los «pobres»– con llamadas de ayuda canalizadas, ahora, a través de las misiones religiosas.

2.2. LAS DESIGUALDADES SOCIALES

Una situación semejante a la dificultad de definir la pobreza en el mundo nos la encontramos cuando queremos analizar el impacto de la globalización económica en las desigualdades sociales, aunque en este caso los problemas metodológicos son de otra índole que los expuestos en el apartado anterior. La primera consideración que debemos tener en cuenta es si medimos el nivel de riqueza de un país por los precios de los productos en el mercado o si éstos se estandarizan en unidades de poder de compra. Los resultados varían considerablemente según se utilice un sistema u otro. Otra consideración que también debemos hacer es ver si comparamos los países como unidades (todos iguales independientemente de su tamaño) o tomamos en cuenta el tamaño de sus poblaciones. La desigualdad también varía dependiendo de si se mide por el método Gini o bien por la tasa diferencial entre el nivel de renta de la decila superior de la población y el nivel de renta de la decila inferior. Todavía otra consideración a tener en cuenta es ver si se mide la desigualdad entre países o bien se incluye también las desigualdades dentro de los países, agrupándose la población mundial como si ésta viviera en un solo país.

Dependiendo del criterio que se escoja, las respuestas a la pregunta «¿Se han reducido las desigualdades?» varían. Ahora bien, dentro de esta variabilidad hay ciertas tendencias que vale la pena resaltar. Permítanme resumirlas. Una de ellas es que las desigualdades entre países en el mundo han ido aumentando, tanto cuando consideramos la renta promedio de un país por precios de mercado como si lo hacemos por unidades de poder de compra. También cuando comparamos la renta media del 10% de renta superior de la población del mundo con el promedio del 10% de renta inferior de la población del mundo vemos que las desigualdades en el mundo han aumentado enormemente durante los últimos veinte años. Otra realidad es que, en general, ha habido un incremento no sólo de las desigualdades entre países sino también dentro de los países, aunque hay gran número de excepciones en esta tendencia mundial.

Cuando consideramos, sin embargo, la diferencia entre países tomando sus poblaciones como punto de referencia, vemos que *las desigualdades entre países* (considerados estos últimos no como unidades iguales sino que su importancia va marcada por el tamaño de la población) *se han mantenido o incluso reducido,* situación presentada por los portavoces neoliberales (como *The Economist*) como ejemplo del éxito de la globalización. Esta interpretación ignora, no obstante, que esta circunstancia se debe al gran crecimiento económico de China y de la India, que representan el 37,4% de la población mundial y que no han seguido, como apuntaba anteriormente, las políticas neoliberales que caracterizan el proceso de globalización, sino que han seguido políticas proteccionistas opuestas, por ejemplo, a la desregulación de los mercados, incluidos los financieros. Es incoherente presentarlas, por lo tanto, como prueba del éxito de esas posturas neoliberales. Es interesante señalar además que cuando se analiza la distribución de la renta dentro de cada uno de estos países, India y China, se ve que las desigualdades han crecido también en gran manera, lo cual explica que cuando su población se suma a la mundial, se comprueba como resultado que las desigualdades entre los sectores más ricos y más pobres hoy en el mundo han aumentado considerablemente.

3. EL NEOLIBERALISMO EN EUROPA

3.1. POR QUÉ LA UNIÓN EUROPEA TIENE MAYOR DESEMPLEO QUE EE.UU.

A raíz de la publicación de las cifras de 2004 sobre el desempleo en Alemania, se ha iniciado de nuevo un debate en Europa sobre las causas de que Alemania y Europa tengan un desempleo más alto que EE. UU. Por otra parte, el Fondo Monetario Internacional publicaba por las mismas fechas un informe en el que se concluía que la causa de que la economía estadounidense tenga un crecimiento económico mayor y una tasa de desempleo menor que la Unión Europea se debe a que EE.UU. tiene unos mercados laborales más desregulados (se puede, por ejemplo, despedir a los trabajadores más fácilmente) y una protección social menos extensa (no existe, por citar sólo un caso, cobertura universal de los servicios sanitarios, con lo que el 16% de la población carece de atención médica). De esta interpretación del supuesto éxito de la economía de EE.UU. se derivan las recomendaciones del FMI para la Unión Europea, que consisten en la desregularización de los mercados de trabajo y en la reducción de la protección social, es decir, la disminución del gasto público en las transferencias (como las pensiones) o en los servicios públicos del Estado del bienestar (como la sanidad). De hecho, el

Banco Central Europeo ya había hecho suyas tales recomendaciones subrayando (en un boletín, 9 de diciembre de 2004) que la Unión Europea no puede continuar manteniendo la universalización de sus servicios públicos del Estado del bienestar, y proponiendo su privatización. Y aquí en España hemos oído recientemente declaraciones de algunos banqueros famosos diciendo que el Estado del bienestar no sólo debe reducirse sino que incluso debe desmantelarse (las derechas españolas siempre han sido más extremas y radicales que las europeas, al contrario que las izquierdas).

Esta interpretación de por qué EE.UU. tiene aparentemente un mayor crecimiento económico y presenta un menor desempleo que la Unión Europea está ampliamente extendida en círculos financieros, económicos y políticos españoles. Apareció también en algunos sectores económicos de la socialdemocracia europea, como vimos en las reformas del anterior gobierno socialdemócrata alemán, que tuvieron como objetivo desregular el mercado de trabajo y adelgazar su Estado del bienestar. En España han aparecido varios libros recientes que se preguntan por qué la Unión Europea sigue creciendo más lentamente que EE.UU., en los que se concluye que el modelo social europeo no es viable a no ser que se produzcan cambios muy significativos como la desregulación de los mercados de trabajo y la reducción del gasto público.

Esta interpretación del supuesto éxito económico de EE.UU. ignora algunos hechos básicos que cuestionan las premisas sobre las cuales se construye su edificio teórico. Uno de ellos es que países miembros de la UE con mercados laborales más regulados y con mayor protección y gasto público social que EE.UU., tienen mayor crecimiento económico per cápita y menor desempleo que EE.UU., distinguiéndose entre ellos varios países escandinavos donde la socialdemocracia ha gobernado durante más años desde la Segunda Guerra Mundial. Y el otro hecho ignorado por esos autores es que el supuesto éxito de la economía estadounidense no se basa en su menor protección social o laboral sino en tres políticas públicas que existen en EE.UU. y que precisamente no se han desarrollado en la Unión Europea como resultado de la oposición por parte del capital financiero europeo (incluyendo el español), que es el mayor promotor de la necesidad de adelgazar el Estado del bienestar europeo y de facilitar los despidos.

Una es la gestión por parte del *gobierno federal* del 20% del PIB, lo que permite una capacidad estimuladora de la economía y redistributiva de recursos que la Comisión Europea no tiene, pues sólo gestiona el 1,1% del PIB europeo. De ahí que, no sólo el crecimiento económico en EE.UU. sea supuestamente mayor que el de la UE, sino que las desigualdades regionales de desempleo sean mucho mayores en la UE (donde las tasas de desempleo varían del 20% al 4%) que en EE.UU. (cuyas tasas varían del 8% al 4%).

No obstante, aquí cabe apuntar una reflexión de índole metodológica. La comparación de eficiencia económica entre EE.UU. y la UE con las tasas de crecimiento económico que concluyen que EE.UU. es mucho más eficiente tiene un punto débil: los datos no apoyan la superioridad del modelo liberal estadounidense sobre el modelo social europeo. Aquellos que sostienen las tesis de superioridad señalan que las tasas de crecimiento económico de EE.UU. durante el periodo 1980-2000 (dividido en cuatro subperiodos de cinco años cada uno: 1980-1985, 1985-1990, 1990-1995 y 1995-2000) han sido superiores (3,4%, 3,2%, 2,4% y 3,3% respectivamente) a las de la UE-15 (2,3%, 3,2%, 1,5% y 2,3%). Este argumento olvida, sin embargo, que la tasa de crecimiento económico, sin más, no es un buen indicador de eficiencia económica, pues tal crecimiento puede deberse más a su crecimiento demográfico (como es el caso de EE.UU.) que a su eficiencia económica. Así, cuando analizamos el *crecimiento económico por habitante* (el mejor indicador para medir la eficiencia económica) podemos ver que éste es, desde 1980, muy semejante en ambos lados del Atlántico, y mucho mayor en la UE que en EE.UU. antes de ese año. Es más, si comparamos la eficiencia económica de EE.UU. con la de los países miembros de la UE, podemos ver que, como acabo de apuntar, muchos de estos últimos tienen una eficiencia económica mayor. En realidad, algunos de los países más eficientes y de mayor competitividad (según el Fórum liberal Davos) hoy en la OCDE son países como Suecia, Noruega, Finlandia y Dinamarca, que tipifican el modelo social por antonomasia, con mercados de trabajo más regulados y con gastos públicos mucho mayores que EE.UU.

La segunda gran diferencia entre EE.UU. y la UE se halla en los objetivos del Banco Central Estadounidense (The Federal Reserve Board), que incluyen, además de controlar la inflación, el *estimular el crecimiento económico,* objetivo este último que no es primordial en el Banco Central Europeo, que tiene como misión principal sólo controlar la inflación. Y, por último, EE. UU. no tiene un Pacto de Estabilidad (impuesto en la UE por las presiones del capital financiero) que le impida tener un déficit presupuestario por encima del 3% del PIB. En realidad, el déficit real del gobierno federal equivale al 6,3% del PIB (resultado de sumar al 4,5% de déficit de los presupuestos de la Administración Bush el 1,8% del PIB de plusvalía heredado de la Administración Clinton y que la Administración Bush se gastó). ¿Se imaginan ustedes cuál sería la tasa de crecimiento de la economía de EE.UU. si ese país tuviera un gobierno federal que gestionara sólo el 1,1% del PIB en lugar del 19% actual y un Banco Central que no se preocupara de estimular el crecimiento económico y no se le permitiera un déficit presupuestario por encima del 3% del PIB? Seguro que su tasa de crecimiento sería mucho menor y su tasa de desempleo muchísimo mayor. En realidad, el hecho de que la UE, a pesar de estar sometida a esas condiciones, tenga una tasa de crecimiento económico por habitante semejante al modelo liberal estadounidense muestra su mayor eficiencia económica.

Pese a estas evidencias, la sabiduría convencional de nuestro país continúa hablando del bajo crecimiento económico de la Unión Europea en comparación con el de EE.UU., olvidando convenientemente estas tres restricciones de la economía europea. Todas ellas responden primordialmente a la excesiva influencia que el capital financiero tiene sobre las instituciones políticas en nuestro continente incluyendo en España. Lo que estamos hoy viendo en la Unión Europea es lo mismo que ocurrió en España durante los años ochenta, cuando el elevado desempleo se atribuía erróneamente a una supuesta rigidez del mercado de trabajo (lo que llevó a desregularizarlo hasta tal punto que todavía hoy España es el país con mayores tasas de precariedad) cuando en realidad la causa eran los intereses bancarios excesivamente altos (que dificultaban el crecimiento económico) y el excesivamente bajo gasto público. Como siempre los justos pagaron por los pecadores, que continúan dominando la vida económica y política en Europa y en nuestro país. Es cierto que, por fin, los intereses bancarios desde hace unos meses son más bajos en la UE que en EE.UU. Pero esto no ha sido así durante todos estos años en que se ha insistido en continuar desregulando los mercados laborales.

3.2. UNA NUEVA AMENAZA PARA LA EUROPA SOCIAL

En la reunión del Consejo de Europa de 2005, así como en su presentación al Parlamento Europeo, el primer ministro británico Tony Blair hizo hincapié en su deseo de utilizar la presidencia británica para recuperar el espíritu de Lisboa que planteó como objetivo hacer la Unión Europea más competitiva y eficiente económicamente que los EE.UU. Éste es también el sentido de su llamada a la *modernización* de la Unión Europea, sugiriendo que adopte aquellos componentes del modelo estadounidense (llamado frecuentemente modelo liberal anglosajón) que se consideran responsables de su mayor eficiencia económica, tales como una mayor desregulación de los mercados, incluyendo los laborales, y un descenso de la protección social (las pensiones públicas en EE.UU. y en Gran Bretaña son las más bajas de los países desarrollados de la OCDE. Un artículo en el *Financial Times*, 23 de mayo de 2005, definía las pensiones públicas en Gran Bretaña como «mezquinas»).

Estos argumentos ponen de manifiesto que no es tan cierta la superioridad económica de los EE.UU. Teniendo en cuenta las restricciones al crecimiento europeo, e incluso si se analiza el periodo anterior a 1980, las tasas de crecimiento de la UE eran mayores que las estadounidenses. La clara superioridad europea sobre el modelo liberal anglosajón durante el periodo anterior a 1980 se ha ido reduciendo desde entonces debido al establecimiento de las condiciones que derivan de las tres políticas anteriores (equilibrio presupuestario, excesivo control de la inflación y gran austeridad presupuestaria) que se han ido estableciendo como parte del marco institucional de la Unión Europea. Es este marco institucional (iniciado en el Tratado de Maastricht y reproducido en el Consenso de Bruselas) el responsable del ralentizamiento de la eficiencia económica de la UE y de su elevado desempleo. La percepción, ampliamente entendida, de que la Constitución europea solidificaba este marco institucional explica el rechazo a esa Constitución por parte de grandes sectores de las clases populares y muy en particular de las clases trabajadoras de muchos países miembros de la UE, pues éstas perciben que las políticas derivadas de este marco institucional afectan negativamente a su bienestar. Las políticas monetaristas, complementadas con políticas liberales que proponen como solución al elevado desempleo la desregulación de los mercados, incluyendo los laborales, y la reducción del gasto público, representan una clara amenaza al mundo del trabajo en una situación en la que, como señalaba un editorial del *Economist* (12 de febrero de 2005), «las clases financieras y empresariales europeas están absorbiendo un excesivo porcentaje de las rentas nacionales a costa de los trabajadores». Estas y otras medidas, como la directiva Bolkenstein, están debilitando a los últimos, que carecen de un marco europeo de negociación colectiva necesario para proteger sus intereses.

Por otra parte, los *establishments* políticos y mediáticos europeos han dado prioridad a consideraciones estratégicas (como la incorporación de los Balcanes a la Unión Europea para conseguir una mayor estabilidad en Europa del Este o facilitar la integración de Turquía como puente con el mundo islámico) sobre consideraciones de la vida cotidiana del mundo del trabajo, que se siente, con razón, cada vez más inseguro, debido a un alto desempleo y a una disminución de la protección social. De ahí que la distancia entre los *establishments* políticos y mediáticos europeos y las clases populares está incrementándose enormemente, siendo los partidos socialdemócratas los más afectados por este distanciamiento, pues sus bases electorales se sienten abandonadas por sus élites dirigentes, que han adquirido (en muchos de ellos) el posicionamiento socioliberal, responsable del empobrecimiento del modelo social europeo.

Lo que se requiere es un cambio muy sustancial en la construcción de Europa, con una recuperación del modelo social (con el establecimiento de derechos sociales como condición de pertenencia a la UE), el desarrollo de un marco europeo de negociación colectiva, el desarrollo de políticas expansivas (con un mayor presupuesto) y el establecimiento del estímulo de crecimiento económico como objetivo del Banco Central Europeo (con mayor rendición de cuentas al Parlamento Europeo) y una mayor coordinación económica con armonización de las políticas fiscales (que debiera incluir un impuesto europeo sobre las empresas), medidas encaminadas todas ellas en dirección opuesta a las sugeridas por el socioliberalismo de Blair. Puede parecer paradójico, pero para salvar a Europa se requiere más Europa, lo cual no quiere decir un aumento en el número de sus miembros, sino una mayor expansión y profundización de su dimensión política y social.

4. EL MODELO NEOLIBERAL

4.1. LA SITUACIÓN DOMÉSTICA EN EE.UU. A PRINCIPIOS DE 2003

EE.UU., como la actual primera potencia mundial, juega un papel decisivo en la configuración de las políticas y estrategias de los organismos de regulación internacional. Así, resulta de suma importancia entender la realidad estadounidense, donde impera el modelo neoliberal, sin que necesariamente la mayoría de su población coincida con los valores de dicho modelo. Por ello, a continuación se dedica una sección al análisis de los acontecimientos políticos, económicos y sociales más relevantes en ese país en los últimos años.

En los primeros meses de 2003, la prensa internacional hacía constantes referencias al apoyo de España a la invasión de Irak por parte de EE.UU., confundiendo a España con el gobierno de Aznar. En realidad, las encuestas mostraban que la mayoría del pueblo español se oponía a esa intervención. Lo mismo ocurría cuando se confundía a EE.UU. con el gobierno de Bush. No era EE.UU., sino la Administración Bush la que estaba dispuesta a intervenir unilateralmente en Irak. Las encuestas *(Public Opinion Watch,* 19 de febrero de 2003) mostraban que el 62% de la población estadounidense opinaba que las tropas del ejército de EE.UU. no debían invadir Irak unilateralmente, pidiendo más tiempo para la inspección y supeditando la intervención militar a la aprobación del Consejo de Seguridad de las Naciones Unidas (la postura defendida por los gobiernos francés y alemán). Sólo un 38% apoyaba la invasión de Irak sin más (tal como el gobierno de Bush planeaba). De ahí que fuera erróneo señalar (como se hizo en muchos diarios españoles) que Francia (el gobierno de Chirac) y Alemania (el gobierno de Schröder) eran «antiamericanos» al oponerse a las políticas del gobierno de Bush. Según esta lógica, la mayoría del pueblo estadounidense era «antiamericano». Tales rotativos confundían ser anti-«políticas intervencionistas de Bush» con ser «anti-EE.UU.».

Esta distinción entre gobiernos y población es de una gran importancia para entender EE.UU., donde sólo el 52% de la población adulta participa en las elecciones presidenciales y sólo el 30% en las elecciones al Congreso. Puesto que hay una relación inversa entre el nivel de renta y la participación electoral, se deduce de ello que la mayoría de las clases populares no vota por no creer que el sistema político represente o defienda sus intereses, percepción, por cierto, bastante generalizada entre la población. En enero de 2003 nada menos que un 72% de la población creía que el gobierno de EE.UU. representaba y defendía primordialmente los intereses de grupos económicos y financieros que financiaban al partido gobernante, en lugar de los intereses de la población en general *(Public Opinion Watch,* enero de 2003).

Esta alienación de la población estadounidense hacia el gobierno federal alcanzaba sus porcentajes más elevados en el segundo año de mandato de la Administración Bush. Sus políticas públicas claramente regresivas contribuían a la alienación, a la vez que dañaban la calidad de vida de la ciudadanía. Un dato que ponía de relieve este retroceso era que cada año perdían su cobertura sanitaria un millón de personas. El declive del gasto social, vinculado a los recortes de impuestos para los grupos más pudientes de la ciudadanía, se acentuaba todavía más debido a la transferencia de fondos de las áreas sociales a las militares, necesaria para financiar la invasión de Irak. Así, las encuestas mostraban cómo crecía el número de estadounidenses que desaprobaban las políticas económicas de Bush (un 62%) frente a los que las aprobaban (32%), lo que se convirtió en el mayor problema de la Administración Bush.

La respuesta de la Administración Bush a esta situación fue doble: por un lado aumentar la represión contra los intentos de organizar una oposición a sus políticas, y por otro lado movilizar el patriotismo que le permitía presentarse a sí misma como la defensora del país frente al terrorismo. La primera estrategia, la de represión, alcanzó extremos no vistos desde los tiempos del mccartysmo. Los recortes de los derechos civiles –que se presentaron como necesarios para vencer al terrorismo– se utilizaron para silenciar las críticas y para reprimir a las fuerzas populares que intentaban organizarse frente a la austeridad social. Lo ejemplifica el intento del fiscal general, John Ashford (que empieza las reuniones de su gabinete leyendo la Biblia), de reducir los derechos de sindicalización de los trabajadores de la administración pública. El mismo Ashford que intentaba atemorizar a la ciudadanía advirtiéndole constantemente (en un promedio de dos avisos semanales) que habría ataques terroristas. Esta estrategia de aumentar las tensiones a fin de movilizar el sentido patriótico de la población tenía la contrapartida de poner de manifiesto el fracaso de la Administración Bush en su lucha antiterrorista, no habiendo capturado a Bin Laden como Bush había prometido. De ahí el intento de relacionar a este último con Sadam Husein para, al derrotar a éste con medidas militares tradicionales, poder presentar esa derrota como una gran victoria sobre el terrorismo (cuando en realidad tendría el impacto inverso, aumentando el terrorismo). Por otra parte, Bush, a principios de 2003, tenía cierta urgencia por invadir Irak, dada su pérdida de popularidad que intentaba recobrar iniciando un ataque militar en el que la mayoría de la ciudadanía apoyaría a las fuerzas armadas (y a su jefe, el presidente); no hay que olvidar que los que mueren en el campo de batalla son los hijos de la clase trabajadora estadounidense, de ahí su apoyo a las fuerzas armadas. Se olvida con excesiva frecuencia que una de las víctimas del intervencionismo militar son las propias clases populares de los EE.UU.

4.2. EL PORQUÉ DE LA INVASIÓN DE IRAK

Una de las razones que tanto la Administración Bush como el gobierno de Aznar esgrimieron para justificar la intervención militar en Irak fue la de defender los derechos humanos de la población iraquí, facilitando el establecimiento de la democracia en ese país, tras el derrocamiento del dictador Sadam Husein. Esa justificación, sin embargo, carecía entonces y sigue careciendo ahora de credibilidad. Fueron precisamente los gobiernos estadounidense, británico y francés los que ayudaron al establecimiento de esa dictadura. Y en 1989 la Administración Bush padre se opuso a que las Naciones Unidas indagaran sobre la violación de los derechos humanos del pueblo iraquí por parte de Sadam Husein. En realidad fue la Administración Bush padre, así como la Administración Reagan antes, las que dotaron al dictador Husein de armas biológicas y químicas de destrucción masiva. La persona que dentro de la Administración Reagan lideró esa campaña de apoyo a Sadam Husein fue precisamente Donald Rumsfeld, hoy secretario de Defensa de la Administración Bush hijo. Otra persona que tuvo un protagonismo en esas políticas de apoyo al dictador fue quien, coincidiendo con la invasión, era subdirector del Departamento del Estado, Richard Armitage, que ya en 1990 reconoció que Sadam Husein era un dictador brutal al que, sin embargo, convenía apoyar porque servía a los intereses de EE.UU. En 2003, dos de los aliados más importantes de EE.UU. en el mundo musulmán eran Arabia Saudí y Pakistán, dos de las dictaduras más represivas del mundo, según definición de la Asociación Internacional de Derechos Humanos. Arabia Saudí es, en realidad, un régimen feudal, regido por una familia, la familia Saud, que es una de las promotoras del fundamentalismo islámico incluso en España, donde escuelas fundamentalistas financiadas por ese régimen se han ido extendiendo en los últimos años en sectores de la población musulmana.

La alianza con tales regímenes dictatoriales se basa en que todos los gobiernos estadounidenses (incluidos los de Reagan, Bush padre, Clinton y Bush hijo) han considerado esos regímenes un mal menor frente a movimientos populares que pudieran cuestionar sus privilegios de explotación del petróleo en Oriente Próximo. En realidad, la gran riqueza petrolera de esta zona ha sido un factor determinante de la política exterior de los gobiernos estadounidenses. En un documento interno del Estado Mayor de los Ejércitos de EE.UU., *Strategic Assessment,* preparado por el Instituto de Estudios Estratégicos de la National Defense University del Departamento de Defensa del gobierno de EE.UU., publicado ya en 1999, pero no conocido hasta 2003, se señala que los «problemas de seguridad nacional en el siglo XXI se centrarán en conflictos sobre la propiedad y distribución (incluyendo las rutas de tráfico) de recursos energéticos en todas las partes del mundo, pero muy en especial en el Golfo Pérsico y en la región del Caspio». Esas áreas son definidas en ese informe como vitales para EE.UU. A una conclusión semejante llegó National Energy Policy Development Group, dirigido por el vicepresidente Cheney en 2003, que desarrolló el Plan Energético Nacional, un plan que fue percibido ampliamente por la prensa de Washington como escrito por las compañías energéticas próximas a la Administración Bush. El congresista John Dingle denunció las contradicciones que aparecían entre las declaraciones del presidente, que subrayaban que la intervención militar en Irak no tenía nada que ver con el petróleo, y lo que señalaban aquellos documentos internos de la Administración Bush. La realidad es que si el primer producto exportado de Oriente Próximo fueran lechugas, es muy poco probable que la guerra en Irak en 2003 hubiera tenido lugar.

Siendo la riqueza petrolera de la zona un factor importante para entender la invasión del Irak, no fue, sin embargo, el único. En realidad, los hechos de 2003 en adelante ponen de manifiesto el error de muchas teorías globalizadoras en boga que asumen que los Estados están desapareciendo en un mundo globalizado, desorganizado y anárquico, gobernado por mercados, donde las empresas multinacionales juegan un papel clave. Hay un orden jerárquico de Estados en el que el éxito de las empresas transnacionales (erróneamente llamadas multinacionales) depende de su relación con los Estados donde se ubican y de la posición que tales Estados ocupan. En la cúspide de ese orden se halla el Estado de EE.UU., el cual, bajo la Administración Bush, no tiene ningún reparo en presentarse como el defensor de un sistema imperial. Es paradójico, por cierto, que en un periodo histórico en el que ni siquiera las izquierdas hablaban del imperialismo estadounidense, sean dirigentes de la Administración Bush y sus asesores quienes hayan hablado sin ningún rubor de las responsabilidades imperiales de EE.UU. No sólo Henry Kissinger, sino también Robert Kaplan, Max Boot, Sebastian Mallaby, Michael Ignatieff y muchos otros intelectuales próximos a la Administración Bush han utilizado con aprobación el término de «imperialismo americano» calificándolo, sin embargo, de «benigno». La aprobación de la intervención militar de EE.UU. por parte del Consejo de Seguridad de las Naciones Unidas habría formalizado ese dominio de EE.UU. en el orden internacional. Este Estado está hegemonizado por un Partido Republicano que ha ido derechizándose más y más, y que tiene un control casi absoluto de las ramas ejecutiva, legislativa y jurídica del Estado Federal. A diferencia del Partido Republicano de los años cincuenta y sesenta, es uniforme y está enormemente cohesionado, con un fundamentalismo religioso (basado en la alianza de los fundamentalismos cristiano, protestante y judío) muy dominante en los Departamentos de Justicia y del Interior (la rama fundamentalista episcopal y presbiteriana), así como en sectores del Departamento de Estado (la rama fundamentalista judía). En realidad, las personalidades más pro Sharon del Departamento de Estado, como Paul Wolfowitz, antiguo subdirector del Departamento de Defensa, que ya en 1992 pidió la invasión del Irak, Douglas Feith, director general del Departamento de Política Estratégica del Departamento de Defensa, Elliot Abrams, del Consejo Nacional de Seguridad, Lewis Libby, director del Gabinete del vicepresidente Cheney, y Richard Perle, ex chairman del Comité de Política de Defensa del Departamento de Defensa (quien en 1970 fue descubierto por el FBI pasando información del Consejo Nacional de Seguridad a la Embajada israelí y que trabajó como asesor en temas electorales del primer ministro israelí Netanhyahu entre 1996 y 1999), fueron también quienes más apoyaron la invasión militar de Irak, pues veían a Irak como el único Estado que podría amenazar a Israel.

Este «modelo americano» imperial, impregnado con un fundamentalismo religioso, es el modelo neoliberal a ultranza que la Administración Bush está aplicando a EE.UU. y que desea exportar al mundo. Este modelo consiste en unas políticas clasistas extremas, definidas por el *New York Times* como «el modelo de lucha de clases desde arriba» (4 de marzo de 2003) que favorece enormemente a las rentas muy superiores a costa de las clases populares, que han visto un gran deterioro de los servicios públicos debido a los severos recortes de los fondos sociales federales. Las políticas regresivas de la Administración Bush, definidas por el presidente de la Federación de Sindicatos, John Sweeney, como «las más reaccionarias y antisindicales desde el presidente Hoover», han creado un enorme descenso del consumo público social, que ha contribuido en gran manera al crecimiento del desempleo desde 1992 (*Bureau of Labor Statistics,* febrero de 2003), generando descontento popular.

Tras el comienzo de la guerra en Irak, la Administración Bush aumentó la represión en contra de los intentos de organizar una oposición a sus políticas, centrándose en los sindicatos y en las clases populares, recortando sus derechos sociales y civiles y presentando tales recortes como necesarios en la lucha antiterrorista. Así, el entonces fiscal general, John Ashcroft, acusó a los sindicatos de hacer el juego a Sadam Husein, al oponerse a los planes de privatizaciones de los servicios públicos. A partir del ataque a Irak, todas las instituciones públicas y privadas fueron recibiendo instrucciones del gobierno federal de cómo protegerse frente a ataques nucleares, biológicos y químicos, amenazando con intervenciones policiales masivas en caso de disturbios, nota que se acentuó en las instrucciones que se enviaron a los centros universitarios. Se presentaban así todas las resistencias a las políticas clasistas del gobierno como «antiamericanas» y colaboracionistas. El éxito de tales campañas de atemorizar a la población, sin embargo, fue relativo. En realidad, en abril de 2003 el 32% de la población continuaba estando en contra de la invasión militar de Irak; además de los sindicatos y de las iglesias católica y protestante, se oponían la mayoría de las asociaciones afroamericanas e hispanas (excepto las cubanas). Precisamente, Aznar justificó por aquel entonces su apoyo a la Administración Bush en su ataque a Irak por la necesidad de expresar su solidaridad con la población hispana de EE.UU. Las encuestas mostraban, sin embargo, que había más hispanos en contra de la invasión que a favor, y ello no sólo como consecuencia de su desacuerdo con las políticas belicistas del gobierno estadounidense, sino también por su concienciación de que la guerra la estaban pagando las clases populares con los recortes de los gastos y los servicios sociales, recortes sin precedentes en los últimos cincuenta años.

En la campaña de las primarias del Partido Demócrata, que había empezado informalmente en marzo de 2003, la situación doméstica de EE.UU. adquiría mayor visibilidad mediática, señalando las grandes vulnerabilidades de Bush en estas áreas. Es más, en aquella campaña, las bases del Partido Demócrata se rebelaban contra la dirección del partido, que apoyaba la invasión de Irak. De ahí la urgencia de Bush de comenzar el ataque militar, que, además de dejar la temática doméstica en un segundo plano, movilizó el sentido patriótico de la ciudadanía, que tradicionalmente ha apoyado a las fuerzas armadas en tiempo de guerra. En la encuesta Gallup del 20 de marzo de 2003, el día siguiente al comienzo de la intervención militar, el 59% de la población mostraba su conformidad, expresando el deber patriótico de apoyar a los soldados en combate. Por otra parte, el terrorismo, y el miedo y la inseguridad que crea en la población, ha sido y es el mejor aliado de la Administración Bush. De la misma manera que el terrorismo de ETA ayudaba electoralmente al gobierno de Aznar, el terrorismo de Al Qaeda ayuda electoralmente a Bush. Bush era plenamente consciente de que el ataque a Irak aumentaría el terrorismo, lo cual le beneficiaría, pues le iba a permitir continuar con sus políticas domésticas regresivas, gozando a su vez de un apoyo popular. En este sentido estar en contra de la política belicista del gobierno de Bush no significaba ser antiamericano, sino todo lo contrario, significaba estar a favor del bienestar de las clases populares de EE.UU.

4.3. BALANCE DE LAS POLÍTICAS DOMÉSTICAS DEL PRIMER MANDATO DE BUSH

Mientras que la mayoría de análisis de la Administración Bush se han centrado en su política exterior, pocos estudiosos en nuestro país se han dedicado a sus políticas domésticas, que se han caracterizado por una gran agresividad hacia los sindicatos, hacia la clase trabajadora y hacia las condiciones ambientales del país. Durante los años del primer gobierno del presidente Bush, la economía estadounidense perdió 2 millones de puestos de trabajo, alcanzando una tasa de desempleo del 5,6%, tasa que en realidad era mucho mayor cuando se incluía en la cifra de desempleados a aquellos que, cansados de buscar trabajo sin encontrarlo, han abandonado la búsqueda. Si se hacía así, la tasa de desempleo ascendía al 7,4%. Por otra parte, el periodo de tiempo en que las personas estaban desocupadas aumentó considerablemente, de manera que a principios de 2004 el 25% de las personas desocupadas habían estado en esa situación durante más de seis meses, el porcentaje mayor de los últimos veinte años. A ese deterioro de la situación de las personas desocupadas había que añadir que la Administración Bush había recortado muy significativamente las prestaciones por desempleo, con lo que 1,1 millón de personas desocupadas había dejado de recibir ninguna cantidad.

La situación también había empeorado para la población ocupada. El salario semanal del 90% de los trabajadores varones mayores de veinticinco años que trabajaban a jornada completa había disminuido, forzándoles a trabajar más tiempo. La Administración Bush indicaba que esas horas extra (que el trabajador sentía la necesidad de realizar para mantener su capacidad adquisitiva) no podían ser compensadas con incentivos en metálico, con lo cual el mercado laboral seguía el modelo establecido por la empresa Wal-Mart (la segunda empresa estadounidense que ha aportado fondos a la campaña del candidato Bush), que exige un horario laboral por encima de las ocho horas diarias, horas extra que se pagan como las horas normales, sin ninguna compensación adicional. Estas medidas regresivas fueron acompañadas de una oposición a aumentar el salario mínimo, que en 2004 era un 25% más bajo que en el año 1979, así como de una reducción muy notable de los gastos sociales federales y de una exigencia de recortes de tales gastos por parte de los Estados.

Una de las áreas donde los recortes se acentuaron más en el primer gobierno de Bush fueron las becas y las ayudas universitarias, reforzando con ello la homogenización social de las poblaciones estudiantiles universitarias.

Otro aspecto que aumentó durante la primera Administración Bush fue la movilidad, no sólo de la manufactura, sino también de los servicios, a países subdesarrollados. La movilidad ha sido defendida por los partidarios del libre comercio al subrayar que favorece una nueva división del trabajo, de manera tal que aquellos puestos de trabajo de alta cualificación se centren en los países desarrollados, mientras que los de escasa cualificación se centren en países subdesarrollados. Tal esquema teórico olvida o ignora que parte de la deslocalización afecta también a los puestos de trabajo cualificados (radiólogos situados en la India leen las radiografías de hospitales estadounidenses). Y, por otro lado, esa deslocalización debería estimular una gran inversión pública para formar constantemente a aquellos trabajadores afectados por ella, a fin de ayudarles a integrarse en nuevos puestos de trabajo. La Administración Bush en su primer mandato, sin embargo, redujo considerablemente los programas de formación al eliminar 1.000 millones de dólares en ellos, dificultando así la incorporación de trabajadores deslocalizados al mercado de trabajo. En consecuencia, la gran mayoría de trabajadores afectados por estas deslocalizaciones se vieron forzados a aceptar puestos de trabajo con salarios más bajos que los que tenían anteriormente (un 20% más bajos). Es más, la Administración Bush también debilitó la legislación laboral y ambiental que existía en los tratados multilaterales y bilaterales de comercio, que, al menos en teoría, intentaba proteger a los trabajadores de los países subdesarrollados receptores de aquellas empresas que se localizaban en ellos y prohibía el trabajo de niños y exigía derechos sindicales y ambientales.

Acompañando esta agresividad, en su primer mandato la Administración Bush dictó leyes que dificultan la sindicalización. En realidad, las encuestas de entonces mostraban que una tercera parte de los trabajadores de EE.UU. deseaban afiliarse a los sindicatos, aunque sólo un 13% lo estaban, y ello como resultado de las leyes aprobadas por la Administración Bush que dificultan el sindicalizarse. Estas medidas alcanzan incluso situaciones extremas, como cuando se utiliza la ley que define la estrategia antiterrorista de la primera Administración Bush (Homeland Security Act) para dificultar la sindicalización de los empleados públicos con el argumento de que tal sindicalización dificulta la lucha contra el terrorismo. Esas políticas definen a la Administración Bush como la más reaccionaria y regresiva de los últimos cincuenta años.

4.4. ¿EXISTE DEMOCRACIA EN EE.UU.?

A la vuelta a España, después de vivir en EE.UU. durante 38 años, me pareció preocupante la cobertura mediática que se hace de EE.UU. en gran número de medios de información españoles. Uno de los problemas que presenta es el de traducir literalmente al español los términos utilizados en el lenguaje político estadounidense. Así, es muy frecuente que medios de información españoles utilicen el término *liberal* para definir –tal como se hace en las culturas mediáticas y políticas estadounidenses– a personas o posturas de EE.UU. que defienden la expansión y universalización de los servicios públicos del Estado del bienestar y la redistribución de la riqueza a base de políticas redistributivas, políticas públicas que en España y en Europa caracterizan a las posturas socialdemócratas. Referirse, en España, a los sindicatos estadounidenses (la federación AFL-CIO) o al senador Ted Kennedy o a Jesse Jackson, presidente de la Federación Arco Iris de la izquierda del Partido Demócrata, como liberales es erróneo y lleva a una enorme confusión, resultado de una mala práctica informativa, cuando no de mera manipulación.

Otro error frecuente es la idealización del sistema político de EE.UU. por parte no sólo de pensadores liberales, sino también de sectores socioliberales que han tomado al Partido Demócrata como un modelo a seguir por parte de las izquierdas españolas, de las cuales estos pensadores se consideran parte. El Partido Demócrata, sin embargo, no es un partido de izquierdas (aunque tiene un sector de izquierdas importante), y ésta es la razón más importante de que EE.UU. tenga un Estado del bienestar muy poco desarrollado. Hay 45 millones de estadounidenses sin cobertura sanitaria. Hacer frente a las facturas médicas, por cierto, es la mayor causa de bancarrota para las familias estadounidenses.

En relación con el sistema político, debemos preguntarnos: «¿Es EE.UU. hoy una democracia viva?» Ésta no es una pregunta frívola. Hay al menos tres razones para cuestionar que el sistema político de EE.UU. sea hoy un sistema auténticamente democrático. La primera razón es que la Constitución de EE. UU. establece que cada estado, independientemente de su tamaño, esté representado por dos senadores. Esto conlleva que el 50% de la población estadounidense que vive en los estados más poblados, que son también los más desarrollados económica e industrialmente, y los más progresistas, esté representada por sólo 18 senadores, mientras que el otro 50% de la población que vive en los estados más rurales, más pequeños y más conservadores, está representada por 82 senadores.

Otra razón para cuestionar la naturaleza democrática de EE.UU. es su sistema electoral, que no es proporcional, lo cual determina que un candidato que pierda con el 49% de los votos pierde toda la representatividad, mientras que el que gana con el 51% lo gana todo. Estas reglas imposibilitan en la práctica el establecimiento de un tercer partido a nivel de todo el país; su misión histórica ha sido precisamente la de dañar al partido ideológicamente más próximo. El sistema electoral de EE. UU. permite así sólo dos opciones mayoritarias. Y aunque hay diferencias importantes entre ambos partidos, éstas se están reduciendo en los últimos veinte años debido a la gran influencia de los grupos económicos, financieros y profesionales, influencia que se ejerce a través de la financiación de dichos partidos, lo cual me lleva a detallar la tercera razón por la cual la democracia estadounidense está hoy muy limitada: EE.UU. es el único país del mundo democrático que tiene privatizado todo el sistema electoral. Es decir, que en la práctica no hay límites para que los candidatos o grupos próximos a ellos reciban y gasten fondos privados (destinados en su mayoría a comprar tiempo televisivo, que tampoco está regulado y se halla al alcance del mejor comprador). La mayoría de estos fondos proceden de los *lobbies* económicos y financieros, es decir, de grandes grupos de poder que determinan en gran manera las políticas públicas de aquellos políticos que han recibido su dinero, y que explica el gran cinismo existente entre la población (y muy en especial entre las clases populares) sobre la representatividad de la clase política. En la encuesta Peter Hart Poll del 5 de mayo de 2004, se señalaba que el 82% de la población adulta no creía que los políticos representasen sus intereses. De ahí la enorme abstención. Como ya he mencionado, en las elecciones presidenciales, casi el 50% de la población no vota, siendo esta abstención incluso mayor entre las clases populares. En las estatales y municipales, esta abstención llega incluso a un 70%; sólo un 30% participa.

Esta escasa participación no daña, por lo general, a los gobernantes elegidos. Antes al contrario, les favorece. Según el instituto de análisis electorales Common Cause, sólo un 30% del electorado (en las elecciones a los estados y a los municipios) participa, con lo cual el que gobierna necesita sólo un 16% para mantenerse en el poder, un bajo porcentaje que puede movilizarse a base de políticas de tipo clientelar. De ahí que el 92% de gobernantes que se presentan a la reelección en EE.UU. ganen las elecciones, constituyendo así una de las clases políticas más estables y menos renovada de las democracias occidentales. Ni que decir tiene que el sistema político estadounidense cuenta también con elementos positivos, tales como los referéndums vinculantes a nivel municipal y estatal (aunque no federal), así como las elecciones primarias dentro de los partidos. Ahora bien, ello no es suficiente para considerar ese sistema como un punto de referencia para las fuerzas progresistas en Europa.

4.5. ELECCIONES EN EE.UU. 2004: LA DERROTA DEL SOCIOLIBERALISMO

Los resultados de las elecciones estadounidenses de 2004 sorprendieron a la mayoría de los medios de información europeos. ¿Cómo puede ser –se preguntaban– que un presidente como Bush, que inició una guerra en Irak basada en una serie de supuestos erróneos, falsamente presentados a la ciudadanía estadounidense, y que ha conducido al mundo a una situación mucho más insegura que antes, haya sido reelegido? A esta pregunta, las centroizquierdas e izquierdas europeas añadieron otras que traducen también la sorpresa ante el hecho de que uno de los presidentes de EE.UU. que ha seguido políticas domésticas más regresivas haya sido reelegido por una mayoría que incluye sectores importantes de la clase trabajadora y de las clases populares (un 41% de sindicalistas votaron al presidente Bush). Para responder a estas preguntas hay que entender el sistema político estadounidense, que permite sólo un bipartidismo (imposibilitando el establecimiento a nivel nacional de un tercer partido), y la evolución que estos dos partidos, el Demócrata y el Republicano, han experimentado en los últimos veinte años.

Desde el establecimiento del New Deal (que instauró la Seguridad Social) por el presidente Roosevelt, las administraciones demócratas se habían caracterizado por sus políticas públicas expansivas del Estado del bienestar, siendo la última intervención en este sentido el establecimiento por el presidente demócrata

Johnson de la Great Society que incluyó Medicare (el programa de financiación de los servicios sanitarios a los ancianos, programa universal sumamente popular) y Medicaid (programa asistencial, mucho menos popular, de atención sanitaria a los pobres). El abandono de la tradición del New Deal por parte del Partido Demócrata durante la Administración del presidente Carter (que aumentó el gasto militar a costa del gasto social) y la consiguiente victoria del candidato republicano Reagan, provocó una revuelta en las bases del Partido Demócrata: los sindicatos y los movimientos sociales (como el movimiento de las minorías, el ecologista y el feminista) que, liderados por Jesse Jackson (al cual tuve el privilegio de asesorar), consiguieron nada menos que el 42% de delegados del Congreso del Partido Demócrata en el año 1988. Esa revuelta propició una respuesta inteligente por parte de la dirección del Partido Demócrata, liderada por Clinton y Gore (los dos, demócratas del Sur y fundadores del Democratic Leadership Council, la rama de centro derecha del Partido Demócrata), de manera que cuando Clinton se presentó a las elecciones de 1992, copió textualmente el programa de la izquierda del partido, incluyendo el establecimiento de un programa federal sanitario que garantizara el derecho de acceso de todos los estadounidenses a los servicios sanitarios. Tal como señaló el *Financial Times,* Clinton presentó en 1992 un programa socialdemócrata tradicional. Hizo incluso referencia en varias ocasiones durante la campaña electoral al modelo sueco como inspirador de algunas de sus propuestas, con lo cual movilizó a las bases del Partido Demócrata, consiguiendo un aumento del voto de la clase trabajadora que se había abstenido en las elecciones anteriores o que había votado a Reagan (Reagan Democrats). En realidad, en las elecciones previas (a partir de Carter), la mayoría de la clase trabajadora se había abstenido. Ahora bien, tras ser elegido, Clinton tomó varias decisiones que antagonizaron a las bases del Partido Demócrata: el abandono de las políticas sociales expansionistas (como consecuencia de su compromiso de equilibrar el presupuesto federal, resultado de las presiones de la banca, de Wall Street y de su secretario del Tesoro, Robert Rubin) y la aprobación del Tratado de Libre Comercio entre EE.UU., Canadá y México (NAFTA), con el apoyo del Partido Republicano y el centro derecha del Partido Demócrata y la oposición de la mayoría del Partido Demócrata y de los sindicatos, que habían supeditado su apoyo al Tratado a que la reducción de aranceles estuviera condicionada por el aumento del salario mínimo mexicano y el cambio de las normativas laborales y ambientales en el tratado, permitiendo mayor protección a los trabajadores y al medioambiente de México, condiciones que el presidente Clinton no aceptó. Lo que deseaba la mayoría del Partido Demócrata y los sindicatos estadounidenses era reducir el salario diferencial y las diferencias en la protección laboral y ambiental entre los dos países, a fin de disminuir el flujo de capitales de EE.UU. a México. El candidato Cárdenas de la izquierda mexicana, por cierto, había dado su apoyo a esas modificaciones del NAFTA.

Cuando esas políticas –el compromiso de alcanzar el equilibrio presupuestario y la aprobación del NAFTA– fueron aprobadas por el presidente Clinton, la señora Clinton, responsable del grupo de trabajo encargado de proponer la reforma sanitaria (y del cual yo era miembro), nos señaló a los que trabajábamos en él que habíamos perdido la posibilidad de hacer la reforma sanitaria, puesto que las bases del Partido Demócrata –cuya movilización era fundamental para neutralizar la oposición a tal reforma por parte de las compañías de seguros, muy influyentes en los comités del Congreso responsables de política social y sanitaria– estaban desmoralizadas y muy descontentos con el presidente.

En realidad, las elecciones al Congreso de 1994 mostraron lo acertada que era esta percepción de desmovilización de las bases del Partido Demócrata. Los republicanos ganaron las elecciones al Congreso –la mal llamada revolución de Gingrich– debido a la gran abstención de las bases del Partido Demócrata. Las propuestas de privatización de la Seguridad Social hechas por Gingrich, sin embargo, movilizaron de nuevo a las bases del Partido Demócrata en 1996, movilización que se hizo a regañadientes, para parar a Gingrich más que para apoyar a Clinton. En realidad, la participación en las elecciones de 1996 fue una de las más bajas de los últimos veinte años.

La Administración Clinton durante el periodo 1992-1996 fue decepcionante. El equilibrio presupuestario supuso un ralentizamiento del crecimiento económico y su reforma del sistema de beneficencia, con el recorte de fondos de los programas antipobreza, forzó a gran cantidad de personas pobres a integrarse en el mercado de trabajo en condiciones muy precarias, presionando los salarios a la baja, con lo que disminuyó el salario horario promedio de EE.UU. Como el mismo Clinton admitió en su entrevista con Bob Woodward (publicada en su libro *The Agenda),* «para satisfacer el mercado de acciones de la Bolsa, seguimos políticas públicas que dañaron a los que nos votaron. Copiamos la política tradicionalmente republicana del presidente Eisenhower a favor de eliminar los déficits presupuestarios, a favor del libre comercio y de la Bolsa, que perjudicó a nuestros votantes». Fue entonces cuando se estableció el llamado Consenso de Washington, y cuando economistas como Joseph Stiglitz (del Consejo Económico Asesor del presidente) y Paul Krugman alabaron estas políticas. Sin embargo, otros economistas poco conocidos en Europa como Robin Pollin, Jeff Faux y John Schmitt, entre otros, criticaron estas políticas, que fueron reconocidas como erróneas por Stiglitz más tarde.

En realidad, eran políticas de solidificación del neoliberalismo dentro del Partido Demócrata y establecían un liberalismo supuestamente con conciencia social (el socioliberalismo). De hecho, el mayor crecimiento económico a partir de 1996 se debió a la desregulación del capital financiero, aprobada por Clinton con el apoyo del Congreso de mayoría republicana, que llevó a una burbuja especulativa de la Bolsa (creando una sensación de falso bienestar económico) y a los escándalos empresariales de los cuales Enron fue el caso más paradigmático. No le faltaba razón a Bush hijo cuando acusaba a Clinton de que la depresión a inicios de su mandato era una consecuencia del colapso de Wall Street. Clintonomics, por lo demás, no fue particularmente exitoso. La derechización del Partido Demócrata continuó en el año 2000, cuando por primera vez desde tiempos del presidente Truman se eliminó del programa del partido el compromiso de universalizar la sanidad, uno de los temas pendientes del New Deal. Como protesta, parte de la izquierda del Partido Demócrata se escindió, apoyando a Nader, responsable de la derrota de Gore.

La elección del presidente Bush determinó el inicio de una etapa enormemente regresiva, que se radicalizó a partir del atentado del 11 de septiembre de 2001. Bush utilizó la campaña contra el terror (señalando a Sadam Husein como el autor del atentado a las Torres Gemelas) para solidificar una política represiva dentro de EE.UU., con un claro recorte de los derechos civiles, que incluyen los derechos laborales. El Partido Demócrata, sin embargo, no se distanció suficientemente de estas políticas, apoyando en su mayoría la invasión de Irak, así como las políticas domésticas de austeridad social. En realidad, el Partido Demócrata lideró la campaña de reducción del déficit del presupuesto federal, acusando al presidente Bush de expandir excesivamente el gasto público. Es más, criticó las medidas proteccionistas de Bush en favor de las industrias estadounidenses especialmente vulnerables a la competitividad extranjera como la industria del acero, de gran importancia en los estados industriales. En el área social, en el programa de 2004 del Partido Demócrata continuó la exclusión del compromiso de universalizar la sanidad. Ello respondía en parte a que las compañías de seguros se habían convertido en una de las fuentes de financiación del Partido Demócrata. El candidato Kerry (financiado también en parte por estas compañías de seguros) había propuesto la reducción del número de estadounidenses que no tienen ninguna cobertura sanitaria (de 44 millones a 22 millones) mediante desgravaciones fiscales a quienes suscribiesen un seguro, política que representaba un claro subsidio a esas compañías.

Semejante programa desmovilizaba a amplias bases del Partido Demócrata, que no se presentaba con un programa alternativo, atractivo, optimista, de expansión del Estado del bienestar, sino con un programa para gestionar mejor las crisis que vivía EE.UU. sin resolverlas. Kerry se comprometió a gestionar mejor la guerra de Irak (sin resolver las causas), la crisis sanitaria (sin enfrentarse al enorme poder de las compañías de seguros que gestionan la sanidad estadounidense), la crisis del Medio Oeste (sin resolver tampoco las causas) y así un largo etcétera. En la política económica, su punto central –diseñado por Robert Rubin y el mismo equipo económico que asesoró al presidente Clinton– era la rectitud fiscal de equilibrar el presupuesto federal. Su eslogan era que «todo aumento de gasto público tiene que ir acompañado de un recorte de gasto público en otro sector». Uno de los sectores impermeables a estos recortes fue el militar. Kerry se comprometió a mantener y expandir este gasto militar. Este programa desmoralizó a amplios sectores de las bases del Partido Demócrata, que se movilizaron más para deshacerse de Bush que para apoyar a Kerry. El 48% de los votantes de Kerry señalaron que votaron para frenar a Bush más que para elegir a Kerry.

El Partido Republicano, por el contrario, se ha convertido en un partido altamente ideologizado, con un mensaje muy movilizador, basado en un patriotismo facilón (de apoyar al presidente y al ejército en tiempo de guerra) con un fundamentalismo religioso. La mayoría de personas creyentes de todas las religiones cristianas en EE.UU. apoyaron a Bush en las elecciones de 2004. Las iglesias se movilizaron activamente, proyectando un mensaje populista de enfrentamiento frente a un *establish-*

ment elitista, de escasa fibra moral, que hacía propuestas que deterioraban el calibre moral del país. En realidad, lo que está ocurriendo en EE.UU. desde hace unos años es, en algunos aspectos, semejante a lo que está ocurriendo en varios países europeos. La derechización de los partidos socialdemócratas está desmovilizando a las bases de esos partidos, defraudando a sectores de las clases populares que, de una manera creciente, se abstienen o votan por partidos populistas ultraderechistas, chauvinistas y con componentes fundamentalistas. Lo que los partidos progresistas deberían hacer no es tomar al Partido Demócrata de EE.UU. (que se ha convertido en un partido minoritario) como su punto de referencia, sino, al contrario, reforzar su compromiso con la expansión del Estado del bienestar, reafirmando la Europa social como alternativa al modelo estadounidense.

Cuarta parte

Posibles alternativas

En esta parte del libro se analizan críticamente varias propuestas que han surgido de las izquierdas en Europa y en España. Se detallan las limitaciones de la Tercera Vía (opción que goza de gran popularidad en círculos financieros, económicos y mediáticos españoles).

1. ALTERNATIVAS DE LAS IZQUIERDAS

1.1. LAS CONSECUENCIAS ELECTORALES DE LA TERCERA VÍA Y SU RELEVANCIA PARA ESPAÑA

La elección del New Labour en Gran Bretaña en el año 2001 fue presentada como prueba definitiva de que la estrategia política seguida por la Tercera Vía era la correcta, convirtiéndose a partir de entonces en el punto de referencia de la socialdemocracia en muchos países europeos, que quedaron impresionados por la gran victoria del partido dirigido por Tony Blair, que había renovado la mayoría conseguida en 1997 (otro tanto ha ocurrido con la victoria en 2005). Muchos intelectuales afines a la Tercera Vía, como Anthony Giddens, utilizaron ese éxito como prueba de la rentabilidad política del cambio del laborismo británico hacia un nuevo laborismo de orientación centrista que, movilizando a las clases medias, garantizaba su éxito electoral.

Ahora bien, una vez calmado el primer entusiasmo, aparecieron nuevos estudios que cuestionaban la lectura optimista de esos resultados electorales de 2001. Se vio así que los porcentajes de votos que daban una gran mayoría de parlamentarios al New Labor no recogían la escasa participación electoral que se dio en el año 2001. Según el análisis de un grupo de politólogos británicos, publicado en la revista de la Asociación Europea de Ciencias Políticas (octubre de 2001, p. 34), sólo votó el 54% de los posibles votantes, el porcentaje más bajo de los países de la OCDE (después de EE.UU.) (Whiteley, P., Clarke, H., Sanders, D. y Stewart, M., «The 2001 General Election in Britain», *European Political Science* [EPS]. Otoño del 2001, pp. 34-41). De ahí se deduce que sólo el 23% del electorado potencial votó al partido de Blair (menos de uno de cada cuatro). Éste fue el hecho más llamativo de las elecciones británicas del año 2001.

El segundo hecho que merece citarse es que esa abstención fue incluso más acentuada en los distritos tradicionalmente laboristas, donde las encuestas mostraban un elevado grado de frustración debido al deterioro de los servicios públicos, como consecuencia de las políticas de austeridad de gasto público seguidas por el gobierno de Blair durante el periodo 1997-2001, que fueron percibidas por los sectores abstencionistas como políticas continuistas de las llevadas a cabo por el gobierno conservador anterior.

La tercera observación que subrayaron los autores del estudio es que el Partido Conservador no se benefició de esta frustración debido a que el electorado abstencionista no creía que ese partido tuviera propuestas de carácter expansivo de gasto público que permitieran corregir el deterioro de los servicios públicos (y muy en especial de la sanidad y la educación) que las encuestas mostraban de mayor importancia para la ciudadanía. En realidad se veía al Partido Conservador como la posibilidad de empeorar todavía más los servicios públicos con sus propuestas privatizadoras de los servicios sanitarios. El que sí se benefició del descontento popular fue el Partido Demócrata Liberal, que tenía la propuesta de aumentar el gasto público a fin de mejorar los servicios públicos, incluso a costa de aumentar los impuestos. Fue el partido que vio aumentar más su voto tanto en términos absolutos como porcentuales. Este partido, por cierto, había visto también aumentar considerablemente su voto en 1997, con las mismas propuestas.

En realidad no hay prueba que apoye la interpretación tan extendida en el Reino Unido (y también en España) de que el Partido Laborista perdiese en 1994 por haber propuesto un aumento de los impuestos para paliar el déficit social en el Reino Unido. El Partido Demócrata Liberal, que se había presentado como el defensor del Estado del bienestar, proponiendo un mayor gasto público con mayores impuestos, fue el partido que creció más, con votos procedentes, por cierto, de las capas medias del electorado temerosas del deterioro y de la pérdida de calidad de los servicios del Estado del bienestar, como sanidad y educación. Estos sectores sociales son más exigentes y, por lo tanto, tienen mayores expectativas depositadas en los servicios públicos que la clase trabajadora, y detecten su deterioro más pronto y con mayor preocupación.

De esta situación pueden deducirse varias conclusiones. Una, bien demostrada en varios países, es que el desplazamiento de un partido de centro izquierda e izquierda hacia el centro y centro derecha puede conllevar un aumento importante de la abstención. Este movimiento hacia el centro y la derecha lleva a una situación en la que el debate electoral se centra en la captación del voto de centro y centro derecha con la consiguiente derechización de todo el debate político, tal como ha ocurrido también en España. La alternativa a esta estrategia es movilizar tanto a la clase trabajadora como a las clases medias alrededor de un programa de mejora notable de los servicios públicos, usados por la mayoría de la población, lo cual exige una ruptura con las políticas de austeridad del gasto público y social. No obstante, y tras la victoria por mayoría absoluta del PP en 2000, el mayor partido de la oposición en España no hizo ninguna propuesta de aumento notable del gasto público para mejorar la calidad de los servicios públicos incluyendo la sanidad y la educación. El equipo económico del PSOE, procedente en su mayoría del ala llamada solchaguista, continuó moviéndose dentro de los parámetros de austeridad social y limitado crecimiento del gasto público.

Una segunda y última observación derivada de la experiencia británica es que constituye un error político (y electoral) centrarse primordialmente, cuando no exclusivamente, en la movilización electoral de las llamadas clases medias, que se asume erróneamente representan a la mayoría de la ciudadanía. En realidad, según una encuesta del CIS, la mayoría de la población adulta en España (51,4%) se considera clase trabajadora y sólo un 34% se considera clase media. La base social de la socialdemocracia es la alianza entre la clase trabajadora y la clase media, mediante el establecimiento de un Estado del bienestar de gran calidad que recoge las expectativas de las clases medias, favoreciendo así a la clase trabajadora. Es erróneo percibir un conflicto entre los intereses de esas clases y todavía más erróneo creer que una clase –la clase media– ha sustituido a la otra clase –la clase trabajadora– hasta el punto de que ésta ha desaparecido del discurso político de las izquierdas como ha ocurrido en España. El coste político de esta situación es la abstención de la clase trabajadora, que se reproduce también en menor grado en sectores de las clases medias preocupadas por el deterioro de los servicios públicos. Así ocurrió en Gran Bretaña en 2001, y ha ido ocurriendo también en nuestro país. Por ello, resultaba sorprendente, en este sentido, que el partido socialdemócrata mayoritario no focalizara entonces su discurso político en el deterioro de los servicios públicos (consecuencia del descenso del gasto público en protección social del 23,4% del PIB en 1993 al 19,7% en 2002), centrándose en su lugar en temas de configuración del Estado, con gran cobertura mediática, pese a que la ciudadanía no los percibía como elementos que afectasen a su cotidianeidad.

1.2. SOCIALDEMOCRACIA SIN CLASE TRABAJADORA

Desde finales de la década de los noventa, una postura muy extendida en las culturas mediáticas y políticas de nuestro país ha sido que los partidos socialdemócratas en Europa, para ganar las elecciones, deben desplazarse hacia el centro del espectro político a fin de conseguir la adhesión electoral de la clase media (que se supone constituye la mayoría de la ciudadanía y de la cual se asume una orientación política centrista). En esta postura se considera que la clase media debe ser la base social prioritaria de la socialdemocracia, sustituyendo a la clase trabajadora, que, se afirma, está desapareciendo bien objetivamente (resultado de su reducción y práctica desaparición en la estructura social de nuestras sociedades) o bien subjetivamente (resultado de que un número mayor de trabajadores se sienten y autodefinen como miembros de la clase media). De ahí que el término y concepto de clase trabajadora prácticamente desapareciera de la cultura política y mediática del país. La gran mayoría de líderes socialdemócratas dejaron de utilizarlo, temerosos, por otra parte, de ser tildados de «anticuados» por los medios de información y persuasión que configuran la sabiduría convencional del país. Ésta ha mantenido que la modernización de la socialdemocracia pasa por su centrismo, tal como ha hecho el Nuevo Laborismo de Blair, que muchos medios de información consideran modelo para el resto de partidos socialdemócratas europeos, mostrando su supuesto éxito electoral como prueba de la certeza de su estrategia política.

Así, vimos cómo a raíz del fracaso de Jospin en 2002 varios periódicos, incluido *El País,* publicaron editoriales estimulando el cambio de los partidos socialdemócratas europeos en la línea Blair, puesto que «el resultado ha funcionado en las urnas» *(El País,* 28 de abril de 2002). Una variante de ese mensaje modernizador de la socialdemocracia es la postura, también defendida por el propio Blair, de que la globalización (que se considera primordialmente un fenómeno nuevo y predominantemente positivo) fuerza a los Estados a seguir políticas económicas y sociales parecidas, diluyendo así el significado de izquierda y derecha para sustituir esta dicotomía por otra donde la diferencia entre un gobierno y otro estriba en que sea buen o mal gestor de lo público. Fue precisamente Blair quien en el Parlamento francés hizo hincapié en que «no existen, en la economía globalizada de hoy, derechas o izquierdas, sino buena o mala gestión del espacio público» *(Asamblea Nacional Francesa,* 24 de marzo de 1998). Según esa versión modernizadora de la socialdemocracia, la buena gestión de las políticas económicas y sociales incluye algunos elementos heredados del pensamiento neoliberal y/o conservador, tales como el rechazo de *políticas redistributivas (que se asume antagonizan a la clase media) de carácter universal* que garanticen derechos sociales, civiles y económicos a toda la ciudadanía, siendo sustituidas por *políticas asistenciales,* orientadas hacia la prevención de la exclusión social y la pobreza, facilitando la integración de los grupos vulnerables en la clase media mediante programas de igualdad de oportunidades que se centran primordialmente en dar más becas y más formación profesional a jóvenes de familias de escasos recursos. En esta estrategia, las políticas expansivas encaminadas a ofrecer *seguridad* a toda la población, características de las socialdemocracias «tradicionales» (término que Giddens utiliza despectivamente para referirse, por ejemplo, a la tradición socialdemócrata sueca, que es la que más tiempo ha gobernado en Europa), son sustituidas por políticas de *oportunidad,* que son además menos costosas y permiten reducir los impuestos, una propuesta ampliamente extendida en la socialdemocracia modernizada, que excluye políticas de gasto público expansivo y pone el énfasis en su lugar en la necesidad de reducir el gasto público a fin de integrarse monetaria y económicamente en la UE.

Lo sorprendente es que este mensaje continuara presentándose como el salvador de la socialdemocracia, cuando los presupuestos sobre los que se apoya son fácilmente desmentibles por la evidencia empírica, y cuando las consecuencias electorales de tales estrategias –como ocurrió en EE.UU. en 2000, en Gran Bretaña en 2001 y en Francia en 2002– son muy negativas para la socialdemocracia o para las fuerzas progresistas gobernantes.

Como he argumentado extensamente, la evidencia sobre la supuesta desaparición de la clase trabajadora desmiente tal desaparición, tanto objetivamente –siendo la clase social la variable más importante para determinar muchos aspectos de la vida de una persona en España– como subjetivamente –la mitad de la población española se considera clase trabajadora.

La ignorancia de esta realidad y la desaparición de la clase trabajadora en el discurso político de la socialdemocracia explican el distanciamiento de los últimos años entre ésta y sus partidos modernizados. Los resultados de las elecciones francesas de 2002 fueron un ejemplo más de lo que ha ido ocurriendo, país tras país, con la renovada socialdemocracia. La derechización de la socialdemocracia francesa, desplazándose al centro durante la campaña electoral de 2002 (Jospin en su discurso electoral no se basó en un proyecto socialdemócrata, ni tampoco habló de la clase trabajadora, ni de políticas redistributivas, centrándose en su lugar en bajar los impuestos), significó un gran crecimiento de la abstención, 3 millones, la mayoría de clase trabajadora –el hecho más notable y significativo de aquellas elecciones–, y la causa principal de su derrota junto con la radicalización de algunos sectores importantes de sus bases trabajadoras, que votaron opciones más radicales. Éste fue el punto más importante de las elecciones, que, sin embargo, se ignoró al centrarse el debate en el éxito de Le Pen, que sólo consiguió 200.000 votos más en 2002 que en 1995.

Esa abstención también se ha producido en las elecciones españolas, donde las derrotas sufridas por las izquierdas se debieron primordialmente al aumento de la abstención de la clase trabajadora, que fue, hasta las elecciones autonómicas de noviembre de 2003, todavía más acentuada en Cataluña, donde, hasta hace poco, el debate político se había centrado en temas de identidad, lejanos de los enormes problemas de la cotidianidad de la clase trabajadora y las clases populares, tal como argumentaba en la segunda parte de este libro.

Es importante destacar que el distanciamiento de los políticos socialdemócratas de sus bases trabajadoras es un caldo de cultivo para mensajes fascistas y racistas, que posibilitan la aparición de un fascismo que adquiere su fortaleza de las políticas de inmigración que dividen a la clase trabajadora. Los mensajes racistas tienen éxito porque se basan en la gran inseguridad existente en amplios sectores de la clase trabajadora no cualificada, cuya situación laboral, social y existencial está ampliamente deteriorada, de modo que ven al inmigrante como su competidor por puestos de trabajo escasos y mal pagados, y por escuelas, vivienda e infraestructuras deficientes. En este contexto, las fuerzas conservadoras han utilizado la inmigración para movilizar a su favor a sectores de la clase trabajadora no cualificada, utilizando el racismo como medida de división de esta clase altamente insegura, movilizándola para conseguir su apoyo electoral a través de sus políticas supuestamente antiinmigración. Así, la defensa de la inmigración por parte de las izquierdas utilizando argumentos para justificarla como que la inmigración es necesaria por falta de trabajadores (cuando en realidad hay dieciséis millones de trabajadores en Europa en paro y las condiciones laborales de muchos de ellos están muy deterioradas) antagoniza a amplios sectores de tal clase trabajadora. Cuando en España se dice que la economía requiere 100.000 inmigrantes al año para cubrir un supuesto déficit de trabajadores, lo que se está diciendo es que hacen falta personas que acepten unas condiciones de empleo precario. En realidad, España tiene una cantera enorme de trabajadores, que incluye a las mujeres deseosas de trabajar (y cuyo grado de cualificación es, por lo general, mayor que el de los hombres), que no se están utilizando por la falta de creación de empleo de calidad.

La desaparición del discurso de clases ha tenido como consecuencia el desarme de la izquierda, de manera que sus argumentos acaban limitándose a reproducir los de los conservadores. Como bien decían Martin Luther King y su discípulo Jesse Jackson (al cual asesoré en sus campañas electorales de 1984 y

1988), la alternativa al discurso racista es el discurso clasista, con la propuesta de programas universales que unan a los distintos componentes de la clase trabajadora y de la clase media, en lugar de políticas asistenciales que beneficien sólo a inmigrantes y minorías. Y es ahí donde es importante que las izquierdas mantengan compromisos con las políticas redistributivas de tipo universal, con el establecimiento de la seguridad, tanto ciudadana como económica y social, como derecho de ciudadanía. La izquierda «modernizadora», sin embargo, desde finales de los ochenta ha seguido la estrategia de desenfatizar las políticas redistributivas, presentando en su lugar propuestas de bajada de impuestos, más populares entre las clases pudientes (que pagan más impuestos) que entre las clases populares, que son las que utilizan más los servicios públicos afectados por los recortes del gasto público. Estos recortes se han presentado, con frecuencia, como necesarios para alcanzar y mantener la integración monetaria europea, con lo cual la ciudadanía ha tendido a asociar el deterioro de los servicios públicos con la UE. Así, la población española, que en los años setenta era la más pro europea (debido a la identificación de Europa con democracia y Estado del bienestar), se ha vuelto una de las que muestra mayor indiferencia. A principios de 2002, según la encuesta del Eurobarómetro sobre opinión popular en los países de la UE, sólo el 20% de la población española señaló que «lamentaría la desaparición de la UE», uno de los porcentajes de indiferencia más altos en ese momento. Este dato era un indicio del desencanto generalizado hacia la UE, que el proceso de ratificación de la Constitución europea ha puesto de manifiesto con una enorme abstención entre las clases populares. Las dificultades que se están encontrando ahora a la hora de ratificar el texto constitucional precisamente se pueden explicar por el hecho de que durante demasiado tiempo el tema de discusión ha sido si se necesitaba más o menos Europa, en vez de discutir qué tipo de Europa: la Europa del capital financiero (que está imponiendo la gran austeridad social) o la Europa social del ciudadano normal y corriente que todavía no existe.

1.3. EL DEBATE SOBRE LA ESTRATEGIA SOCIALISTA: EL NUEVO SOCIALISMO

En 2002, el entonces miembro de la Ejecutiva Federal del PSOE, y ahora ministro de Administraciones Públicas, Jordi Sevilla publicó su libro *De nuevo socialismo*. Concluía uno de los capítulos («Ciudadanía y clases sociales») con una cita mía, considerando errónea la postura que me atribuía. Presentaba esta cita: «La desaparición del discurso de clases desarma a la izquierda, limitando su argumentación a la reproducción de los argumentos conservadores», como representativa de una postura del socialismo español que, en el resto del capítulo, intentaba mostrar como anticuada y errónea. Sevilla consideraba el discurso de clases –al que definía como predominantemente marxista– desacreditado por los hechos, refiriéndose al texto de Marx en el que éste preveía una polarización de las clases sociales en las sociedades capitalistas («con la creciente e imparable tendencia a la desaparición de los trabajadores como consecuencia inexorable del modelo capitalista de acumulación») como prueba de lo erróneo que es el discurso de clases, puesto que esta profecía ha resultado fallida, concluyendo con ello que «nadie serio defiende hoy este discurso». Añadía que incluso investigadores marxistas como Erik Olin Wright se habían alejado del núcleo central de la teoría marxista de clases, de lo que se desprende que el discurso de clases es erróneo y hay que utilizar en su lugar términos tales como ricos y pobres (p. 67) o pudiente y menos pudiente (p. 60), concluyendo que el discurso anticuado de clases debería ser sustituido por un discurso que apele a los ciudadanos en general, a fin de movilizar en apoyo del proyecto socialista al máximo número posible de personas.

El libro tuvo un gran impacto y definió una sensibilidad influyente dentro de la socialdemocracia española que requería una respuesta por mi parte, puesto que me atribuía una representatividad de la socialdemocracia «tradicional» (la manera amable de llamarla anticuada) con la cual él intentaba polemizar. Tal postura ignora, sin embargo, la evidencia, señalada anteriormente, de que sectores de la socialdemocracia perdieron su base trabajadora precisamente porque no hablaron ni de ella ni a ella, con lo que aumentó la abstención electoral de la clase trabajadora, que era y sigue siendo la mayor parte de la población. Así, resultaba sorprendente que Sevilla mantuviera la postura de intentar movilizar a una población con términos más generales, omitiendo el discurso de clases. Aprovecho para aclarar que la existencia de clases está ampliamente reconocida tanto en la tradición marxista como en la weberiana. En realidad, el investigador más conocido en Europa sobre este tema, John Goldthorpe, pertenece a esta última tradición weberiana. Y el libro más influyente en la tradición socialdemócrata sueca (muy poco conocida en nuestro país) es precisamente *The Democratic Class Struggle,* de Walter Korpi, que incorpora elementos de análisis de ambas tradiciones. Korpi es, por cierto, uno de los analistas sociales más importantes hoy en el mundo escandinavo y en el mundo anglosajón incluyendo EE.UU. Si bien la creciente polarización de la sociedad predicha por Marx ha sido desmentida por los hechos, no lo han sido otros elementos de su análisis, que lo ha convertido en una de las figuras más influyentes en las ciencias sociales del siglo XX. Ni que decir tiene que algunos elementos de esa tradición intelectual han resultado inservibles y/o insuficientes. Uno de ellos es el tema del empobrecimiento de la clase trabajadora. Otro es la no inclusión en el cuerpo teórico de su trabajo de las clases medias, tema al cual mi amigo Erik Olin Wright se refería en la cita incompleta que Sevilla presentaba en su libro. Esta realidad forzó a Erik a una modificación importante del análisis de la estructura social del capitalismo avanzado, sin abandonar, sin embargo, la conceptualización de clases.

El fondo de la cuestión, más allá de un posible debate ideológico basado en discusiones talmúdicas que pudieran resultar poco productivas, era de nuevo el debate sobre la existencia de clases sociales en el mundo capitalista desarrollado, y si ello debía incluirse en el análisis, discurso y estrategia socialista. La fuerte evidencia de la existencia de clases sociales me llevó a asumir que Sevilla estaría de acuerdo en que en España continuaban existiendo. El punto de desacuerdo quizás radicaba más bien en su reconfiguración.

Así, un punto de vista que se extendió en algunos sectores del centro izquierda español (incluyendo la Nueva Izquierda) fue que la clase trabajadora estaba disminuyendo (o desapareciendo) y ello como resultado de su disminución numérica o como consecuencia de un cambio de subjetividad e identidad según el cual la clase trabajadora había dejado de identificarse como tal, considerándose perteneciente a la clase media. En este discurso se definía a las clases medias como las bases sociales del proyecto socialista. Así, vimos cómo el entonces candidato de la Nueva Vía a la Secretaría General del PSOE, José Luis Rodríguez Zapatero, habló en su discurso de candidatura de la necesidad de saludar y apoyar la creatividad del empresariado como elemento importante de su propuesta (un punto que me parece muy loable) y de la gran necesidad de responder a las demandas de las clases medias (con lo cual estoy también de acuerdo), sin citar nunca, sin embargo, a la clase trabajadora (con lo cual estoy en profundo desacuerdo).

El punto de desacuerdo no era, por lo tanto, el discurso de clases (la clase media es una clase), sino el ignorar a una clase sustituyéndola por otra. El desacuerdo se basaba también en razones tácticas así como estratégicas. Contrastaba el silencio de Rodríguez Zapatero en aquel congreso del PSOE con el discurso que dio Jordi Pujol en el aniversario del establecimiento de

Comisiones Obreras de Cataluña, acto al cual tanto Sevilla como yo asistimos. Pujol –uno de los políticos con mayor astucia hoy en España– subrayó la existencia de clases sociales en Cataluña, saludando a la clase trabajadora por su enorme contribución a crear riqueza en el país y por ser una fuerza esencial en la lucha por la democracia y la identidad catalanas. El entonces presidente de la Generalitat también dio las gracias a CC.OO. por ser instrumento de tal clase, y aplaudió la labor que realizaba en defensa de sus intereses en la lucha de clases vigente en Cataluña, tras lo cual recibió una gran ovación del público –trabajadores en su mayoría– que abarrotaba la sala. Sevilla, que estaba sentado a mi lado, me miró asombrado y sorprendido de oír a un Pujol tan radical y con un discurso tan explícitamente clasista. Yo le dije que no me sorprendía en absoluto, dado que Pujol había dicho lo que tenía que decir en aquel momento. Mientras Pujol daba aquel discurso, yo pensaba que muy pocos líderes de izquierda en Cataluña o en España habrían hablado en tales términos.

Admito, naturalmente, que la situación era especialmente significativa (el aniversario del establecimiento de un sindicato) y que, por lo tanto, ese discurso podría no ser el más conveniente en otro contexto. Pero me parece que en un congreso del Partido Socialista fue erróneo no referirse también a la clase trabajadora (además de al mundo empresarial y las clases medias), homenajeando los grandes sacrificios que ha hecho esa clase para hacer posible el país que hoy tenemos. Si Rodríguez Zapatero celebró –como debía hacerlo– la creatividad del empresario, también debería haber saludado la creatividad del trabajador. Incluso hoy en los centros de *business administration* se reconoce que el trabajador juega un papel clave a la hora de determinar la productividad y el nivel de vida de una población.

Esto no implicaba llamar (como Sevilla erróneamente asumía) a la lucha de clases, aunque la cautela que la dirección del PSOE adoptó en su denuncia de la lucha de clases exitosa que el gobierno conservador llevó a cabo a favor del capital y en contra del trabajo (tal como muestra la evolución que siguieron las rentas del capital versus las rentas del trabajo en la contabilidad nacional) me provocara entonces cierta frustración. Repito, sin embargo, que no aconsejaba un discurso de lucha de clases, sino un reconocimiento de la existencia de clases y la necesidad de que el proyecto socialista se dirigiera a las distintas clases (como se refería a los dos géneros) en su discurso, sin ignorar la que tradicionalmente le ha sido más fiel. Es lo que han hecho la mayoría de partidos socialdemócratas en Europa: el término clase trabajadora aparece en casi todos sus documentos programáticos. En realidad, la estrategia de la socialdemocracia ha sido la de establecer una alianza entre la clase trabajadora y la clase media para, entre otras intervenciones, establecer un Estado del bienestar universal de alta calidad a fin de retener a las clases medias. En España, esta alianza está todavía por solidificarse, con el obstáculo de la polarización social entre clases medias de renta media alta y alta, que utilizan los servicios privados, y las clases populares, que utilizan los servicios públicos, como he documentado en las secciones del libro dedicados a los diferentes capítulos del Estado del bienestar español.

La universalidad en el acceso a los beneficios sociales como derecho de ciudadanía ha sido la aportación mayor de la socialdemocracia y se ha basado precisamente en esta estrategia. De la misma manera que hablamos de mujeres y hombres, de ancianos y jóvenes, tenemos que hablar también de trabajadores y empresarios, y no sólo de empresarios y clases medias. La ciudadanía se divide en sus distintos componentes, y el componente de clase continúa siendo enormemente importante. Esta importancia también se traduce en su dimensión electoral. De la misma manera que para movilizar a las mujeres un partido tiene que hablar a las ciudadanas como mujeres refiriéndose a sus temas y problemas, un partido también tiene que movilizar a la clase trabajadora hablándole de sus temas y preocupaciones, refiriéndose a tal clase como clase trabajadora, sin diluir su especificidad hablando genéricamente de ciudadanos. La ausencia de esta realidad explica la enorme abstención por parte de la clase trabajadora, el punto más flaco, tanto en España como en el resto de Europa, para la izquierda. Jordi Sevilla, en su libro, parecía estar en desacuerdo con esta interpretación de nuestra realidad, refiriéndose al trabajo de Merkel como soporte a la tesis de que «el cambio electoral responde a cambios en la estructura ocupacional del conjunto de la población». Esta postura parecería asumir que, más que la abstención de la clase obrera, estábamos viendo su desaparición. Creo que este supuesto es fácilmente rebatible con la mera observación. Desde mi vuelta a España viví durante varios años en La Sagrera, el barrio trabajador por excelencia de Barcelona que votaba al PSOE (más que al PSC) hasta los años noventa, en que dejó de votarle, absteniéndose desde entonces. Aunque Sevilla parecía opinar lo contrario, un partido socialdemócrata puede conseguir el apoyo de las clases medias sin perder el apoyo de la clase trabajadora. Pero ello requiere que ese partido hable a las dos clases y no sustituya una por la otra, tal como ocurría hacia 2003 en nuestro país.

Otro punto defendido por Sevilla en *De nuevo socialismo* era que el establecimiento del Estado del bienestar era resultado, en parte, de la concienciación de las clases más pudientes (tal como las llama Sevilla) de la utilidad que para ellas tiene los servicios propios de ese Estado. Esta visión funcionalista del Estado del bienestar ha sido amplia y convincentemente criticada por diversos autores –entre los cuales me incluyo– que demuestran que fue precisamente el movimiento obrero y su movimiento socialdemócrata quienes lo establecieron. El hecho de que los países escandinavos tengan el Estado del bienestar más desarrollado de Europa no se debe a que sus clases pudientes sean las más avanzadas en la realización de sus intereses sino al contrario, es en estos países donde tales clases pudientes estaban más divididas y la clase trabajadora y las clases medias estaban más unidas y eran más fuertes gracias a un movimiento socialdemócrata sólido. Y son también estos países los que tienen un gasto público mayor y unos impuestos (como porcentaje del PIB) mayores. En la página 73 de su libro, Sevilla preguntaba retóricamente: «¿Alguien puede defender, a estas alturas del siglo, que un programa socialdemócrata debe ir en contra del mercado, a favor de más impuestos y más gasto público e introducir rigideces normativas en la economía?» De ahí se podía deducir que estaba en contra de un aumento del gasto público y social y de un aumento de impuestos en nuestro país, pese a que, como he argumentado extensamente en la primera parte de este libro, España seguía en situación de importante déficit social creciente con la Unión Europea, difícilmente corregible solamente a través de aquellos fondos liberados a través de «ahorros que puedan hacerse en los servicios públicos sin los cuales no podrían pagarse las mejoras y extensión del sistema» (p. 127).

Es cierto que el gasto público podría permanecer invariable, y, en cambio, el gasto público social podría crecer a base de la transferencia de fondos de otros sectores públicos, los cuales están ya en sí bastante pobres de recursos, como lo demostró la escasez de recursos públicos para resolver el problema del *Prestige,* por citar un ejemplo. Francamente, me parece poco creíble hablar de cubrir los déficits sociales y de infraestructuras del país sin aumentar el gasto público. Lo segundo es condición para alcanzar lo primero. Con respecto al rechazo de Sevilla a la idea de aumentar los impuestos, es importante subrayar que la popularidad de una propuesta impositiva viene condicionada por el beneficio y la justicia que el ciudadano percibe que obtiene de su pago y por la justicia percibida *(fairness,* en inglés) en el criterio de pagar impuestos. Esto explica que las poblaciones más opuestas a que aumenten los impuestos no son las que ya pagan más impuestos (como en Suecia), sino las poblaciones cuya carga impositiva es, aunque muy baja, altamente regresiva (como en EE.UU.). La primera población (la sueca) paga unos impuestos muy elevados que sostienen un Estado del bienestar que le beneficia enormemente. La segunda (la estadounidense) paga pocos impuestos, pero éstos se gastan en áreas (como gasto militar) o poblaciones pobres (programas asistenciales antipobreza) que no benefician a la mayoría de la población. Por ello yo consideré un error político la propuesta de Sevilla de establecer un tipo único sobre las rentas del trabajo, puesto que (independientemente de que se mantenga la progresividad) lo cierto es que, a nivel popular, se percibe como un acto de dilución de la progresividad, ofreciendo una vulnerabilidad que fue aprovechada astutamente por el PP, que paradójicamente atacó en este punto al PSOE por la izquierda (?!).

Un último punto puesto a debate por Jordi Sevilla fue el futuro del sistema sanitario español. Proponía la introducción del sistema de seguro en los sectores sanitarios para complementar lo que el servicio público no ofrecía (tanto en cantidad como en calidad). Sin embargo, esta situación es precisamente la existente ya en Cataluña, y refuerza en lugar de debilitar la polarización social del Estado del bienestar. Esas medidas podían llevar a la circunstancia de que en un mismo hospital público encontráramos salas privadas para los pacientes con seguro privado (con una cama por habitación) y salas públicas (con varias camas por habitación), reproduciendo dentro del sector público los dos tipos de clases (utilizando la terminología de Sevilla), pudientes y menos pudientes. Yo no creo que la mayoría de socialistas estuvieran de acuerdo con este planteamiento.

1.4. EL MODELO DEL PARTIDO DEMÓCRATA COMO PROPUESTA PARA LAS IZQUIERDAS ESPAÑOLAS. DEBATE CON MIGUEL DE SEBASTIÁN

A lo largo de 2003, Miguel de Sebastián, coordinador entonces del programa económico electoral del PSOE, apareció varias veces en las páginas de *El País,* destacando el artículo «Bajar los impuestos y de verdad» (14 de mayo de 2003) y una entrevista del 21 de septiembre de 2003. En esas declaraciones, coincidiendo con Jordi Sevilla, Miguel de Sebastián afirmaba que no se iba a aumentar el gasto público sobre el PIB, postura que ya he criticado por dificultar enormemente la necesaria convergencia social de España con Europa. Al igual que Sevilla, sostenía que se iría corrigiendo el déficit social aumentando el gasto público social (sin incrementarlo, sin embargo, como porcentaje del PIB) a base de utilizar mejor el gasto público existente. Esto llevaba a cuestionar si realmente había suficiente concienciación en la cultura política y mediática del país del enorme déficit social de España versus la UE, que, como ha quedado documentado en las primeras secciones de este libro, había aumentado prácticamente en todos los capítulos del Estado del bienestar desde 1993.

Otro punto de desacuerdo entre Sebastián y yo se derivaba de la posición de renuncia de Sebastián a una política fiscal con capacidad redistribuidora, que ponía el énfasis en cambio en el efecto redistribuidor del gasto. Argumenté entonces que me parecía un error desaprovechar las políticas fiscales para generar efectos redistributivos, tanto económico como político, puesto que todas las encuestas muestran que la mayoría de la ciudadanía española está a favor de que las personas con mayores recursos contribuyan al bienestar público en mayor medida que los que tienen menos recursos. De esta manera considero un error no sólo técnico sino político el hablar, por ejemplo, de tipo único, dando la imagen (muy impopular) de defender que los ricos paguen el mismo porcentaje de su renta en impuestos que los demás, imagen que (aun cuando no responde a la realidad) es fácil de utilizarse –como lo ha hecho el PP– en contra del Partido Socialista.

Mi desacuerdo mayor con Sebastián, desacuerdo que puede deberse a nuestra pertenencia a distintas tradiciones económicas (mi maestro fue Gunnar Myrdal, premio Nobel de Economía en 1974 y uno de los economistas más influyentes en la socialdemocracia europea, por desgracia poco conocido en España) y también a nuestras distintas biografías, derivaba de la contestación que dio en la entrevista mencionada a la pregunta de «si confia(ba) en el intervencionismo público», a la que respondió: «En absoluto. Soy defensor de esta idea de los demócratas estadounidenses de Estado dinamizador frente a un Estado del bienestar o asegurador. El poder público debe tener un papel de promotor o corrector.»

Creo conocer bien EE.UU. donde he vivido y trabajado durante casi cuarenta años como catedrático de Políticas Públicas en la Johns Hopkins University. Y creo conocer bien el Partido Demócrata. Fui asesor de política económica y social del Partido Demócrata en las campañas de 1984 y 1988, y en 1988 miembro de la comisión redactora del programa del Partido Demócrata y también miembro del grupo de trabajo liderado por Hilary Clinton para la reforma sanitaria trabajando durante nueve meses en la Casa Blanca en el fallido proyecto de reforma sanitaria. Creo pues, conocer bien a EE.UU., al Partido Demócrata y al Estado del bienestar estadounidense, y, por tanto, me sorprendió que sectores intelectuales españoles consideraran el Estado del bienestar estadounidense o las políticas públicas del Partido Demócrata modélicas para la izquierda española. Hay casi un consenso en EE.UU. (incluso Nixon lo definió como *a mess,* es decir, un desastre) en cuanto a que el sistema sanitario, por ejemplo, es el más insuficiente e inhumano de todos los sistemas sanitarios de los países capitalistas desarrollados. EE. UU., en 2002, se gastaba alrededor del 14% del PIB en sanidad, con un 16% de la población sin ninguna cobertura médica (lo que ocasiona alrededor de 100.000 muertos al año) y otro 48% con problemas de pago de sus facturas médicas. Encuestas internacionales sobre la satisfacción con los sistemas sanitarios han mostrado que la población estadounidense es la que manifiesta mayor insatisfacción con su sistema sanitario (cerca del 70% de su población). En realidad, nuestro sueño en el grupo de trabajo que intentó reformar el sistema sanitario en la Casa Blanca era precisamente alcanzar el modelo europeo de bienestar, asegurando que todo ciudadano tuviera como derecho el acceso a los servicios sanitarios financiados públicamente. No lo conseguimos debido al enorme poder del capital financiero (la banca y las compañías de seguros) que controla la financiación del sector sanitario. Eran los portavoces de esos sectores, muy influyentes en el Partido Republicano (y en el grupo Democratic Leadership Council, la derecha del Partido Demócrata), los que se oponían a tal aseguramiento universal, prefiriendo en su lugar medidas correctoras y dejando básicamente la situación sanitaria inalterada, con continuo control del sistema por parte de esos sectores financieros. Por ello estaba (y seguiría estando) en desacuerdo con los sectores de la llamada Nueva Izquierda que tomaban a EE.UU. como punto de referencia, el país entre los países desarrollados con el Estado del bienestar menos desarrollado, sobre todo cuando sectores del Partido Demócrata estaban tomando los Estados del bienestar de Europa como punto de referencia.

A mi parecer, hacia 2003, en plena configuración del programa electoral del PSOE, no se incluían las distintas sensibilidades existentes en ese proyecto político (y en la sociedad española). Había una excesiva homogeneización del equipo económico que preparaba el programa electoral, con una enorme sobrerrepresentación de la postura liberal o socioliberal, o llamada Nueva Izquierda, mientras que la postura que a menudo es definida por aquélla como socialdemócrata tradicional estaba ausente. Por ello, la invitación del entonces secretario general del PSOE José Luis Rodríguez Zapatero al debate abierto me pareció fundamental para que hubiera una igualdad de oportunidades de exposición de los argumentos en desacuerdo profundo, para que primero la militancia, y posteriormente la ciudadanía, pudiera escoger el camino del proyecto socialista. Como simpatizante del proyecto socialista participé activamente en ese debate y me alegró constatar que hubo un debate abierto e intenso en el que pude influir en el redactado final de las propuestas económicas y sociales del PSOE, además de desarrollar una amistad personal con Jordi Sevilla y Miguel de Sebastián (hacia los cuales tengo tanta estima y respeto como desacuerdos, es decir, mucha) y recuperar para el programa algunos elementos importantes de la socialdemocracia «tradicional», como la necesidad de converger en gasto público social con los países de la UE-15, dejando de estar a la cola de la Europa social. El programa del PSOE incluía varias sensibilidades, manteniendo un compromiso con la expansión del insuficiente Estado del bienestar, compromiso también adquirido por otras fuerzas progresistas como IU, ICV y ERC, entre otros. Lo mismo ocurrió en las elecciones catalanas, en que las izquierdas vencedoras en las elecciones se comprometieron a desarrollar el Pacte del Tinell, el programa más progresista existente en Cataluña en los últimos setenta años y que se centra en la corrección de las enormes insuficiencias del Estado del bienestar catalán, mayores incluso en muchas áreas que el español.

2. EL CAMBIO Y LOS PROBLEMAS PENDIENTES

2.1. EL CLARO DESEO DE CAMBIO Y EL COMPROMISO DE CONVERGENCIA SOCIAL

Los resultados de las elecciones generales celebradas el 14 de marzo de 2004 en España, que dieron la victoria al PSOE, mostraron un claro deseo de la mayoría de la ciudadanía de que haya un cambio progresista en España. Es importante señalar que este deseo de cambio no era tan nuevo como el voto del 14-M parecería indicar. Observadores atentos a la opinión popular ya habían detectado que desde hace años la población española ha mantenido posiciones que en el barómetro político de actitudes corresponden a posturas de centro izquierda e izquierda. En realidad, en temas tales como el apoyo a políticas redistributivas, el aumento del gasto público social, el aumento de la responsabilidad pública para garantizar la calidad de vida y el bienestar social de la población y la sensibilidad hacia los derechos humanos (entre otros), la población española está entre las poblaciones más progresistas de la UE-15.

El factor decisivo de estas elecciones fue el aumento de participación del sector abstencionista, predominantemente de izquierdas (más de tres millones de jóvenes y sectores de las clases populares en su mayoría), deseoso de que hubiera un cambio de gobierno, y el detonante para su movilización fue su rechazo a la enorme manipulación e instrumentalización mediática del terrorismo, que alcanzó su cenit en los reportajes de las televisiones estatales públicas sobre el 11-M. Las encuestas señalaban antes del 11-M una lenta pero constante aproximación del PSOE al PP, pero el 14-M movilizó al voto abstencionista, predominantemente de izquierdas.

Tras ganar las elecciones y establecer gobierno, el reto más importante del PSOE se convierte en mantener el apoyo de este nuevo electorado, compuesto en parte por un voto desmovilizado en elecciones anteriores. Una de las variables que pueden explicar esta desmovilización de las izquierdas en España es precisamente su ley electoral. El profesor Richard Gunther, experto internacional en leyes electorales, la ha definido como la más regresiva de Europa («Leyes electorales, sistemas de partidos y elites. El caso español», *Revista Española de Investigaciones Sociológicas,* vol. 47, 1989). Esta ley discrimina en contra de las izquierdas al discriminar en contra de los centros urbanos, donde la mayoría del voto de las izquierdas existe. La discriminación no se debe a la regla electoral D'Hont (como erróneamente se asume), sino a la regla de Adolfo Suárez, que diseñó uno de los sistemas electorales más regresivos de la UE, favoreciendo de una manera exagerada las zonas más rurales, menos pobladas y más conservadoras del país. Esta regla, que Jordi Pujol conservó cuando tuvo la oportunidad de cambiarla, es también la ley electoral catalana. Como consecuencia de esta ley de Suárez, CiU gobernó en Cataluña en el periodo 1999-2003 a pesar de haber perdido las elecciones en 1999; el PP gobernó en el periodo 1996-2000 a pesar de que la suma de votos de las izquierdas en 1996 fue mayor que la de votos de las derechas; y tras las elecciones del 14-M CiU tiene muchos más escaños que IU (10 versus 5), a pesar de que IU tuvo 440.486 votos más que CiU. Si tuviéramos una ley más proporcional y más semejante a la existente en la mayoría de países de la UE, las izquierdas tendrían una gran mayoría en las Cortes Españolas. El sesgo discriminatorio, por cierto, es todavía más regresivo en el Senado, resultado todo ello de la transición inmodélica que nos legó la democracia incompleta que tenemos. En realidad, la suma de los votos obtenidos el 14-M pone de manifiesto que el pueblo español es mayoritariamente de izquierdas, reflejando una realidad de gran importancia aunque de escasa visibilidad mediática: las encuestas de opinión realizadas en la UE también han estado mostrando desde hace años que la población española es una de las poblaciones más a la izquierda en Europa.

Habría sido un gran error que el PSOE hubiese desoído el clamor popular para el cambio y hubiese repetido la alianza de 1993, apoyándose para el desarrollo de sus políticas en las derechas nacionalistas. Aquella alianza tuvo un gran coste económico, social y político para el país, iniciando el proceso de desconvergencia social que hemos visto ampliamente en la tercera sección de este libro. El coste de las políticas públicas de austeridad social para las clases populares ha sido enorme y se ha convertido en una de las causas de la abstención popular que ha dañado sobre todo al PSOE (una causa importante de que perdiera las elecciones de 1996). El voto de 1993 pedía al PSOE que girara a la izquierda. La sorpresa mayor fue cuando Felipe González, después de señalar que había oído el mensaje, se alió con las derechas. La repetición de esta respuesta –que habría sido indudablemente bien vista por los grupos financieros y empresariales del país, además de por la Iglesia– habría constituido un enorme error, y causaría la derrota de nuevo en 2008, consecuencia de un nuevo aumento de la abstención.

Otro ejemplo de las repercusiones de la falta de mantenimiento del compromiso con el bienestar de las clases populares la pudimos encontrar en EE.UU. El candidato Clinton venció en las elecciones de 1992 gracias a un programa de expansión del muy insuficiente Estado del bienestar estadounidense (con el compromiso de la universalización y el desarrollo de los servicios sanitarios como tema prioritario en su campaña electoral). Con ello, Clinton consiguió una movilización de la clase trabajadora abstencionista, gracias a la cual ganó las elecciones. El gran error de Clinton fue que, una vez elegido, y debido a las presiones del capital financiero (Wall Street), puso como prioridad alcanzar el equilibrio presupuestario a costa de incumplir sus promesas electorales. Ésta fue la causa de la gran victoria republicana de 1994, consecuencia de la abstención de las bases del Partido Demócrata, enojadas con el presidente.

En España la alternativa ha sido el establecimiento de un gobierno o programa de izquierdas con el apoyo mayoritario de todas las izquierdas. Esperemos que este gobierno sea el encargado de desarrollar el compromiso esperanzador y clave del programa electoral del PSOE de converger con el gasto público social per cápita del promedio de la UE. Sería de desear que el gobierno socialdemócrata, solo o aliado con otras fuerzas políticas, completara la labor iniciada por los primeros gobiernos socialdemócratas en vuestro país, superando el retraso social de España respecto a Europa, y cumpliendo el deseo de la gran mayoría de la ciudadanía española.

2.2. RECORTAR DISTANCIAS

Con la elección del gobierno socialista se ha abierto en España una gran esperanza, alentada por las políticas desarrolladas en su primer año de gobierno que abren posibilidades para mejorar el bienestar social y la calidad de vida de los españoles. Una de ellas ha sido la política de paridad de nombramientos que se refleja en que, por primera vez en la historia de España, las mujeres ocupan la mitad de puestos de responsabilidad en el gobierno español. Esta paridad es importante, pues las mujeres representan el 51% de la población española y deberían estar, por lo tanto, presentes en un porcentaje como éste o similar entre los representantes de la población. Es un buen indicador de la salud democrática de las instituciones representativas que la experiencia de los gobernantes en su vida cotidiana sea lo más semejante y próxima posible a la de los gobernados. Precisamente, la justificación (desde el punto de vista de eficiencia democrática) para tener un número mayor de mujeres que representen a la población es que se asume, correctamente, que éstas tendrán más sensibilidad hacia los problemas que las mujeres experimentan en su vida cotidiana (tales como la escasez de escuelas de infancia o la falta de desarrollo de servicios de atención domiciliaria) que los hombres. De ahí que la medida de paridad sea un paso adelante en el proceso de democratización de las instituciones españolas, proceso en el cual la socialdemocracia ha sido pionera en Europa, como lo demuestra que los países que tienen mayor número de mujeres en sus gobiernos sean los países de tradición socialdemócrata (países en Europa donde la socialdemocracia ha gobernado durante más tiempo, como son Suecia, Dinamarca, Noruega y Finlandia). La socialdemocracia española continúa así la tradición socialdemócrata europea, identificándose con la defensa de los derechos de la mujer, que en la práctica supone también la defensa de los derechos de las familias.

La paridad en las instituciones representativas, sin embargo, es una condición necesaria pero no suficiente para el desarrollo de políticas públicas sensibles a las necesidades de las mujeres. Las mujeres (como los hombres) están divididas en clases sociales, esas categorías analíticas tan importantes para entender nuestras realidades y que, sin embargo, están tan olvidadas en el discurso mediático y político del país. De la misma manera que debería haber más mujeres entre nuestros gobernantes, debería haber más personas procedentes de las clases populares (que constituyen la mayoría de nuestra ciudadanía) entre nuestros gobernantes. El 85% de miembros de las Cortes son universitarios, cuando los universitarios representan sólo el 20% de la ciudadanía española. De ahí que sea muy importante que haya más gobernantes (tanto hombres como mujeres) que procedan de las clases populares, a fin de mejorar la representatividad de nuestras instituciones democráticas. Ello es particularmente importante en los partidos de izquierdas, cuyas bases sociales incluyen mayoritariamente a tales sectores de la población. En su ausencia, es importante que los representantes de izquierdas sean sensibles a las necesidades de esas clases populares, compartiendo sus experiencias y frustraciones cotidianas. Hasta hace poco era un requisito de los representantes de los partidos de izquierda escandinavos utilizar los servicios públicos que la mayoría de la ciudadanía utiliza, enviando a sus hijos a las escuelas públicas y utilizando las instituciones públicas sanitarias en caso de caer enfermos.

Como tuvimos ocasión de ver en el apartado dedicado a las políticas de ayudas a las familias, la sensibilidad de la socialdemocracia hacia los problemas de las mujeres de las clases populares es uno de los elementos básicos que explica el extenso desarrollo de políticas para facilitar la igualdad de oportunidades de la mujer con el hombre (con la universalización de servicios de ayuda a las familias que posibilitan su participación en el mercado laboral). Y precisamente el elevado número de trabajadoras conseguido en los países socialdemócratas es la causa de su riqueza y de su extenso desarrollo del Estado del bienestar, presentando estos países los mayores niveles de calidad de vida y mayor éxito económico.

Esta percepción de que los servicios del Estado del bienestar tales como los servicios de ayuda a las familias son una inversión en el desarrollo económico y social en lugar de un consumo está escasamente desarrollada en círculos económicos y financieros del país, portavoces del pensamiento neoliberal. A mediados de 2004 uno de los dirigentes de la banca española (uno de los sectores de la economía española con mayores tasas de beneficios y que, a través de los paraísos fiscales, ha facilitado más la evasión de la carga tributaria del país) propuso eliminar el Estado del bienestar como medida para incrementar la competitividad de la economía española, ignorando precisamente que entre los países más exitosos económicamente están los países que tienen mayor desarrollo de su Estado del bienestar (el gasto en protección social es del 31,3% en Suecia, 29,1% en Dinamarca, 25,8% en Noruega y 25,6% en Finlandia, comparado con sólo un 19,7% en España, uno de los países con menor gasto social y con menor competitividad de la UE-15). Como he argumentado extensamente, la expansión de los servicios del Estado del bienestar no es sólo justificable por su impacto en la mejora de la calidad de vida de la ciudadanía (que debería ser el objetivo último de cualquier intervención pública), sino también por ser una inversión económica tan o más importante que la construcción del AVE Madrid-Barcelona o el cuarto cinturón de Barcelona, por poner algunos ejemplos. Si en España tuviéramos la misma tasa de participación en el mercado de trabajo que la de la mujer en Suecia, sumaríamos seis millones más de trabajadoras creando riqueza y pagando impuestos con los que corregir el tan escasamente desarrollado Estado del bienestar español.

De ahí la importancia del compromiso de convergencia con la Europa social del programa electoral del PSOE. Aunque no se especifica el número de legislaturas que se necesitarán para alcanzarla, el compromiso en sí implica revertir el proceso de desconvergencia de gasto público social per cápita de España con la UE-15 en marcha desde el año 1993. En políticas públicas, a veces, más importante que la velocidad de cambio es la dirección de ese cambio. Soy consciente de que no sólo voces liberales y conservadoras sino también socioliberales se opondrán al incremento del gasto público que conllevaría la mejora del Estado del bienestar, incluyendo la universalización de los servicios de ayuda a las familias (que significarían un aumento del gasto público de un 3% del PIB). Lo que tales voces ignoran es no sólo que esas inversiones son necesarias para incrementar la riqueza del país, tal como señalé anteriormente, sino que tales servicios son necesitados urgentemente por las familias españolas como consecuencia de la integración irreversible de la mujer en el mercado de trabajo. Por lo tanto, vuelvo a insistir en que el punto en cuestión no es si la población pagará más o no en estos servicios, sino si lo hará a través de los impuestos (con toda la ciudadanía) o a través de pólizas a compañías de seguros privados. Y ahí sí que la experiencia internacional es contundente. En los países de tradición liberal, que financian tales servicios privadamente, las familias gastan más y obtienen unos servicios menos satisfactorios que en aquellos que financian esos servicios públicamente. Tal como indiqué antes, en un estudio que realizamos un grupo de investigadores de universidades de EE.UU. y de Suecia pudimos ver que las familias estadounidenses se gastan un porcentaje mucho mayor de su renta familiar que las familias suecas en servicios como sanidad, escuelas de infancia, servicios domiciliarios, residencias de ancianos y otros, siendo la satisfacción de los usuarios mucho mayor en Suecia que en EE.UU. En este último país el pago es a compañías de seguro privadas o en pago directo, mientras que en Suecia es a través de impuestos. Por ello, sería de desear que las voces socioliberales dentro del socialismo español se dieran cuenta de que canalizar el gasto social a través de las vías públicas es, en muchas ocasiones, más eficiente y solidario que hacerlo a través de las vías privadas.

2.3. OTRO PROBLEMA PENDIENTE: LA FALTA DE SENSIBILIDAD A LOS TEMAS COTIDIANOS Y LA POCA REPRESENTATIVIDAD EN LOS MEDIOS DE INFORMACIÓN

Uno de los objetivos de este libro ha sido aportar pruebas y argumentos que demuestren la gravedad del retraso social de España en relación con Europa, mostrando cuáles han sido los factores que han originado ese retraso, así como cuáles han sido sus consecuencias en la vida cotidiana de la población española. Se espera así que el lector comprenda la trascendencia del compromiso de convergencia del partido socialdemócrata, que contrasta con la repercusión que dicho compromiso ha tenido en la opinión pública. Comprendida la enorme importancia de este compromiso, que responde al deseo popular de cambio, el lector podrá preguntarse por qué la desconvergencia social con la UE no tuvo un papel central en el debate electoral de 2004.

Vimos por ejemplo, en la campaña electoral, que los medios de comunicación dieron gran importancia a las propuestas de reforma fiscal de los dos partidos mayoritarios, dando la impresión de que competían entre sí para ver quién bajaba más los impuestos, tema que es de particular interés para el 30-35% de la población que tiene mayor nivel de renta, pero que no es un tema prioritario para el otro 60-65% de la población. No obstante, en el programa económico del PSOE había dos grandes temas: uno era el de la propuesta fiscal, que ocupó gran espacio mediático, el otro tema, reflejado en el compromiso adquirido de aumentar el gasto público social per cápita hasta converger con el promedio de la UE, apenas tuvo visibilidad mediática, a pesar de que tal convergencia social con la UE-15 tendría mayor impacto en la calidad de vida de la mayoría de la población que la reforma fiscal.

Por otra parte, el debate mediático español en las semanas previas a las elecciones generales se centró en «temas de Estado». Un análisis de las páginas de opinión de la prensa escrita, de las tertulias y debates radiofónicos y televisivos de ese periodo muestra que los temas de mayor visibilidad mediática fueron los temas sobre la unidad de España, la configuración del Estado español, el terrorismo, la entrevista Carod-Rovira – ETA, y su impacto en la vida política catalana y española, y otros temas de contenido parecido. Muy en segundo plano quedaron las discusiones y debates sobre los enormes problemas de la vida cotidiana de las clases populares, que representan a la mayoría de la población, así como el análisis de las propuestas políticas para resolverlos.

De esta manera, las grandes insuficiencias del Estado del bienestar español –de los servicios públicos tales como las escuelas públicas, la sanidad o los servicios de ayudas a las familias, que tienen una gran importancia a la hora de configurar la calidad de vida de las clases populares– permanecieron ignoradas en los foros mediáticos y políticos, tal como veíamos al analizar el caso de las muertes ocurridas tras la ola de calor de 2003, o la escasa cobertura de la presentación de los resultados de veintidós expertos de toda España que documentaban el déficit de gasto público social español en las jornadas de finales de 2004 celebradas en el Centro Ernest Lluch de la Universidad Internacional Menéndez Pelayo de Barcelona.

Parecería lógico que, en un periodo en que se iba a elegir el gobierno central de España, este déficit de gasto público social fuera central en los debates mediáticos del país. Pero no lo fue. Una causa, entre otras, de esta escasa visibilidad mediática es que la gran mayoría de los creadores de opinión de los medios de información pertenecen a clases medias de renta alta que o bien no son conscientes del deterioro relativo de los servicios públicos, o creen erróneamente que ese deterioro no les afecta, pues ellos mismos, producto de las escuelas privadas en su gran mayoría, envían, por ejemplo, a sus hijos a escuelas privadas y son atendidos por la medicina privada (con una cama por habitación, por ejemplo) o reciben trato preferencial si van a la pública. De ahí que tales personas –salvo en contadas excepciones– tengan una experiencia en su vida cotidiana muy poco representativa de la vida cotidiana de las clases populares, que representan el 65% de la población española. Y los temas que les absorben y debaten no son los temas que importan más a las clases populares. Esta situación contribuye a que la población española (que en el barómetro europeo de opinión pública se sitúa en el centro izquierda e izquierda, más a la izquierda, por cierto que los *establishments* mediáticos y políticos) sea una de las poblaciones de la UE con mayor escepticismo hacia los medios de información, que lee menos prensa y que practica mayor abstención electoral.

Un ejemplo claro del sesgo que existe en los medios de información hacia temas que el *establishment* mediático considera importantes, a costa de otros que la población y, muy en particular, las clases populares consideran de mayor interés, es el debate político en Cataluña. Las elecciones autonómicas catalanas han tendido a centrarse en temas de identidad catalana, estrategia electoral que la opción política que ha gobernado durante 23 años la Generalitat de Cataluña ha promovido, y que los medios de información (en su mayoría conservadores) han favorecido, con escasa atención, por otra parte, a los problemas sociales de las clases populares que se han ocultado bajo el falso eslogan de que «España va bien y Cataluña va incluso mejor». Veámoslo con más detalle.

2.4. LAS CAMPAÑAS DE DESESTABILIZACIÓN POLÍTICA. EL CASO CATALÁN

Una de las paráfrasis que solían utilizarse con mayor frecuencia para definir la realidad política de Cataluña era la del «oasis catalán», atribuyendo la falta de conflictividad de la política catalana a una cultura democrática distinta de la existente en el resto de España, donde el debate político se caracteriza por su crispación. Una visión más crítica de nuestras realidades habría concluido que la supuesta calma del panorama político catalán no era tanto resultado de una idiosincrasia y cultura distinta en Cataluña al resto de España cuanto de un dominio enorme de las estructuras políticas y mediáticas del país por una fuerza política que controló la vida política durante casi un cuarto de siglo, estableciendo una hegemonía ideológica, resultado de un control férreo de los medios de información dependientes del gobierno de la Generalitat, dominando, a su vez, la sociedad a través del desarrollo de redes clientelares que, en ocasiones, incluyó complicidades con elementos importantes de la oposición. Un ejemplo claro de este enorme control fue el de la televisión y la radio públicas en Cataluña, que reprodujo el pensamiento, la ideología y la interpretación de la realidad promovida por el *establishment* catalán y su instrumento político, liderado por una personalidad que no permitió fisuras, rebeliones o diferencias en su seno. Tal fuerza política lideraba un movimiento cohesionado por un nacional-catolicismo catalán, que, como vimos en la segunda parte del libro, conjuga un nacionalismo profundamente conservador con un catolicismo muy antilaico y con escasa tradición democrática, semejante pero de signo opuesto al nacional-catolicismo español.

La victoria electoral de las izquierdas en noviembre de 2003 supuso una clara amenaza a ese dominio político y cultural de Cataluña. Esa victoria ha significado el inicio de un proceso que debería conducir a un proyecto político no sólo distinto sino alternativo al proyecto conservador, proceso que contará con enormes resistencias que mostrarán la verdadera cara del supuestamente civilizado oasis catalán. En realidad, tales resistencias se presentaron al día siguiente de las elecciones, cuando las derechas catalanas no aceptaron su derrota, cuestionando incluso la legitimidad de la victoria electoral de las izquierdas al señalar que ellas habían sido las verdaderas ganadoras de las elecciones, ignorando que la ley electoral (que permitió que obtuvieran más diputados a pesar de tener menos votos que el Partido Socialista) se debía no al sistema D'Hont (como erróneamente se informó) sino a la regla de Suárez. En realidad, la ley electoral catalana, como apuntaba en el primer apartado de esta sección, era prácticamente la misma ley que Suárez impuso en

España y que garantizaba que territorios conservadores como Soria necesitaran 20.000 votos para conseguir un miembro en las Cortes, mientras que territorios progresistas como Barcelona necesitaban 150.000 votos. CiU hizo suya esa ley sin cambiarla.

A las derechas catalanas, a principios de 2004, se les sumaron las derechas españolas en «el caso Carod», donde hubo una avalancha de agresividad contra el gobierno catalanista y de izquierdas de Cataluña. Esta postura conjunta no fue sino otra muestra de la alianza verdadera entre las derechas española y catalana de la que he hablado al tratar el conservadurismo imperante en España. Y no sería la última agresión, como vimos por ejemplo en la sección 4.1.2 de la primera parte del libro, con el debate de la reforma de la financiación sanitaria. El gobierno tripartito tendría que estar preparado para esta continua agresión de todo tipo y en todos los frentes. Uno de los mayores errores del gobierno Allende, al que tuve el privilegio de asesorar, fue precisamente no prepararse para las enormes resistencias que se veían venir. Salvando las grandes diferencias entre el Chile de 1973 y la Cataluña y la España de hoy, sería desaconsejable que se ignoraran semejanzas. Y en este aspecto fue sorprendente que durante más de un mes (un mes clave para establecer la imagen mediática del nuevo gobierno) la televisión y la radio de la Generalitat continuaran (y aún continúan) en manos de la ahora oposición, incrementando incluso su nivel de hostilidad hacia el gobierno tripartito.

Sería un error que en una sociedad democrática las prioridades y contenidos de los servicios públicos fueran definidos y decididos primordialmente por los profesionales que trabajan en esos servicios. No sería aconsejable, por ejemplo, que la política educativa de España y de Cataluña fuera decidida primordialmente por los maestros, aunque naturalmente éstos tendrían que ser consultados en el diseño de tales políticas, que tienen que ser definidas por la ciudadanía a través de sus representantes políticos. De ahí que tampoco hubiese considerado democrático que la política de los medios públicos de información (que son también de persuasión) del Estado español y de la Generalitat estuvieran primordialmente dirigidos por los propios profesionales de la información, como algunas voces influyentes, a mediados de 2004, sugirieron en nuestro país. De haberse hecho así, estas políticas, además de favorecer un corporativismo antidemocrático, habrían reproducido y mantenido en los medios públicos de información de la Generalitat (tales como TV3, el Canal 33 y Catalunya Ràdio) una estructura profesional que fue establecida por la fuerza política que dominó aquellos medios durante 23 años sin tener la sensibilidad democrática que facilitara una pluralidad ideológica en ellos. Tales medios fueron claves, por ejemplo, para reproducir la percepción tan errónea y tan generalizada en nuestro país de que «España (iba) bien y Cataluña (iba) incluso mejor».

Los nuevos gobiernos de España y de la Generalitat han introducido cambios importantes en la dirección de tales medios, pero todavía existe un excesivo continuismo en ellos, que dificulta que la cultura mediática refleje la pluralidad ideológica del país y de la mayoría que nos representa. El programa «El matí de Catalunya Ràdio», de Antoni Bassas, por ejemplo, continúa con una notoria falta de diversidad; es cierto que ha habido un cambio dentro del espectro nacionalista, con un aumento del número de nacionalistas de izquierda (lo cual significa una mejora), pero no ha habido un aumento de pluralidad incrementando posiciones de izquierda no nacionalista, lo cual no significa que éstas no aparezcan, sino que son numéricamente inferiores a lo que deberían según su presencia en la vida política del país. Soy consciente de que las encuestas muestran una evaluación favorable de tales medios, presentándose esta evaluación como muestra de su calidad o actitud democrática. Ahora bien, y tal como ocurre con la Monarquía, lo sorprendente sería que ésta no fuera popular, puesto que las voces críticas con tal institución apenas tienen visibilidad mediática en nuestro país; pues lo mismo ocurre con los medios públicos de información de la Generalitat. En los medios radiofónicos y televisivos públicos aparecen muy pocas voces críticas con tales medios.

Quisiera subrayar que mi crítica a los medios no es que reprodujeran en el pasado una visión nacionalista conservadora (que reflejaba la postura mayoritaria del Parlament de Catalunya durante 23 años), sino la exclusión abusiva y la manipulación de otras posturas ideológicas representadas en el Parlament de Catalunya. Los medios públicos de información de la Generalitat tendrían que facilitar la expresión de esta pluralidad con una mayoría de izquierdas, colaborando, por lo tanto, en el establecimiento de una cultura de izquierdas y facilitando la existencia de una auténtica pluralidad ideológica que represente a la nueva mayoría del Parlament. Asegurando que todas las posturas ideológicas se presenten en tales medios, las posturas mayoritarias deberían ser las existentes en nuestro Parlament. Esto no está ocurriendo. Tanto en la frecuencia con que ciertas posiciones aparecen como en las temáticas cubiertas, los cambios en tales medios han sido muy lentos, y carecen todavía de la pluralidad exigible en nuestra democracia.

Lo dicho anteriormente no quiere decir que deba existir una instrumentalización política de esos medios de información (como ocurrió en la época convergente, y como maliciosamente se interpretará lo que estoy sugiriendo), sino que esos medios deberían tener la sensibilidad para diversificar el contenido programático, incluyendo, además del contenido catalanista (que es muy mayoritario), la temática de izquierdas, que está muy escasamente desarrollada en ellos. Con contadísimas excepciones, no ha habido, por ejemplo, un intento serio de recuperar la memoria histórica, recuperación que debería centrarse menos en las grandes figuras históricas y más en las enormes luchas que la gente normal y corriente realizó durante setenta años para que hoy sean las izquierdas las fuerzas mayoritarias en Cataluña. En este aspecto es criticable también que la política cultural y mediática del gobierno tripartito haga hincapié en un mensaje primordialmente catalanista con escaso contenido de izquierdas, como también es criticable que los medios públicos de persuasión continúen reproduciendo propaganda religiosa con celebración de ceremonias sin haber presentado nunca documentos que muestren el protagonismo que la Iglesia católica (incluida la catalana) ejerció en la dirección de la represión franquista en contra de los maestros que establecieron la escuela pública durante la Segunda República.

EPÍLOGO: UN NUEVO RUEGO AL LECTOR

Cuando terminé mi último libro *Bienestar insuficiente, democracia incompleta. Sobre lo que no se habla en nuestro país,* incluí un epílogo en el que pedía al lector que, en caso de que el libro le hubiera ayudado a entender nuestro país, lo difundiera entre sus amigos y personas conocidas, puesto que probablemente no sabría de él a través de los mayores medios de información. Había sido mi experiencia, basada en los libros anteriores que había escrito, que las voces críticas con la sabiduría convencional no tenían las cajas de resonancia que permiten una mayor visibilidad mediática. Desconocía entonces que el libro recibiría el Premio Anagrama de Ensayo de 2002, lo cual contribuyó a su difusión incluso en la televisión (cuando el programa «Caiga quien caiga» hizo un sketch favorable al libro).

Desconozco cómo recibirá la crítica este nuevo libro, pero esa experiencia me demuestra que la mejor promoción de un libro es precisamente el mensaje «de boca en boca» de los lectores. Hoy la realidad es que la cultura dominante continúa siendo muy conservadora. Y los medios televisivos donde la mayoría de la ciudadanía capta su información continúan reproduciendo mensajes conservadores, aunque es también cierto que hay un número creciente de excepciones. Pero las voces críticas quedan fácilmente marginadas, tildadas de anticuadas. Ésta es la realidad en nuestro país. De ahí que sea tan importante que los lectores que encuentren el libro útil para entender estas realidades no se limiten a poner el libro en una estantería, sino que lo distribuyan. Hay hoy una lucha ideológica de gran envergadura, en la que el pasado se olvida y se tergiversa deliberadamente, y el presente y el futuro se presentan como resultados de un determinismo económico en el que no hay alternativas. En esta lucha, la información es clave, y el trabajo intelectual es fundamental. De ahí que frente a la avalancha ideológica sea urgente e importante que la ciudadanía se movilice y participe. Y una manera de hacerlo es compartir información y transmitirla entre generaciones. Miles de participantes en la lucha antifascista y testigos de los horrores del fascismo mueren hoy sin que se sepa la verdad porque nadie se la ha preguntado. En este sentido, la experiencia más gratificante que he tenido con mis escritos es la experiencia que cito en la tercera edición de *Bienestar insuficiente, democracia incompleta,* y que siento la necesidad de repetir aquí, porque plasma mejor que nada la intención de este libro. Fue el testimonio de una anciana invidente que me dijo en una ocasión que me agradecía que hubiera escrito el libro. Extrañado, le pregunté cómo lo había leído, a lo cual ella me dijo que su nieta, de veinte años, se lo había leído de la primera a la última página, y leyéndolo su nieta fue entendiendo la realidad que la rodeaba en su vida cotidiana, relacionándola con su pasado, con las luchas de su abuela en la resistencia antifascista, lo que ayudó a su nieta a entender mejor a su abuela. Leyendo el libro se habían conocido mejor, además de conocer mejor su entorno. Me sentí enormemente gratificado, pues esto es lo que intenté y lo que ahora me propongo.

Es muy importante que la población y muy en especial las clases populares conozcan, expongan y compartan su realidad en su lucha cotidiana por conseguir mayor bienestar social. Espero que este libro contribuya a ello. Sería de desear que partidos progresistas, sindicatos, movimientos sociales, asociaciones de vecinos, etc., ayudaran a que las clases populares entiendan las causas del subdesarrollo social, puesto que son ellas las que sufren sus consecuencias. En este sentido tengo que reconocer que las fuerzas conservadoras están más movilizadas que las fuerzas progresistas. Y tengo un indicador para medirlo. Cuando escribo en la prensa, mis artículos suelen crear gran hostilidad en las fuerzas conservadoras de escasa cultura democrática. No hay artículo que no desencadene una avalancha de insultos. Muy raramente recibo notas de apoyo, lo cual no sólo sería de agradecer humanamente, sino que indicaría un componente de complicidad con el autor. Espero que esta complicidad se dé en este caso, y que esas izquierdas se movilicen para distribuir este libro.